W0317704

Lösungen

Universum 7/8

Physik

Baden-Württemberg

Cornelsen

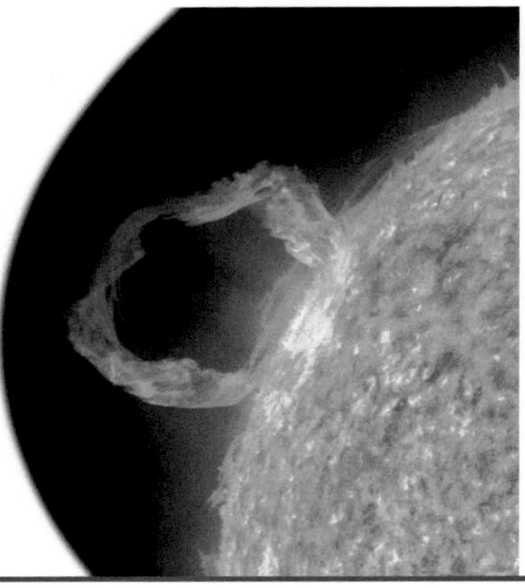

Akustik

Didaktische Hinweise

Das Thema Akustik bietet vielfältige Bezüge zur Lebenswelt der Schülerinnen und Schüler und zum eigenen Körper, wie etwa der menschlichen Stimme, dem Ohr und damit verbundenen gesundheitlichen Aspekten. Zudem ist es leicht zugänglich, weil man phänomenologisch und mit geringem mathematischem Aufwand vorgehen kann. Aus diesen Gründen ist dieses Thema gut geeignet für den Anfangsunterricht in Physik. Deshalb steht das Kapitel auch bei uns am Anfang.

Sanfter Einstieg
Die Behandlung der Akustik im Anfangsunterricht ermöglicht einen sanften Zugang zur physikalischen Betrachtungsweise. Der Mathematisierungsgrad wird deshalb bewusst niedrig gehalten. Infolgedessen haben wir uns lediglich auf die physikalischen Größen Frequenz und Amplitude von Schwingungen beschränkt. Beispielsweise haben wir auf den Begriff der Periodendauer verzichtet. Im Bereich akustischer Schwingungen ist er wenig relevant.

Strukturierung
Das Kapitel ist grob in drei Teile gegliedert:
1. Wie entsteht Schall?
2. Wie breitet sich Schall aus?
3. Wie wird Schall empfangen?

Dieser Ansatz wird auch in dem sich anschließenden Optik-Kapitel verfolgt, sodass schon durch die Strukturierung die Analogie zwischen Schall und Licht offenkundig wird. Die Schwerpunkte in diesem Dreischritt werden in Akustik und Optik allerdings verschieden gesetzt. So nimmt das Kapitel „Wie entsteht Schall?" einen großen Raum ein, während im Anfangsunterricht über die Entstehung von Licht wenig ausgesagt werden kann. Dafür ist die Ausbreitung von Schall relativ knapp dargestellt, weil die Thematisierung der Ausbreitung von Wellen älteren Jahrgängen vorbehalten bleibt. In der Optik dagegen nimmt die geradlinige Ausbreitung von Licht einen großen Raum ein.

Wie entsteht Schall?
Damit Schall entsteht, muss etwas schwingen. Dies ist die zentrale Aussage des ersten Lernabschnitts. Anschließend beschäftigen wir uns damit, welche Eigenschaften eine hörbare Schwingung haben muss. Ein Schwerpunkt unserer Betrachtung ist die Unterscheidung von Wahrnehmung und Messung. Alltagsbegriffe werden den physikalischen Größen Frequenz und Amplitude zugeordnet.

Arbeitsmethoden
Einen methodischen Schwerpunkt stellt die Aufzeichnung von Schwingungen dar. Hier wird neben den klassischen Methoden die Aufzeichnung mithilfe von Computer und Soundkarte und mithilfe von Smartphones verwendet. Dies hat den Vorteil, dass die Messgeräte den Schülerinnen und Schülern sogar zuhause zur Verfügung stehen, im Gegensatz zum Oszilloskop. Der Umgang mit den aufgezeichneten Schwingungsbildern und auch die Interpretation durchaus komplexerer Aufnahmen stärken die Fähigkeit der Schülerinnen und Schüler, mit Diagrammen zu arbeiten.

Mit vielfältigen Experimenten werden die Schülerinnen und Schüler zu eigenen Handlungen animiert. In erster Linie geht es dabei um genaues Beobachten und Protokollieren dessen, was man getan und beobachtet hat. An einfachen Beispielen, die häufig auch als Heimversuche durchgeführt werden können, werden sie an naturwissenschaftliches Vorgehen herangeführt.

Wie breitet sich Schall aus?
Bei der Ausbreitung von Schall haben wir auf den Begriff der Welle verzichtet. Anhand eines Modells kann aber eine Veranschaulichung der Schallausbreitung gelingen, die die Erweiterung im Wellenbild zu einem späteren Zeitpunkt zulässt.
Wir thematisieren die Schallgeschwindigkeit, argumentieren dabei aber mathematisch nur mit dem Dreisatz. Da die Schülerinnen und Schüler aber Erfahrungen hierzu in den Unterricht mitbringen (z. B. die Gewitter-Regel), halten wir es für unumgänglich, hierauf in angemessener Art und Weise einzugehen.

Wie wird Schall empfangen?
Beim Schallempfang steht das menschliche Ohr als Schallempfänger im Mittelpunkt. Darüber hinaus werden aber auch die angrenzenden Bereiche Ultraschall und Infraschall behandelt, wobei wir hier auf die Hör- und Stimmbereiche von Mensch und Tier eingehen.
Im Sinne der Leitperspektive „Prävention und Gesundheitsförderung" ist es wichtig, auch auf die Gefahren von Lärm, insbesondere vom Hören lauter Musik über Kopfhörer, einzugehen.

Experimentelle Hinweise
S. 14 ff.: Hier bietet sich der Einsatz eines Soundeditors (z. B. Audacity) und/oder entsprechender Smartphone-Apps (z. B. Speichinger Schallpegelmesser) an.

1 Wie entsteht Schall?

Schall umgibt uns überall

Seite 12

1a) Nenne mindestens fünf weitere Beispiele für Schallerzeugung.
b) Beschreibe jeweils eine Möglichkeit, wie du die schnelle Bewegung dabei nachweisen kannst.
c) Beschreibe, was du hörst, wenn du mit einem angefeuchteten Finger über den Rand eines dünnwandigen Glases streichst. Hast du eine Vermutung, welche Teile schwingen? Schreibe auf.

a) Weitere Beispiele sind:
- Anschlagen eines Kochtopfdeckels,
- Anschlagen einer Porzellanschüssel,
- Anschlagen einer Flasche oder eines Glases,
- Anblasen einer Trillerpfeife
- Anzupfen eines auf einer Papp- oder Plastikschachtel gespannten Gummis,
- Fahrradklingel

b) Man berührt den Kochtopfdeckel gleich nach dem Anschlagen mit den Lippen. Die Vibration ist spürbar. Oder man streut Grieskörner auf den Deckel. Diese hüpfen beim Schwingen vom Deckel.
Wenn man die Schüssel nach dem Anschlagen berührt, dann bricht der Ton sofort ab. Die Schüssel kann nicht mehr schwingen.
Die Flasche oder das Glas hören sofort auf zu schwingen, wenn sie berührt werden.
Die Vibrationen der Trillerpfeife sind spürbar.
Wenn man den gespannten Gummi nach dem Anzupfen mit den Lippen berührt, dann ist die Vibration des Gummis spürbar.
Die Schwingungen der Fahrradklingel hören sofort auf, wenn man die Klingel festhält.
c) Wenn der Finger gut gleitet, dann ist ein hoher Ton zu hören. Vermutlich schwingt das Glas, denn wenn man es mit einer Hand berührt bzw. festhält, dann kann man keinen Ton hören.

Seite 13 (Material)

Versuche – Schallerzeugung

V1 Knarrender Becher
a) *Vermutung:* Durch das Anzupfen des gespannten Fadens wird dieser in schnelle Schwingungen versetzt und ein hörbarer Ton entsteht.
b) Je nach Länge des Fadens entsteht ein anderer Ton.

V2 Klangstäbe
a) *Vermutung:* Durch das Anschlagen des Stabes mit dem Hammer schwingt der Stab sehr schnell hin und her. Es entsteht ein hörbarer Ton.
Wenn man den Stativstab nach dem Anschlgen in Wasser taucht, dann spritzt es und der Ton ist nicht mehr zu hören.
b) Je länger der Stab ist, desto tiefer ist der entstehende Ton.

V3 Quietschender Luftballon
a) Je stärker die Luftballonöffnung auseinander gezogen wird, desto höher ist der Ton.
b) Vermutlich schwingt der Gummi der Luftballonöffnung. Wird der Gummi mit den Lippen berührt, dann spürt man die schnellen Vibrationen.

V4 Flaschenklang 1
a) *Vermutung:* Durch das Anschlagen schwingt das Glas der Flasche.
b) Je mehr die Flasche mit Wasser gefüllt ist, desto höher ist der hörbare Ton.

V5 Flaschenklang 2
a) *Vermutung:* Durch das Anblasen schwingt die Luft in der Flasche.
b) Wenn man die Wassermenge vergrößert, dann entsteht ein höherer Ton.

Schall und Schwingungen

Seite 15

1 Auch im Alltag sind Größen und Einheiten wichtig. Notiere mindestens fünf Beispiele.

Größe	Einheit
Zeit	Sekunde, Minute, Stunde
Länge	Zentimeter, Meter, Kilometer
Geld	Euro, Dollar
Gewicht	Kilogramm

2 Bestimme die Frequenz deines Pulsschlags. Zähle dazu deinen Puls für eine geeignete Zeitspanne (z. B. 15 s).
Gegeben: Zahl der Pulsschläge: $n = 20$
Zeitspanne: $t = 15\,\text{s}$
Dann beträgt die Frequenz des Pulsschlags:

$$f = \frac{n}{t} = \frac{20}{15\,\text{s}} = 1{,}33\,\text{Hz}.$$

3 Ein Pendel benötigt für 15 Schwingungen 22,5 s. Berechne die Frequenz.

Gegeben: Zahl der Schwingungen: $n = 15$, Zeitspanne: $t = 22{,}5\,\text{s}$

Gesucht: Frequenz f

Die Frequenz ergibt sich aus:

$$f = \frac{n}{t} = \frac{15}{22{,}5\,\text{s}} = 0{,}67\,\text{Hz}.$$

4 Die Membran eines Lautsprechers schwingt in einer Sekunde 14 000-mal hin und her. Gib die Frequenz des Lautsprechers in Hz und in kHz an.

Gegeben: Zahl der Schwingungen: $n = 14\,000$, Zeitspanne: $t = 1\,\text{s}$

Gesucht: Frequenz f in Hz und in kHz

$$f = \frac{n}{t} = \frac{14\,000}{1\,\text{s}} = 14\,000\,\text{Hz} = 14\,\text{kHz}.$$

Seite 16

1 Beschreibe die Schwingung eines Pendels anhand ▹ Bild 02. Notiere die Zeitpunkte, an denen sich das Pendel gerade im Mittelpunkt bzw. in einem Umkehrpunkt befindet. Bestimme die Frequenz des Pendels. Zeichne ein Schwingungsbild für ein Pendel mit der doppelten Frequenz.

Das Pendel beginnt mit der Bewegung auf einer Seite und wechselt dann regelmäßig hin und her.

Das Pendel befindet sich in einem …

Umkehrpunkt zum Zeitpunkt: 0 s, 1 s, 2 s, 3 s, 4 s,

Mittelpunkt zum Zeitpunkt: 0,5 s, 1,5 s, 2,5 s, 3,5 s, 4,5 s.

Frequenzbestimmung:

Das Pendel macht zwei komplette Hin- und Herbewegungen in 4 s. Also ist $n = 2$ und $t = 4\,\text{s}$.

Die Frequenz ist folglich:

$$f = \frac{n}{t} = \frac{2}{4\,\text{s}} = 0{,}5\,\text{Hz}.$$

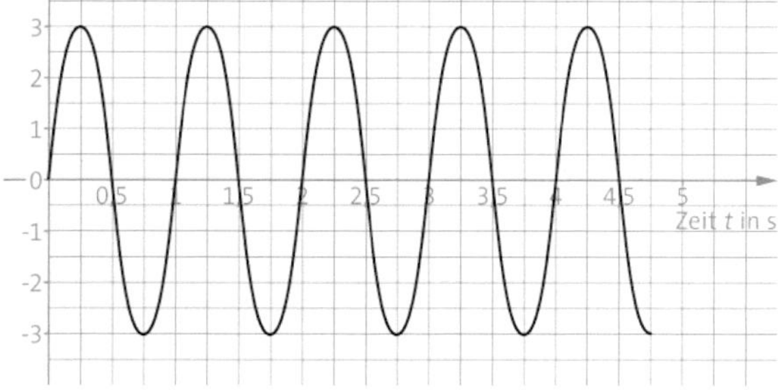

2 Erkläre, warum man aus den Schwingungsbildern der Schreibstimmgabel (▹ Bild 03) die Frequenz nicht bestimmen kann. Beschreibe, wie man den Versuch abändern muss, damit die Bestimmung der Frequenz doch möglich ist.

Es fehlen die Angaben auf der Zeitachse, da nicht bekannt ist, wie schnell die Stimmgabel über die Glasplatte gezogen wurde.

Damit die Zeitachse beschriftet werden kann, muss man mit einer Stoppuhr die Zeitdauer für z. B. 10 cm Bewegung stoppen. Die Stimmgabel muss dabei möglichst gleichmäßig gezogen werden. Damit kann man dann z. B. berechnen, wie viel Zeit für 1 mm Weg benötigt wurde. Daraus kann man die Anzahl der Schwingungen in einer bestimmten Zeit ermitteln.

Seite 17 (Material)

Versuche – Frequenzmessung in der Praxis

V1 Gummibanjo

a) Beispielmessung, unten: Detail zum Auszählen

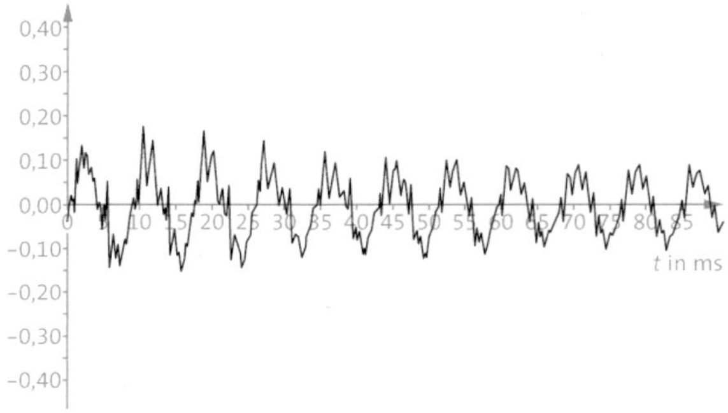

Im Beispiel werden für zehn Schwingungen 0,084657 s gemessen. Also gilt für die Frequenz:

$$f = \frac{10}{0{,}084657\,\text{s}} = 118\,\text{Hz}.$$

V2 Sekundenpendel

a) Je länger die Schnur ist, desto länger dauert eine Hin- und Herbewegung der Schwingung.

l in cm	20	40	60	80	100	110	120
t in s	0,5	0,6	0,8	09	1,0	1,1	1,1

b) Aus der Tabelle kann man ablesen, dass die Pendellänge 100 cm betragen muss, damit das Pendel in einer Sekunde einmal hin und her schwingt. Zur genauen Messung werden zehn Schwingungen ausgemessen und dann die gemessene Zeit durch 10 geteilt.

Material A – Auswertung von Schwingungsbildern

A1 Mit dem Computer wurden Schwingungsbilder aufgezeichnet, Ausschnitte sind in den Diagrammen unten dargestellt.
Bestimme die Frequenz der beiden Schwingungen a) und b).

a) Sechs vollständige Hin- und Herbewegungen werden in zwei Millisekunden durchlaufen. Somit gilt

$$f = \frac{6}{0{,}002\ \text{s}} = 3000\,\text{Hz}.$$

b) Drei vollständige Hin- und Herbewegungen werden in zwei Millisekunden durchlaufen. Somit gilt:

$$f = \frac{3}{0{,}002\ \text{s}} = 1500\,\text{Hz}.$$

A2 In der Anleitung eines elektrischen Weckers sind für die Wahl des Wecksignals drei Möglichkeiten 1) bis 3) abgebildet. Welchen Weckton würdest du wählen? Begründe deine Wahl.

Verschiedene Möglichkeiten und Begründungen sind möglich. Beispiele:

Weckton 1 ist ein Intervallton, an – aus – an ... Diese Tonfolge weckt zuverlässig.

Weckton 2 beginnt leise und wird dann immer lauter. Der Weckton ist nicht sofort ganz laut, dies ist angenehm.

Weckton 3 ist ein konstanter Weckton, also immer gleich laut und mit der gleichen Frequenz. Da wird man wach.

Ton – Klang – Geräusch

Seite 19

1a) Derselbe Ton wird auf einer Violine und auf einer Flöte gespielt. Beschreibe den unterschiedlichen Klang mithilfe von Schwingungsbildern.
b) Beschreibe den Unterschied im Schwingungsbild zwischen einem Geräusch und dem Ton einer Stimmgabel.

a) Das Schwingungsbild der Flöte ist eine regelmäßige Wellenlinie (ähnlich wie bei einer Stimmgabel). Das Schwingungsbild des Violinentons hat viele Zacken, aber gleich viele Schwingungen pro Sekunde.

b) Das Schwingungsbild eines Geräuschs ist unregelmäßig, es gibt keine Wiederholungen. Das Schwingungsbild einer Stimmgabel ist eine regelmäßige Linie, die sich aus immer gleichen Abschnitten zusammensetzt.

2 Skizziere das Schwingungsbild eines Tons, der mit zunehmender Zeit lauter wird.

Der Ton wird lauter – die Amplitude wird größer.

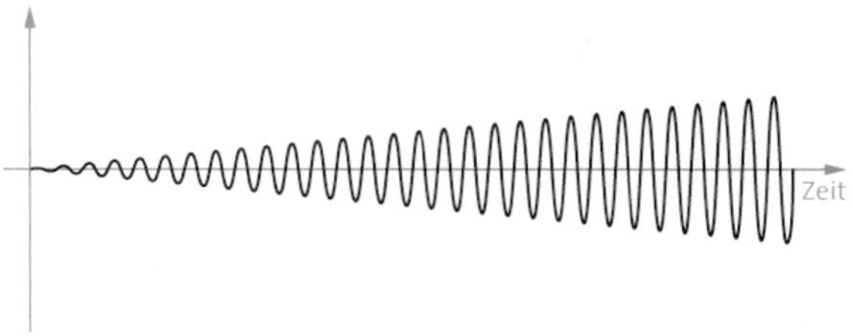

3 Beschreibe den an- und abschwellenden Ton einer Feuersirene mit physikalischen Größen. Skizziere den Ton in einem Schwingungsbild. Was ist bei der Zeichnung zu beachten?

Die Amplitude und die Frequenz des Tons werden größer. Dann bleiben die Amplitude und die Frequenz einige Zeit konstant. Am Ende werden die Amplitude und die Frequenz wieder kleiner. Diese Abfolge wiederholt sich regelmäßig.

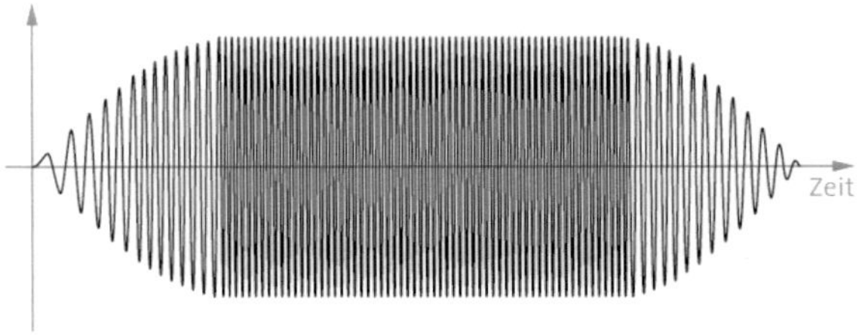

Bei der Zeichnung ist zu beachten, dass am Anfang die Ausschläge, also die Amplitude (Lautstärke), größer werden und die Nulldurchänge enger aufeinander folgen, das heißt, die Frequenz (Tonhöhe) steigt an. Im mittleren Teil sind die Abstände und Ausschläge gleichbleibend (konstanter Ton). Am Ende werden die Ausschläge wieder kleiner und die Abstände der Nulldurchgänge größer.

Seite 21 (Material)

Versuche – Tonhöhe und Frequenz

V1 Musikinstrument

Ton	Frequenz	Ton	Frequenz
c'	264 Hz	g'	396 Hz
cis'	275 Hz	as'	422 Hz
d'	297 Hz	a'	440 Hz
es'	317 Hz	b'	475 Hz
f'	330 Hz	h'	495 Hz
fis'	352 Hz	c''	528 Hz

V2 Boomwhacker

a) *Vermutung:* Je länger das Rohr ist, desto niedriger ist die Frequenz.

Länge in cm	63 (c')	56 (d')	50 (e')	47 (f')	42 (g')	36 (a')	33 (h')	30 (c'')
Frequenz in Hz	264	297	330	352	396	440	495	528

b) Mit Deckel wird der Ton jeweils tiefer als ohne Deckel. Die Frequenz des Tons mit Deckel ist ungefähr halb so groß wie die Frequenz des Tons ohne Deckel.

Material A – Laut und leise, hoch und tief

A1 Mit dem Computer wurden die Schwingungsbilder 1) bis 4) aufgezeichnet.

a) Beschreibe die Schwingungsbilder 1) und 2) mithilfe der Größen Amplitude und Frequenz. Beschreibe, wie sich Tonhöhe und Lautstärke jeweils verändern.

b) Bestimme für die Schwingungsbilder 3) und 4) jeweils die Frequenz des Klangs.

a) Die Amplitude im 1. Schwingungsbild nimmt zu und wieder ab. Die Frequenz bleibt gleich.
Die Lautstärke wird größer und dann wieder kleiner. Die Tonhöhe bleibt gleich.
Die Amplitude im 2. Schwingungsbild bleibt gleich. Die Frequenz wird größer.
Die Lautstärke bleibt gleich, der Ton wird höher.

b) Schwingungsbild 3:
Bis $t = 1{,}4\,\text{ms} = 0{,}0014\,\text{s}$ sind es genau 15 Wieder-holungen. Die Frequenz beträgt also:

$$f = \frac{15}{0{,}0014\,\text{s}} = 10\,714\,\text{Hz}.$$

Schwingungsbild 4:
Bis $t = 0{,}9\,\text{ms} = 0{,}0009\,\text{s}$ sind es genau zwei Wiederholungen. Die Frequenz beträgt also:

$$f = \frac{2}{0{,}0009\,\text{s}} = 2222\,\text{Hz}.$$

A2 Beim Tippen einer Taste des Festnetztelefons ist jeweils ein kurzer Ton hörbar.

a) Beschreibe, wie du am Schwingungsbild erkennen kannst, wie viele Tasten gedrückt wurden.

b) Erläutere die Funktion der unterschiedlichen Frequenzen der gedrückten Tasten.

a) Zwischen dem Drücken der Tasten gib es jeweils immer eine Pause. Dadurch kann die Anzahl der gedrückten Tasten leicht bestimmt werden.

b) Jede Ziffer ist mit einem anderen Ton, das heißt einer anderen Frequenz, belegt. So kann zur Vermittlungsstelle die gewählte Nummer mithilfe der Frequenzen übermittelt werden.

Seite 23

1a) Bei den Saiteninstrumenten hat jedes Instrument einen bestimmten Frequenzbereich.
Beschreibe, wovon dieser abhängt.

b) Beschreibe, wovon die Frequenz eines Fadenpendels abhängt. Vergleiche mit a).

a) ▹Bild 02 von Seite 22 entnimmt man die Frequenzbereiche dreier Saiteninstrumente. Man liest ungefähr ab:
Violine: 200 Hz bis knapp 2000 Hz,
Violoncello: 65 Hz bis etwas über 1000 Hz,
Kontrabass: 40 Hz bis etwa 400 Hz.
Die Instrumente werden von Violine über Violoncello bis Kontrabass immer größer. Ganz offenbar hängt der Frequenzbereich der Instrumente von der Länge der Saiten, der Spannung der Saiten und der Dicke der Saiten ab. Je kürzer, dünner und straffer gespannt die Saite ist, desto höher ist die Frequenz der Schwingung.

b) Die Frequenz, mit der ein Fadenpendel schwingt, hängt von der Länge des Fadens ab. Je kürzer der Faden ist, desto größer ist die Frequenz, mit der das Pendel schwingt.

2 Ein Klavier hat einen Tonumfang von sieben Oktaven. Einer der tiefsten spielbaren Töne ist das C_1. Er hat eine Frequenz von 33 Hz. Bestimme die Frequenz des höchsten spielbaren Tones (c^5).

Zwischen dem tiefsten Ton C_1 und dem höchsten Ton c^5 liegen 7 Oktaven. Da das Frequenzverhältnis einer Oktave 2:1 ist, ergibt sich für die Frequenz des c^5-Tons:
$f = 33\,\text{Hz} \cdot 2^7 = 33\,\text{Hz} \cdot 2 \cdot 2 \cdot 2 \cdot 2 \cdot 2 \cdot 2 \cdot 2 = 4224\,\text{Hz}.$

2 Wie breitet sich Schall aus?

Schall breitet sich aus

Seite 25

1 Du beobachtest ein Feuerwerk in 200 Meter Entfernung.

a) Erkläre, warum du zuerst das Feuerwerk siehst und dann einen Knall hörst.

b) Bestimme die Zeit, die vergeht bis du den Knall hörst.

a) Das Licht breitet sich mit einer viel größeren Geschwindigkeit aus als der Schall. Darum sieht man das

Feuerwerk zuerst, und mit einiger Verzögerung hört man den Knall.

b) Für eine Strecke von 100 m braucht der Schall die Zeit von etwa 0,3 s. Für eine Strecke von 200 m braucht er somit die doppelte Zeit, also 0,6 s.

Seite 27

1 Mithilfe des Echos kannst du den Abstand zu einer Felswand abschätzen. Dazu musst du die Zeit messen, die zwischen einem kurzen Ruf und dem Echo vergeht. Bestimme die Entfernung zu einer Felswand, wenn zwischen Ruf und Echo zwei Sekunden vergehen.

Der Schall benötigt für die Strecke vom Rufenden bis zur Wand und wieder zurück zwei Sekunden. In einer Sekunde legt der Schall eine Strecke von 340 m zurück. In zwei Sekunden legt der Schall folglich eine Strecke von 680 m zurück. Da der Schall den Abstand Rufer – Wand zweimal durchläuft, ist die Wand 340 m entfernt.

Seite 28

1 Im Meer breitet sich der Schall mit einer Geschwindigkeit von 1500 Metern pro Sekunde aus. Wie tief ist das Meer, wenn das reflektierte Signal nach 3 Sekunden registriert wird?

Das reflektierte Schallsignal wird nach drei Sekunden registriert. Für die Strecke bis zum Meeresboden benötigt das Signal also 1,5 Sekunden. In einer Sekunde legt der Schall im Wasser eine Strecke von 1500 Metern zurück. Folglich legt der Schall in 1,5 Sekunden die 1,5fache Strecke, also $1{,}5 \cdot 1500\,\text{m} = 2250\,\text{m}$, zurück.

Die Meerestiefe beträgt 2250 Meter.

Seite 29 (Material)

Versuche – Zur Schallausbreitung in verschiedenen Schallträgern

V1 Löffel an der Schnur

Der Schüler nimmt einen lauten Klang wahr. Dieser ist sehr viel lauter, als wenn man die Finger nicht in die Ohren steckt. Der Schall wird über die Schnur übertragen.

V2 Verschiedene Schallträger

Diesen Versuch können die Schülerinnen und Schüler gut zuhause durchführen. Geeignet ist z. B. ein Wecker mit Sekundenzeiger.

Material	Wahrnehmung
Holzbrett	deutlich
Blech	deutlich
Styropor	sehr leise
Dünner Papierblock	Deutlich abgeschwächt
Schwammtuch	sehr leise
Kissen	Kein Ticken zu hören
…	…

V3 Messung der Schallgeschwindigkeit in Luft

Für diesen Versuch sind Kunststoffstäbe am besten geeignet, da sie ein kurzes klares Signal erzeugen. Man sollte das Geräusch möglichst nah an der Öffnung der Pappröhre erzeugen. Als Rohr kann man eine Versandrolle aus Pappe verwenden. Zur Bestimmung der Schallgeschwindigkeit muss man die Länge des Rohrs messen. Der zurückgelegte Weg entspricht der doppelten Rohrlänge. Den Zeitabstand kann man aus dem Diagramm ermitteln, indem man jeweils die Zeit des größten Ausschlags des ersten und des zweiten Signals im Diagramm abliest und dann die Differenz bildet.

Hinweis: Mit diesem Versuchsaufbau kann auch der Einfluss der Temperatur auf die Schallgeschwindigkeit untersucht werden, indem man die Luft mit einem Haartrockner erwärmt. Der Unterschied ist zwar klein, aber messbar. Außerdem kann man das Rohr mit CO_2 füllen und den Versuch durchführen.

Material A – Aus der Tierwelt

A1 Überlege, woran die Fledermaus erkennen kann, dass es sich um ein Insekt handelt, das sich von ihr wegbewegt. Fertige dazu eine Filmleiste mit Skizzen an.

Die Fledermaus erkennt das Insekt daran, dass die Zeit vom Ruf bis zur Wahrnehmung des reflektierten Schalls zunimmt.

Es sind verschiedene Darstellungen möglich. Hier ein Beispiel:

3 Wie wird Schall empfangen?

Wahrnehmung von Schall

Seite 31

1 Warum ist es gefährlich, im Straßenverkehr Musik über Kopfhörer zu hören?
Zur Orientierung im Straßenverkehr ist es wichtig, zu hören und zu sehen. Wenn man laute Musik über Kopfhörer hört, dann nimmt man die Umgebungsgeräusche kaum noch wahr. Zum Beispiel wird ein herannahendes Auto zu spät wahrgenommen, und auch die Richtung, aus der sich ein Auto nähert, wird nicht erkannt.

Seite 32

1 Ermittle mithilfe der Grafik, welche Tiere Töne im Ultraschallbereich für die Ortung von Beute oder zur Orientierung nutzen können.
Delfine und Fledermäuse können Töne im Ultraschallbereich sowohl erzeugen als auch wahrnehmen. So können sie Rufe ausstoßen und anhand der wahrgenommenen Reflexion an Gegenständen oder Beutetieren Hindernissen ausweichen oder Beutetieren folgen.

2 Ein Hörgerät kann hohe Frequenzen verstärken und es alten Menschen erleichtern, Gesprächen zu folgen. Warum empfinden sie das Hörgerät in großen Gesellschaften oft als störend?
Das Hörgerät verstärkt nicht nur die erwünschten Geräusche im Gespräch, sondern auch alle Nebengeräusche im Bereich der verstärkten hohen Frequenzen. Das ist für die älteren Menschen sehr störend.

Seite 33 (Material)

Versuche – Zum Hören

V1 Links oder rechts?
Dieser Versuch sollte in einer ruhigen Umgebung durchgeführt werden.
a) Auch bei nur 1 cm Abstand von der Schlauchmitte kann man noch eine Richtung angeben.
b) Der Wegunterschied zu den Ohren beträgt dann 2 cm. Der Schall benötigt für eine Strecke von 340 m die Zeit von 1 s. Es gilt also für die Strecken:

340 m: $\rightarrow 1\,\text{s}$,

1 m: $\rightarrow \frac{1}{340} \cdot 1\,\text{s} = 0{,}0029\,\text{s}$,

2 cm = 0,02 m: $\rightarrow 0{,}02 \cdot 0{,}0029\,\text{s} = 0{,}000059\,\text{s}$.

Der Schall erreicht die Ohren mit einem Zeitunterschied von 0,000059 s oder 0,059 Millisekunden.

c) Wenn der Schall die Ohren mit einem Zeitunterschied erreicht, dann kommt das Geräusch von einer Seite. Wenn der Schall z. B. von links kommt, dann nimmt man den Schall mit dem linken Ohr zuerst wahr und kann so die Richtung angeben. Der Zeitunterschied ermöglicht das Richtungshören.

V2 Das Hörrohr
Der Trichter kann auch aus Pappe gebastelt werden. Der Schlauch kann durch ein Papprohr oder ein aufgerolltes Blatt Papier ersetzt werden.
a) Mit Hörrohr wird das Ticken deutlich lauter wahrgenommen.
b) Die Leute hielten den Trichter des Hörrohres in Richtung der sprechenden Person. Die Sprachgeräusche wurden so verstärkt wahrgenommen.

Material A – Mit Schall Jugendliche vertreiben?

A1 Erkläre, warum sich Erwachsene von dem im Zeitungsartikel erwähnten Gerät nicht gestört fühlen. In welchem Frequenzbereich müssen die Töne vermutlich liegen? Notiere Folgen, die der Einsatz dieses Geräts für die Jugendlichen haben könnte.
Erwachsene können die hochfrequenten Töne nicht mehr wahrnehmen, da mit zunehmendem Alter das Gehör im Bereich hoher Frequenzen nachlässt. Die Töne liegen wahrscheinlich nahe bei 15 000 Hz bis 20 000 Hz.
Die Jugendlichen könnten im schlimmsten Fall die Hörfähigkeit in diesem Frequenzbereich verlieren.

A2 Was hältst du vom Einsatz solcher Hochfrequenzgeräte? Diskutiere mit deinen Mitschülern.
Hier ist eine Diskussion innerhalb der Klasse möglich. Dabei kann grundsätzlich über den Sinn solcher Maßnahmen zur Vertreibung Jugendlicher gesprochen werden. Sicherlich bringen die Schülerinnen und Schüler eigene Erfahrungen mit in die Diskussion ein.

Seite 35

1 Ermittle, welcher Schallpegel erreicht werden kann, wenn zehn (zwanzig) Schüler gleichzeitig mit einem Pegel von 65 dB(A) sprechen.
Wenn zehn Schüler gleichzeitig mit einem Pegel von 65 dB(A) sprechen, dann erhöht sich der Pegel um 10 dB(A). Der Pegel insgesamt beträgt 75 dB(A).
Wenn doppelt so viele, also 20 Schüler mit einem Pegel von 65 dB(A) sprechen, dann erhöht sich der Pegel noch einmal um 3 dB(A). Insgesamt wird bei 20 Schülern also ein Pegel von 78 dB(A) erreicht.

Optik

Didaktische Hinweise

Aufbau des Kapitels
Im Unterkapitel „Wie breitet sich Licht aus?“ werden die Grundlagen der geometrischen Optik von der geradlinigen Lichtausbreitung bis zur Reflexion und Brechung behandelt. Dabei wird der Sehvorgang von Anfang an thematisiert. Auf diesen Grundlagen baut das Unterkapitel „Optische Abbildungen“ mit Loch- und Linsenkamera auf. Das Auge wird erneut im Unterkapitel „Optische Instrumente“ aufgegriffen. Am Ende stehen das Unterkapitel „Farben“ und ein Vergleich von Schall und Licht.

Denk- und Arbeitsweisen
Der Bildungsplan legt großen Wert darauf, dass die Schülerinnen und Schüler zwischen Beobachtung und Erklärung unterscheiden können. Dies wird explizit im entsprechenden Methodenkasten auf S. 45 thematisiert. Auch die Funktion von Modellen in der Physik ist ein zentraler Aspekt des Bildungsplans. Es bietet sich an, den Modellgedanken am Beispiel des Lichtstrahls einzuführen (siehe Methodenkasten auf S. 42). Im Kapitel „Materie und Energie“ wird der Modellbegriff anhand des Teilchenmodells aufgegriffen, vertieft und reflektiert.

Vorstellungen zum Sehen
Viele Schülerinnen und Schüler argumentieren mit von den Augen ausgehenden „Sehstrahlen“. Oberflächlich sehen sie ein, dass dies eine Fehlvorstellung ist; aber die Vorstellung von den Sehstrahlen kehrt oftmals hartnäckig zurück. Besonders deutlich wird das bei der Brechung, z. B. beim Zielversuch (S. 61, V1).

Lichtbündel und Lichtstrahl
Im Alltag reden Schülerinnen und Schüler von Sonnen- und Laserstrahlen, während der Lichtstrahl in der Physik ein Modell ist. Hierzu finden sie alles Wichtige im Methodenkasten „Das Lichtstrahlmodell“. Um Realität und Modellebene abzugrenzen, verwenden wir „Lichtstrahl“ nach der Einführung des Fachbegriffs nur bei Zeichnungen. Bei der Beschreibung von Phänomenen und Experimenten bleiben wir bei „Lichtbündel“. Der Unterschied zum Alltagsbegriff wird direkt angesprochen.
Die Grenzen des Lichtstrahlmodells werden anhand der Beugung aufgezeigt (S. 93), nachdem die Schülerinnen und Schüler zuvor erfahren haben, wie erklärungsmächtig das Modell ist.

Spiegelbilder
Reflexion und Spiegelbilder beschreiben zwei unterschiedliche Phänomene, die an spiegelnden Flächen auftreten. Wir behandeln sie deshalb getrennt. Viele Schülerinnen und Schüler haben die Vorstellung, das Spiegelbild befinde sich auf der Spiegeloberfläche. Dies wird mit dem ersten Experiment (S. 54, Bild 02) explizit geklärt.

Abbildung durch Linsen
Die Schülerinnen und Schüler haben oft eine holistische Vorstellung der Bildentstehung. Viele scheinbare Selbstverständlichkeiten müssen daher thematisiert werden (z. B. S. 73, V1).
Die Abbildung durch Linsen wird als Verbesserung der Lochkamera motiviert: Während die Lochkamera für die Abbildung Lichtbündel „aussortiert“, ist es bei den Linsen ein „Umsortieren“. Entsprechend erklären wir die Bildentstehung mit Lichtbündeln. Die Konstruktion von Bildpunkten mit ausgezeichneten Strahlen wird als Vertiefung angeboten. Die Linsengleichung wird nicht behandelt, da sie viele Schülerinnen und Schüler mathematisch überfordert.

Farben und Farbwahrnehmung
Die Erklärung der Farben des Regenbogens motiviert das Vorgehen. Dass die Dispersion bei jeder Brechung auftritt, wird explizit angesprochen.
Infrarot- und Ultraviolettstrahlung werden vor der Farbwahrnehmung thematisiert, da die „Erweiterung“ des Spektrums leichter zu begründen ist.
Um die Farbwahrnehmung zu erklären, legen wir Wert auf den Unterschied zwischen der Farbe des Lichts (auch wenn diese Begriffsbildung streng genommen nicht korrekt ist) und der Farbe von Körpern. Dadurch werden die Begriffe „additive“ bzw. „subtraktive Farbmischung“ leichter verständlich.

Methoden
Die Methodenseiten „Schall und Licht im Vergleich“ zeigen auf, wie Analogien sinnvoll eingesetzt werden können, um neue Aspekte zu entdecken. Neben bekannten Aspekten behandeln wir daher auch die Beugung bei Licht.

Blickpunkte
Die Optik fasziniert durch vielfältige Phänomene und Anwendungen. Hierzu finden die Schülerinnen und Schüler ansprechende Blickpunktseiten zur gänzlich oder teilweise eigenständigen Erarbeitung, z. B. auch in Form einer GFS.

1 Wie breitet sich Licht aus?

Lichtausbreitung und Sehen

Seite 41

1 Beschreibe, wie sich ein Radfahrer vom Helm bis zu den Schuhen anziehen sollte, damit man ihn bei Dunkelheit gut sieht.
Der Radfahrer sollte möglichst viele Reflektoren tragen. Zusätzlich wird er durch helle Kleidungsstücke, die das Licht reflektieren oder streuen, gut sichtbar.

2 Erstelle eine Tabelle mit Gegenständen, die selbst Licht aussenden, und Gegenständen, die Licht nur umlenken. Trage in die Liste auch Sonne, Mond und Erde ein.

Gegenstände, die selbst Licht aussenden	Gegenstände, die Licht umlenken
Scheinwerfer	Mond
Sonne	Erde
Kerzen	Helle Kleidungsstücke
Lampen	Möbel
Laser	Helle Gegenstände

Seite 43 (Material)

Versuche – Sichtbarkeit von Gegenständen

a) Helle Gegenstände sind besonders gut sichtbar, da sie das Licht gut streuen. Dunkle Gegenstände sind nicht so gut sichtbar, da sie große Teile des Lichts schlucken.
b) Je glatter und heller eine Oberfläche ist, desto besser ist sie sichtbar. Ein dunkles Tuch z. B. verschluckt sehr viel Licht.

Material A – Sichtbarkeit des Lichts

A1 Tom sagt: „ Licht kann man immer sehen. Wenn ich in einem dunklen Zimmer eine Lampe einschalte, kann ich das Licht immer sehen.“
Nimm Stellung zu Toms Aussage. Überlege dir einen einfachen Versuch, um Toms Behauptung zu widerlegen.
Tom hat unrecht. Damit Tom das Licht sieht, muss es in sein Auge gelenkt werden. Man könnte mit einem Laserpointer an eine Stelle im Raum zielen, die Tom nicht sieht. Wenn keine Teilchen in der Luft das Licht streuen, dann wird Tom den Weg des Lichts nicht sehen. Und den Lichtfleck an der Stelle, an der das Laserlichtbündel auftrifft, könnte er auch nicht sehen.

A2 Die Wege zweier Lichtbündel kreuzen sich (▹ Bild 03). Julia behauptet: „Das Lichtbündel 1 und das Lichtbündel 2 „stoßen“ sich gegenseitig ab. Also wird das Lichtbündel 1 zum roten Punkt und das Lichtbündel 2 zum blauen Punkt gelenkt.“
Lisa dagegen sagt: „Die beiden Lichtbündel beeinflussen sich gegenseitig überhaupt nicht. Das Lichtbündel 1 gelangt also zum blauen Punkt und das Lichtbündel 2 zum roten Punkt.
a) Begründe, dass sich anhand von ▹Bild 03 nicht feststellen lässt, ob Julia oder Lisa recht hat.
b) Beschreibe, wie man den Aufbau abändern muss, um festzustellen, welche Behauptung richtig ist.
c) Führe den Versuch durch und entscheide, ob Julia oder Lisa recht hat.
a) Man kann anhand des Bildes nicht entscheiden, ob das zum roten Punkt gelangende Lichtbündel von Lampe 1 oder Lampe 2 kommt. Dasselbe gilt für das Lichtbündel, das zum blauen Punkt gelangt.
b), c) Man könnte die beiden Lichtbündel durch Folien farbig machen. Dann würde man sehen, dass Lisa recht hat.

Material B – Ausbreitungsgeschwindigkeit des Lichts

B1 Begründe, warum wir Sterne am Himmel sehen, obwohl sie schon gar nicht mehr existieren.
Wenn im Andromedanebel ein Stern aufhört zu existieren, dann kommt das letzte Licht von diesem Stern erst zwei Millionen Jahre später bei uns an.

B2 Von der Sonne benötigt das Licht etwa acht Minuten zur Erde, vom Mond etwa eine Sekunde. Berechne mithilfe eines Dreisatzes, wie viele Kilometer die Sonne von uns entfernt ist.
Zurückgelegte Strecke des Lichts …
in 1 s: $300\,000\,\text{km}$,
in 1 min = 60 s: $60 \cdot 300\,000\,\text{km} = 18\,000\,000\,\text{km}$,
in 8 min: $8 \cdot 18\,000\,000\,\text{km} = 144\,000\,000\,\text{km}$.
Die Sonne ist 144 000 000 km von der Erde entfernt.

Licht und Schatten

Seite 46

1 Warum werden Klassenzimmer mit Leuchtstoffröhren und nicht mit punktförmigen Lichtquellen beleuchtet?
Wenn man ein Klassenzimmer mit nur einzelnen punktförmigen Lichtquellen ausleuchtet, dann entstehen viele dunkle Schattenräume. In diesen könnte man z. B. schlecht schreiben. Wenn man ausgedehnte Lichtquellen wie Leuchtstoffröhren verwendet, dann wird der Raum gleichmäßig hell ausgeleuchtet.

2a) Zeichne die Skizze ▹Bild 03 in dein Heft. Notiere, welche der Lampen L_1 und L_2 man von den einzelnen Punkten A bis E aus sehen kann.
b) Füge anschließend eine dritte Lampe L_3 hinzu und konstruiere die verschiedenen Schattenräume.

a)

Punkt	Sichtbare Lampen
A	L_1 und L_2
B	L_1
C	–
D	L_2
E	L_1 und L_2

b)

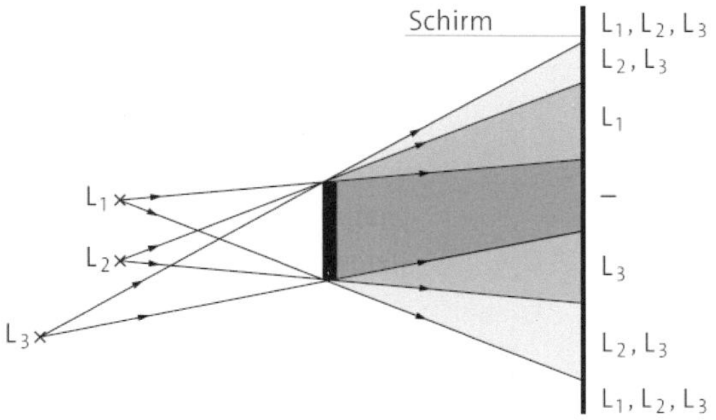

Seite 47 (Material)

Versuche – Veränderungen von Schattenbildern

V1 Versuche mit 1 Lichtquelle
a) Wenn man den Gegenstand nach rechts oder links bewegt, dann bewegt sich das Schattenbild auch nach rechts oder links.
Je näher man den Gegenstand an die Lampe bewegt, desto größer wird das Schattenbild.
Je weiter man den Gegenstand von der Lampe weg bewegt, desto kleiner wird das Schattenbild.
b) Wenn man den Bildschirm schräg hält, dann ist das Schattenbild verzerrt.

V2 Versuche mit 2 Lichtquellen
a) So entstehen kleine Halbschattenräume:

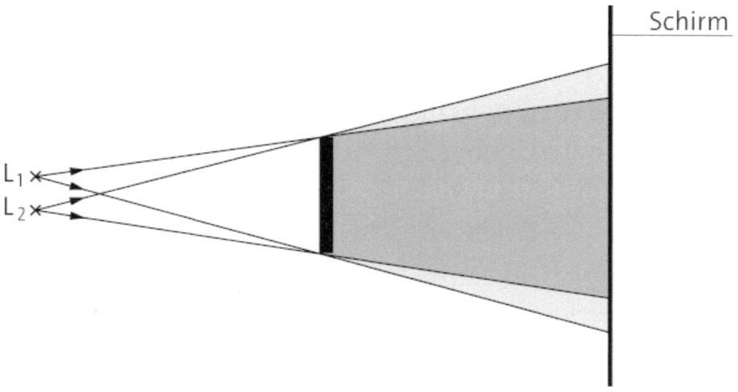

So entsteht ein kleiner Kernschattenraum:

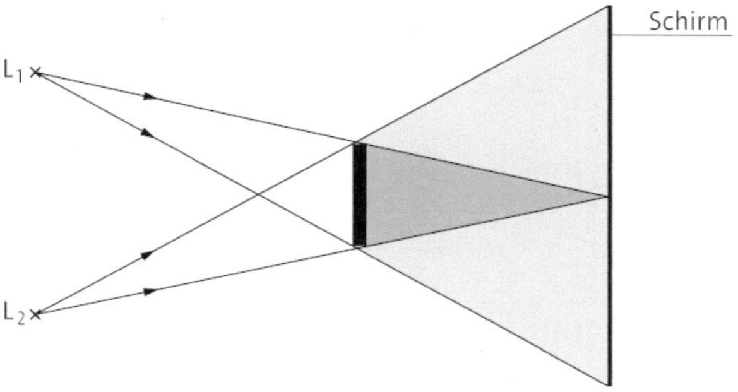

b) Wenn L_1 und L_2 gleich weit von M auf der Parallelen zum Bildschirm entfernt sind, dann werden die Halbschattenräume gleich groß.

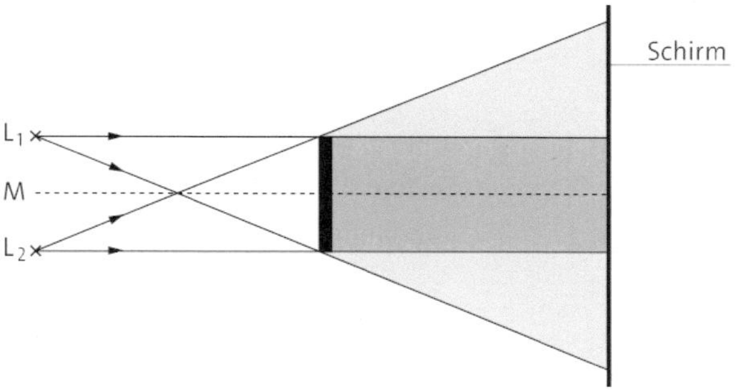

V3 Vogel im Ei
a) Schüleraktivität
b) Wenn das Schattenbild von Gegenstand 1 im Schattenbild von Gegenstand 2 enthalten sein soll, dann muss der Gegenstand 1 näher am Bildschirm stehen. Die beiden Lichtquellen müssen jeweils direkt hinter den Gegenständen stehen.

Material A – Schattenbilder hinter Hindernissen

A1 Hinter zwei Lichtquellen L_1 und L_2 steht eine rechteckige Platte, die die verschiedenen Schattenbereiche im ▹Bild links erzeugt. Übertrage die Abbildung möglichst genau in dein Heft.
a) Bestimme zeichnerisch die Lage der rechteckigen Platte.
b) Fertige die Zeichnung noch einmal an und zeichne die Platte aus Teil a) ein. Überlege dir, wohin die Lichtquelle L_2 verschoben werden muss, damit der Kernschatten verschwindet.

a)

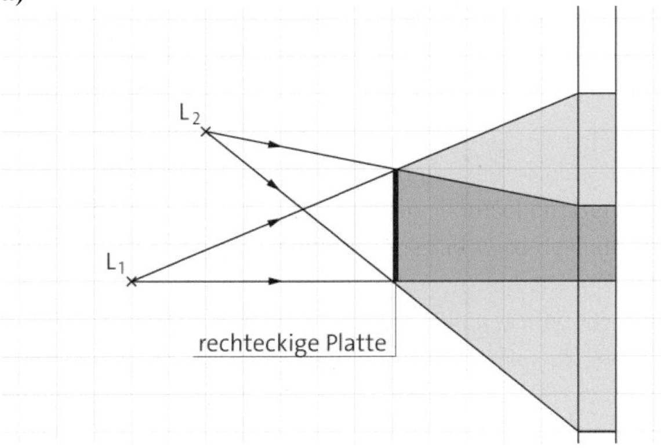

b) L_2 kann überall im schraffierten Bereich positioniert werden.

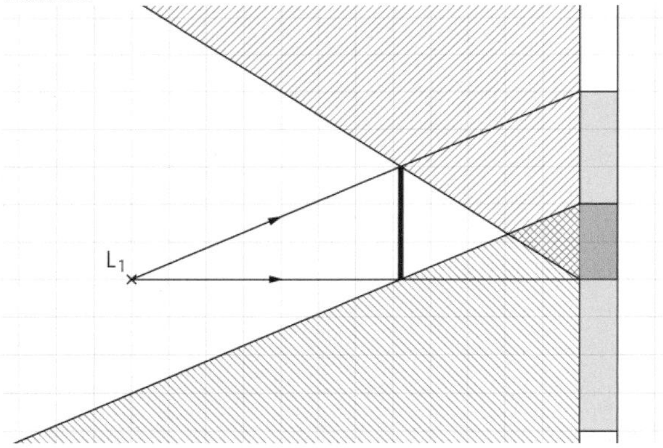

Seite 48

1 Es ist gerade Halbmond. Woran erkennst du, ob in einer Woche Vollmond oder Neumond ist?
Wenn die rechte (linke) Hälfte des Mondes beleuchtet ist, dann ist zunehmender (abnehmender) Mond. Eine Woche später ist dann Vollmond (Neumond).

Seite 49

2 Nenne die Voraussetzungen, die für eine Mondfinsternis erfüllt sein müssen.
Eine Mondfinsternis kommt nur bei Vollmond zustande, wenn sich der Mond in einem der beiden Schnittpunkte von Erdbahnebene und Mondbahn befindet..

3 Kann man eine Sonnenfinsternis überall auf der Erde sehen? Von wo aus lässt sich eine Mondfinsternis beobachten? Begründe jeweils.
Eine Sonnenfinsternis lässt sich nur von der Tagseite der Erde aus beobachten, da auf der Nachtseite die Sonne nie zu sehen ist und von dort aus eine Verdunkelung der Sonne durch den Mond somit auch nicht wahrgenommen werden kann.
Auf der Tagseite ist die Sonnenfinsternis nur dort zu sehen, wo der Mondschatten die Erde erreicht.
Eine Mondfinsternis kann man nur auf der Nachtseite sehen, da sie lediglich bei Vollmond stattfinden kann. Da der Vollmond auf der ganzen Nachtseite gesehen werden kann, lässt sich eine Mondfinsternis von überall auf der Nachseite beobachten.

Licht trifft auf Gegenstände

Seite 51

1 Beschreibe, wie eine Kochkiste aufgestellt werden muss, damit das Sonnenlicht optimal zum Kochen ausgenutzt wird. Fertige dazu eine Skizze an.
Die Kochkiste muss so in die Sonne gestellt werden, dass kein Schatten in der Kiste entsteht. Der Spiegel im Deckel muss so eingestellt werden, dass möglichst viel Licht in die Kochkiste reflektiert wird.

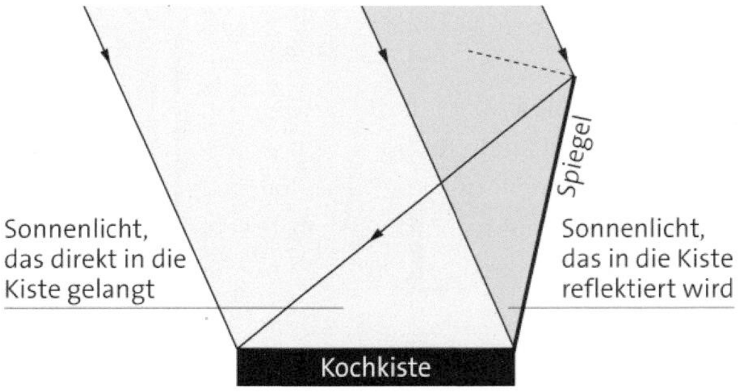

Seite 53 (Material)

Versuche – Der Unterschied zwischen Streuung und Reflexion

V1
a) Das Blatt Papier wird immer gleich weiß aussehen. Der Spiegel wird schwarz erscheinen, nur in einer bestimmten Position gegenüber der Taschenlampe wird er hell aufleuchten.
b) Das Blatt Papier streut das Licht in alle Richtungen, deswegen sieht es von allen Positionen gleich aus. Der Spiegel reflektiert das Licht nur in eine Richtung, deshalb sieht man ihn nur von einer Position heraus beleuchtet.

Material A – Abblendlicht und Fernlicht

A1a) Um ein entgegenkommendes Fahrzeug nicht zu blenden, muss vom Fernlicht auf Abblendlicht umgeschaltet werden. Begründe dies anhand ▹ Bild 05.
b) Bei Schneefall und Nebel wird die Sicht schlechter, wenn man von Abblendlicht auf Fernlicht schaltet. Erkläre.
c) Fährt man auf nasser Fahrbahn bei Dunkelheit, so kann schon das Abblendlicht entgegenkommende Autofahrer blenden. Erkläre.

a) Beim Abblendlicht wird der obere Teil des Lichtbündels durch eine Blende abgedeckt. Dadurch gelangt kein Licht direkt in das Auge des entgegenkommenden Autofahrers und er wird nicht geblendet.
b) Schnee und Nebel streuen das Licht in alle Richtungen, auch zu dem Autofahrer zurück. Bei eingeschaltetem Fernlicht gelangt noch mehr gestreutes Licht zurück ins Auge des Fahrers, sodass er unter Umständen nur noch eine helle „Wand" vor sich sieht.
c) Die nasse Fahrbahn reflektiert das Licht von der Straße in die Augen des entgegenkommenden Autofahrers.

Material B – Konstruktionen

B1 In ▹Bild 06 wird ein Lichtstrahl an einem Spiegel an der Stelle S reflektiert. Übertrage die Zeichnung in dein Heft und ergänze den noch fehlenden Spiegel.

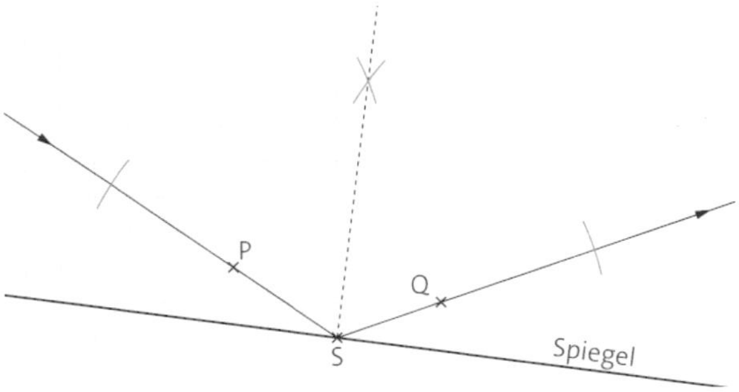

B2 In ▹Bild 07 wird ein Lichtstrahl am Spiegel 1 an der Stelle S reflektiert. Übertrage in dein Heft und zeichne den weiteren Verlauf des Lichtstrahls ein.

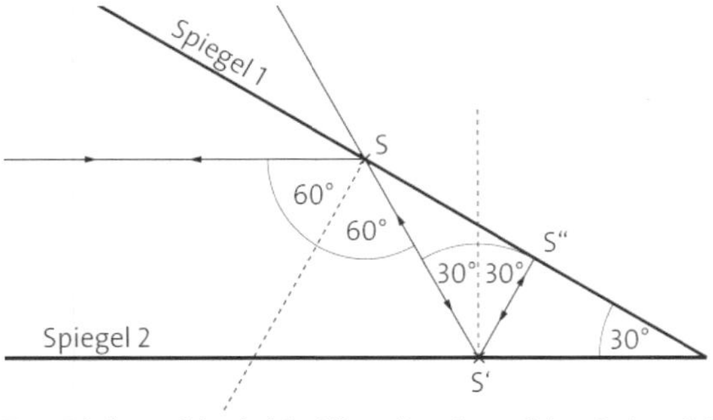

Der Lichtstrahl wird in S" senkrecht auf den Spiegel 1 treffen. Dadurch wird er zurück reflektiert und denselben Weg aus den Spiegeln zurück nehmen.

B3 Das Lichtbündel einer Taschenlampe wird an einem Spiegel reflektiert (▹Bild 08). Übertrage die Zeichnung in dein Heft und zeichne das reflektierte Lichtbündel ein.

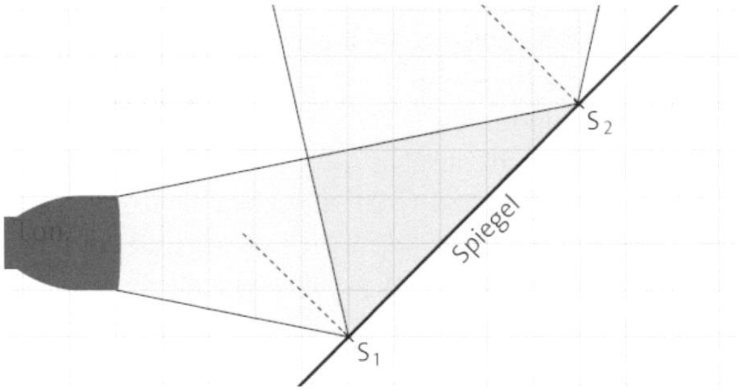

Spiegelbilder

Seite 55

1 Jana steht vor dem Spiegel. Die Oberkante des Spiegels befindet sich 1,80 m über dem Boden, die Unterkante 1,00 m. Jana ist 1,40 m groß und ihre Augenhöhe ist 10 cm niedriger. Kann sie ihre Füße im Spiegel betrachten? Konstruiere im Maßstab 1:10.

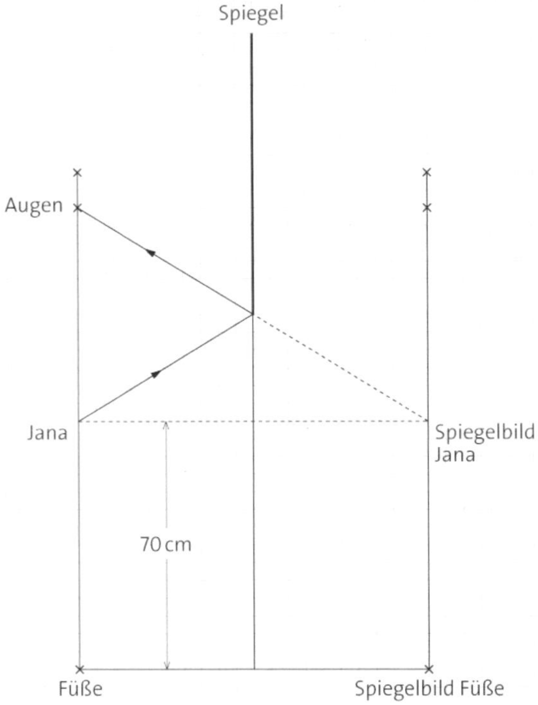

Nein. Jana kann erst den Bereich, der höher als 70 cm über dem Boden liegt, betrachten. Dies gilt für jeden beliebigen Abstand von Jana zum Spiegel.

Seite 56

1 Gefunden im Internet: „Warum vertauscht ein Spiegel eigentlich links und rechts und nicht oben und unten?“
Antwort: „Ein Spiegel vertauscht nichts. Das wäre dann ein Umkehrspiegel.“
Nimm Stellung dazu.
Ein Spiegel vertauscht nicht links und rechts. Die Richtungsangaben links und rechts beziehen sich immer auf den Betrachter. Zwei Personen, die sich gegenüber stehen, werden für links und rechts in unterschiedliche Richtungen zeigen, bei oben und unten jedoch in die gleiche Richtung. Von einem Betrachter aus gesehen vertauscht der Spiegel nicht links und rechts.

Seite 57 (Material)

Versuche – Untersuchung von Spiegelbildern

V1
a) Man verlängert die Strecke von dem ersten Keks zum Spiegel nach hinten. Legt man dann im selben Abstand den zweiten Keks hinter den Spiegel, so liegt er in der Position des Spiegelbilds des ersten Keks. Nun vervollständigt der zweite Keks das Spiegelbild des ersten.
b) Wenn man seine Position so verändert, dass man dabei immer noch das Spiegelbild des ersten Keks sieht, dann funktioniert der Versuch immer noch.

V2
Nur die Richtungen vorne und hinten werden vertauscht.

V3

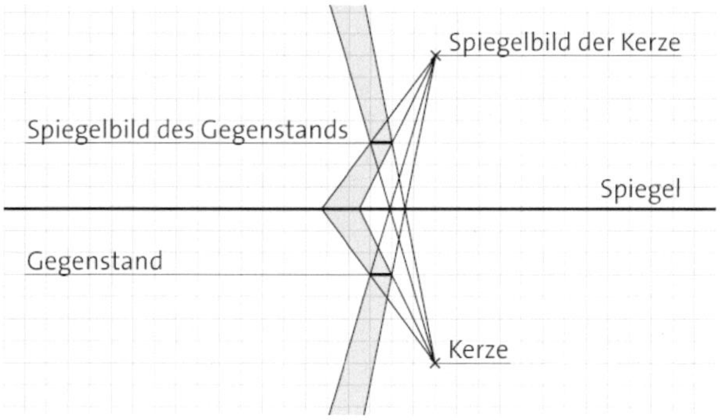

Sowohl die Figur als auch ihr Spiegelbild haben jeweils zwei Schatten.

Material A – Versteckspiel

A1a) Übertrage die Skizze in dein Heft.
b) Kann Tom seine Schwester im Spiegel sehen? Löse zeichnerisch.
c) Bestimme durch Konstruktion den gesamten Bereich, in dem Mia sich verstecken kann, ohne gesehen zu werden.
a)

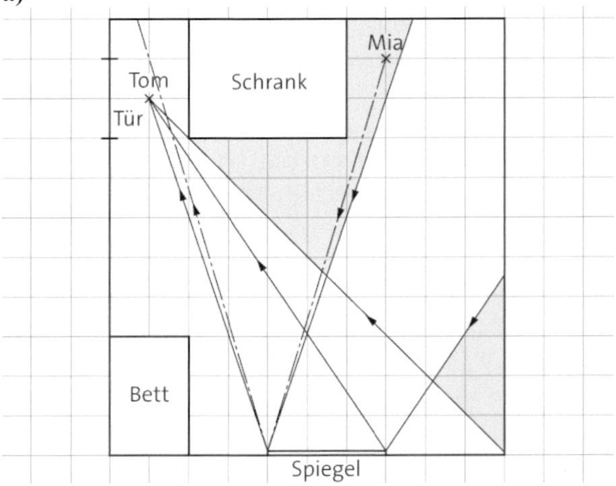

b) Tom kann seine Schwester nicht sehen.
c) Im grau getönten Bereich kann Tom seine Schwester nicht sehen.

Material B – Falsche Spiegelbilder

B1 ▹Bild 07 zeigt eine Person vor einem Spiegel. Entscheide für jede Skizze, ob sie richtig oder falsch ist. Begründe deine Antwort jeweils.
A: Falsch. Die Abstände zur Spiegelebene sind nicht gleich.
B: Richtig.
C: Falsch. Der Spiegel vertauscht nicht rechts und links.
D: Falsch. Die Person und ihr Spiegelbild müssen gleich groß sein.

Licht wird gebrochen

Seite 61 (Material)

Versuche – Lichtbrechung

V1
a) Die Stricknadel trifft die Münze nicht.
b) Das Licht das von der Münze ausgeht, wird an der Grenzfläche Wasser-Luft gebrochen. Dadurch erscheint die Münze angehoben. Um die Münze mit der Stricknadel zu treffen, muss man etwas tiefer zielen.

V2
Es sieht so aus, als hätte die Stricknadel an der Stelle, wo sie ins Wasser taucht, einen Knick bekommen. Der im Wasser liegende Teil der Nadel erscheint wegen der Lichtbrechung an der Grenzfläche Wasser-Luft angehoben.

Material A – Lichtbrechung an verschiedenen Grenzflächen

A1 In den Skizzen ist jeweils ein Lichtstrahl beim Übergang zwischen verschiedenen Grenzflächen eingezeichnet.
Entscheide und begründe, ob die Zeichnungen falsch oder richtig sind. Erstelle für die falschen Zeichnungen eine richtige in dein Heft.
2 und 4 sind richtig. 1, 3, 5 und 6 sind falsch: Bei 1 muss der Winkel zwischen Lot und Lichtstrahl in Luft 60° betragen; bei 3 muss der Winkel im Glas 35° betragen; bei 5 muss der gebrochene Lichtstrahl im Diamanten rechts vom Lot verlaufen und 21,5° betragen; bei 6 muss der Winkel im Diamanten zum Lot gemessen werden. Er muss den Wert 16,5° haben.

Material B – Lichtbrechung am Prisma

B1a) Übernimm die Zeichnung in dein Heft und zeichne den weiteren Verlauf des Lichtstrahls ein. Entnimm die dazu nötigen Werte aus ▹Bild 04 auf der vorherigen Seite.
b) Der Lichtstrahl soll nun im Glasprisma parallel zur unteren Kante verlaufen. Bestimme den Einfallswinkel. Fertige eine Zeichnung an.

a)

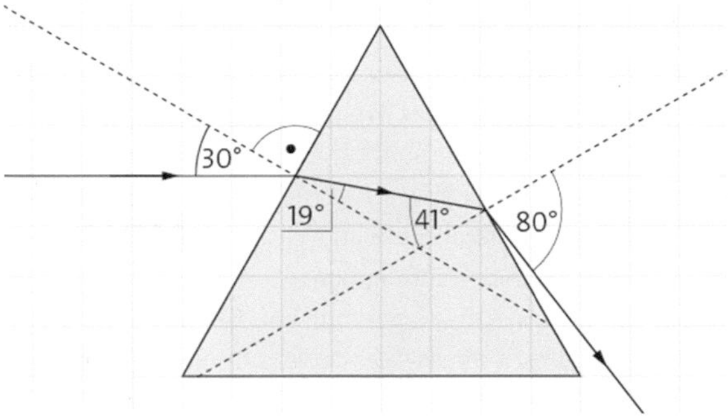

b) Der Einfallswinkel muss 48° betragen.

B2 Im ▹Bild unten trifft Licht auf eine Glasplatte. Überprüfe die Aussage: Das Licht hat nach der Platte dieselbe Ausbreitungsrichtung wie davor.
Das aus der Platte austretende Lichtbündel verläuft parallel zum einfallenden Lichtbündel.

Licht trifft auf Grenzflächen

Seite 63

1 Nenne Gemeinsamkeiten und Unterschiede von Reflexion und Totalreflexion.
Gemeinsamkeiten: Beides geschieht an Grenzflächen; einfallendes und reflektiertes Lichtbündel liegen in einer Ebene; Einfallswinkel und Reflexionswinkel sind gleich groß.
Unterschiede: Totalreflexion findet nur beim Übergang von optisch dichten zu optisch dünneren Stoffen statt; bei Reflexion wird nie das gesamte Licht reflektiert.

2 Experimentell kann man einen Einfallswinkel von 90° beim Übergang von Luft in Wasser kaum einstellen. Erläutere, wie man den zugehörigen Brechungswinkel bestimmen kann.
Man lässt ein schmales Lichtbündel vom Wasser aus auf die Grenzfläche zur Luft treffen und bestimmt den Grenzwinkel, also den Einfallswinkel in Wasser, bei dem die Totalreflexion beginnt. Das ist der gesuchte Winkel.

Seite 65 (Material)

Versuche – Zaubertricks

V1 Der leuchtende Wasserstrahl
Beobachtung: Der gebogene Wasserstrahl ist von innen beleuchtet bzw. das Licht ist im Wasserstrahl „gefangen".
Erklärung: Das Licht, das von der Lampe in den Wasserstrahl gelangt, wird mehrmals an der Grenzfläche zwischen Wasser und Luft total reflektiert (vgl. Lichtleiter S. 64).

V2 Die verschwundene Münze
Beobachtung: Die Münze ist von der Seite nicht mehr zu sehen.
Erklärung: Durch das Wasser muss sich die Ausbreitungsrichtung des Lichts von der Münze so geändert haben, dass kein Licht mehr von ihr seitlich aus dem Glas heraustritt. Man kann sich das mit Wasser gefüllte Glas als einen massiven Glasblock vorstellen, weil Wasser und Glas in etwa die gleiche optische Dichte haben.
Streulicht von der Münze gelangt nun nicht mehr seitlich aus dem Glas, weil es zu Totalreflexion an der Grenzfläche Glas-Luft kommt.

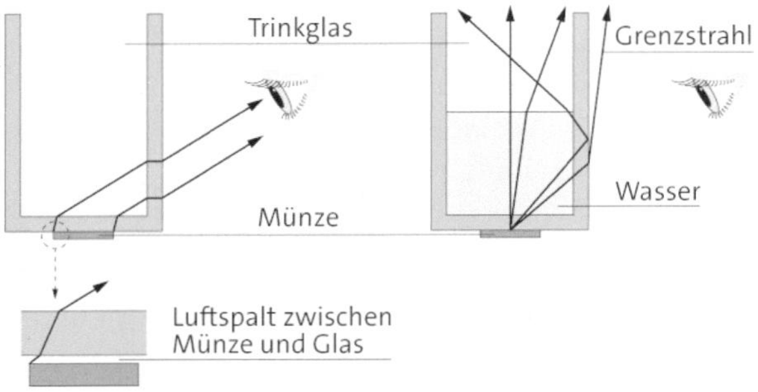

Material A – Konstruktionen

A1 Im ▹Bild links trifft Licht von links auf verschiedene Glaskörper. Übertrage die Skizzen in dein Heft. Zeichne den weiteren Verlauf des Lichts ein.
Der Grenzwinkel beim Übergang Glas-Luft beträgt 42°.

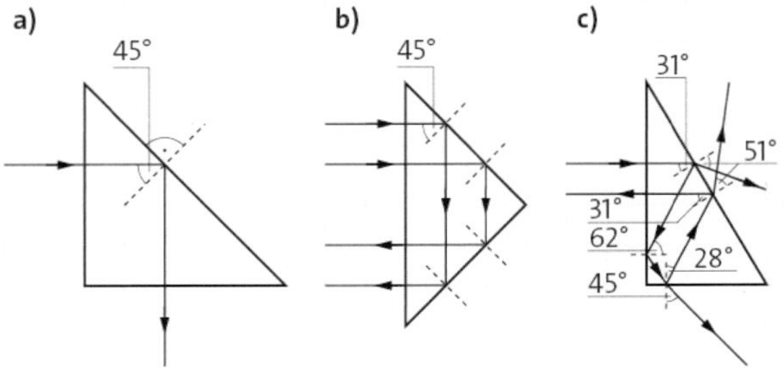

In **c)** wird das Licht dreimal teilweise reflektiert und teilweise gebrochen, weil der Grenzwinkel nicht erreicht ist. Die Brechungswinkel liest man aus dem Diagramm auf Seite 60 ab. Einmal wird es total reflektiert.

Material B – Was sieht ein Taucher?

B1 Wenn ein Taucher nach unten oder zur Seite schaut, dann sieht er die Unterwasserwelt.
Was sieht er aber, wenn er nach oben schaut? Als Hilfe kannst du dir zuerst anhand einer Zeichnung überlegen, wohin das Licht einer Taschenlampe gelangen kann, wenn der Taucher sie in verschiedene Richtungen hält.
Innerhalb eines Kreises an der Wasseroberfläche sieht der Taucher die komplette Überwasserwelt. Dieser Kreis bildet den Grundkreis eines Kegels mit der Spitze beim Taucher. Der Öffnungswinkel dieses Kegels ist der Grenzwinkel beim Übergang Wasser-Luft also ca. 49°. Außerhalb dieses Kegels sieht der Taucher an der Wasseroberfläche ein Spiegelbild des Seegrunds.

2 Optische Abbildungen

Die Lochkamera

Seite 67

1 Berechne die Gegenstandsweite, wenn der Abbildungsmaßstab 1:8 ist und die Bildweite 15 cm beträgt.

Bildweite *b*		Gegenstandsweite *g*
1 cm	entspricht	8 cm
15 cm	entsprechen	15 · 8 cm = 120 cm

Seite 69 (Material)

Versuche – Untersuchung der Eigenschaften des Bildes bei einer Lochkamera

V1 Blendenform und -größe
Beobachtungen:
a) Je kleiner das Loch ist, desto dunkler und schärfer ist das Bild.
b) Die Lochform hat keinen erkennbaren Einfluss auf das Bild.
Erklärung:
a) Bei einem kleinen Loch sind die Lichtflecken, aus denen sich das Bild zusammensetzt, kleiner und überlappen sich weniger. Deswegen ist das Bild schärfer. Ein kleines Loch lässt aber weniger Licht durch und somit wird das Bild dunkler.
b) Die Form des Loches bestimmt lediglich die Form der Lichtflecken, aus denen sich das Bild zusammensetzt. Mit bloßem Auge ergibt sich keine Veränderung des Bildes.

V2 Bild- und Gegenstandsweite
Beobachtungen:
a) Je größer die Bildweite ist, desto größer ist das Bild.
b) Je größer die Gegenstandsweite ist, desto kleiner ist das Bild.

V3 Abbildungsmaßstab

a) Individuelle Lösung

b) Im Rahmen der Messgenauigkeit gilt: $\frac{B}{G} = \frac{b}{g}$.

Material A – Sonnentaler und Camera obscura

A1 ▹Bild 03 zeigt einen Teppich mit Lichtflecken: links vor einer Sonnenfinsternis und rechts danach. Der Teppich lag in einem Zelt, in dessen Dachplane kleine Befestigungslöcher für die Zeltstangen waren.

a) Erkläre, wie die Flecken entstanden sein könnten.

b) Erläutere, wie man mithilfe der Sonnentaler den Abstand Erde–Sonne ermitteln könnte.

a) Die Flecken sind Lochkamerabilder der Sonne. Das Zeltdach mit den Befestigungslöchern bildet die Lochblende und der Teppich ist der Schirm.

b) Man kann die Bildgröße B (Durchmesser der Sonnentaler) und die Bildweite b (Zelthöhe) messen und die Gegenstandsgröße G (Durchmesser der Sonne) nachschlagen. Dann berechnet man den Abbildungsmaßstab A und die Gegenstandsweite g (Abstand Sonne – Zeltdach). Der Abstand Sonne – Erde ist in guter Näherung gleich dieser Gegenstandsweite, weil man die Zelthöhe von ca. ein Meter gegenüber g von mehreren Millionen Kilometern vernachlässigen kann.

A2 „Camera obscura" heißt übersetzt „dunkle Kammer".

a) Erläutere, weshalb die Kammer wie in ▹Bild 04 dunkel sein muss.

b) Worauf muss der Maler achten, wenn er ein originalgetreues Abbild anfertigen möchte?

a) Die Kammer muss dunkel sein, damit das eher lichtschwache Lochkamerabild zu sehen ist und nicht vom Umgebungslicht überdeckt wird.

b) Der Abbildungsmaßstab muss 1:1 betragen, d. h. die Leinwand und die Dame müssen gleich weit von der Lochblende entfernt sein.

Material B – Abbildungsmaßstab

B1 Eine Lochblende steht 6 cm vor einem Schirm und 4 cm von einem Gegenstand entfernt. Das Bild ist 4,5 cm hoch.

a) Ermittle die Gegenstandsgröße durch eine Zeichnung.

b) Überprüfe deine Lösung durch eine Rechnung.

a)

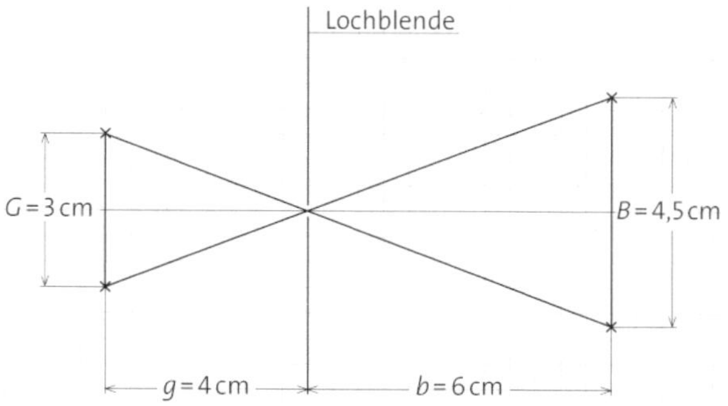

b) Gegeben: $g = 4\,\text{cm}$, $b = 6\,\text{cm}$, $B = 3\,\text{cm}$

Gesucht: Gegenstandsgröße G

Abbildungsmaßstab: $A = \frac{b}{g} = \frac{6\text{ cm}}{4\text{ cm}} = 3:2$

Bildgröße B		**Gegenstandsgröße G**
3 cm	entsprechen	2 cm
1 cm	entspricht	$2\text{ cm} : 3 = \frac{2}{3}\text{ cm}$
4,5 cm	entsprechen	$\frac{2}{3}\text{ cm} \cdot \frac{9}{2} = 3\text{ cm}$

Rechnung und Zeichnung stimmen überein.

B2 In einer Lochkamera beträgt die Bildweite 5 cm. Der Schirm ist 3 cm hoch. Eine 7,5 m hohe Tanne soll vollständig auf dem Schirm abgebildet werden. Berechne die Gegenstandsweite.

Gegeben: $b = 5\,\text{cm}$, $B = 3\,\text{cm}$, $G = 7{,}5\,\text{m} = 750\,\text{cm}$

Gesucht: Gegenstandsweite g

Abbildungsmaßstab: $A = \frac{B}{G} = \frac{3\text{ cm}}{750\text{ cm}} = 1:250$

Bildweite b		**Gegenstandsweite g**
1 cm	entspricht	250 cm
5 cm	entsprechen	250 · 5 cm = 1250 cm

Die Gegenstandsweite muss mindestens 12,50 m betragen.

B3 Gib die Bedingungen an, unter denen das Bild genauso groß wie der Gegenstand, größer bzw. kleiner als der Gegenstand ist. Fertige jeweils eine Skizze an.

$B = G$, d. h. $A = 1$, d. h. $b = g$

$B > G$, d. h. $A > 1$, d. h. $b > g$

$B < G$, d. h. $A < 1$, d. h. $b < g$

Linsen machen bessere Bilder

Seite 71

1 Vergleiche die Bildentstehung von Lochkamera und Linse.
Lochkamera: Die Lochblende lässt von jedem Gegenstandspunkt nur ein schmales Lichtbündel auf den Schirm treffen; dort entsteht zu jedem Gegenstandspunkt ein Lichtfleck; die Lichtflecken zusammen ergeben ein Bild. Das Bild entsteht durch Aussortieren von Lichtbündeln. Die Gegenstandsweite und die Bildweite haben keinen Einfluss auf die Schärfe des Bildes.
Linse: Die Linse vereinigt das gesamte Licht, das von einem Gegenstandspunkt auf sie trifft, in einem Punkt. Das Bild besteht aus einzelnen Punkten und nicht aus ausgedehnten Flecken wie bei der Lochkamera. Der Schirm muss passend aufgestellt werden, damit man ein scharfes Bild auffangen kann. Bei zu kleinen Gegenstandsweiten erhält man kein Bild.

Seite 72

1 Beschreibe den Verlauf von Lichtstrahlen, die parallel zur optischen Achse auf eine Linse treffen,
a) für eine Sammellinse,
b) für eine Zerstreuungslinse.
a) Die Lichtstrahlen werden durch die Sammellinse so gebrochen, dass sie in einem Punkt, dem Brennpunkt der Linse, zusammentreffen.
b) Die Lichtstrahlen werden durch die Zerstreuungslinse so gebrochen, dass sie auseinander laufen, so als würden sie vom Brennpunkt der Linse ausgehen.

2 Welche der Linsen aus ▹Bild 03 sind Sammellinsen, welche Zerstreuungslinsen? Begründe.
Die Linsen 1, 2 und 6 sind in der Mitte dicker als am Rand. Deshalb handelt es sich hier um Sammellinsen.
Die Linsen 3, 4 und 5 sind in der Mitte dünner als am Rand.

Seite 73 (Material)

Versuche – Abbildungen mit Linsen

V1 Bilder mit Linsen
a) Schüleraktivität; individuelle Lösungen
b) Das Bild wird dunkler, ist aber immer noch vollständig.
c) Das Bild verändert sich nicht.

V2 Gegenstandsweite, Bildweite und Bildgröße
Wenn die Kerze näher an die Linse gestellt wird, dann muss der Schirm weiter von der Linse entfernt aufgestellt werden.
Je kleiner die Gegenstandsweite ist, desto größer ist die Bildweite.
Je kleiner die Gegenstandsweite ist, desto größer ist die Bildgröße.
Bei zu kleinen Gegenstandsweiten ($g \leq f$) entsteht kein Bild mehr.

V3 Brennweite, Bildweite und Bildgröße
Wenn eine Linse mit kleinerer Brennweite verwendet wird, dann muss der Schirm näher an die Linse geschoben werden.
Je kleiner die Brennweite ist, desto kleiner ist die Bildweite.
Je kleiner die Brennweite ist, desto kleiner ist die Bildgröße.
Wenn die Brennweite größer als die Gegenstandsweite ist ($f \geq g$), dann entsteht kein Bild mehr.

Material A – Black boxes

A1 Die Zeichnung zeigt vier verschiedene Situationen, in denen Lichtbündel durch eine Linse verlaufen. Ordne die drei Linsen a), b), c) den Situationen 1) bis 4) zu. Begründe deine Zuordnung.
Linse a) gehört zu Situation 3, denn das Lichtbündel wurde aufgeweitet und Linse a) ist die einzige Zerstreuungslinse.
Linse c) gehört zu Situation 1 und Linse b) zu Situation 2, denn die Lichtbündel verlaufen vor der Linse gleich und nach der Linse nur in Situation 2 konvergent. Also gehört zu 2 die Sammellinse mit der stärkeren Wölbung.
Linse c) gehört auch zu Situation 4, denn es handelt sich um eine Sammellinse und bei Linse b) würde das Lichtbündel hinter der Linse nicht genauso wie bei Situation 2 verlaufen, sondern der Punkt, an dem das Licht in einem Punkt vereinigt würde, läge näher bei der Linse.

Material B – Linsen im Alltag

B1 Aus Omas Gartenbuch: „Gieße nicht bei Sonnenschein!“ Nimm Stellung zu diesem Ratschlag.
Manchmal heißt es, Wassertropfen könnten das Licht wie Sammellinsen bündeln und Brandlöcher auf den Blättern hinterlassen. Das ist aber sehr unwahrscheinlich, denn die Blattoberfläche müsste in der Brennebene des Tropfens liegen. Außerdem sind hohe Temperaturen erforderlich, damit es zu Verbrennungen kommt. Ehe die Temperatur erreicht ist, dürfte der Wassertropfen verdunstet sein.

B2a) Auf Fotos sind nur Gegenstände in einer bestimmten Entfernung zur Kamera scharf abgebildet. Weiter entfernte oder nähere Gegenstände erscheinen unscharf. Erkläre.
b) Für sehr weit entfernte Gegenstände gibt es Teleobjektive (Linsen mit großer Brennweite). Begründe.

a) Bei der Abbildung mit Linsen entsteht das Bild dadurch, dass Gegenstandspunkte wieder in einem Bildpunkt vereinigt werden. Das ist aber nur in einem bestimmten Abstand von der Linse der Fall. Davor oder dahinter kommt es zu einem Lichtfleck. Das Bild ist unscharf.
b) Bei unendlich weit entfernten Gegenständen fällt das Licht parallel zur optischen Achse auf die Linse und wird im Brennpunkt vereinigt. Bei weit entfernten Gegenständen entsteht ein sehr kleines Bild in der Nähe des Brennpunkts. Linsen mit großer Brennweite erzeugen ein größeres Bild des entfernten Gegenstands.

B3 Es gibt Brillen mit Sammellinsen und mit Zerstreuungslinsen als Brillengläser. Häufig kann man anhand der Wölbung der Linsen nicht erkennen, um welche Art von Linsen es sich handelt. Dies kann man aber mit einem Versuch herausfinden. Beschreibe ein möglichst einfaches Vorgehen.
Man lässt Licht auf die Linse treffen und hält einen Schirm (z. B. deine Handfläche oder ein Blatt Papier) hinter die Linse. Bei einer Sammellinse erhält man innerhalb des Schattens der Brille bei geeignetem Abstand wegen der Sammelwirkung einen hellen Fleck. Bei einer Zerstreuungslinse nicht.

Seite 74 (Vertiefung)

1 Max und Moritz betrachten ▹Bild 01. Max meint: „P' ist der Bildpunkt von P." Moritz erwidert: „Nein, P ist der Bildpunkt von P'." Nimm Stellung.
Beide haben recht. Da der Lichtweg durch die Linse umkehrbar ist, kann P' der Bildpunkt von P sein und umgekehrt.

Seite 75 (Vertiefung)

2 Bestimme durch eine Konstruktion die Bildgröße für $g = 2f$.
Wähle z. B. $G = 1{,}5\,\text{cm}$ und $f = 2\,\text{cm}$. Dann ist $g = 4\,\text{cm}$.

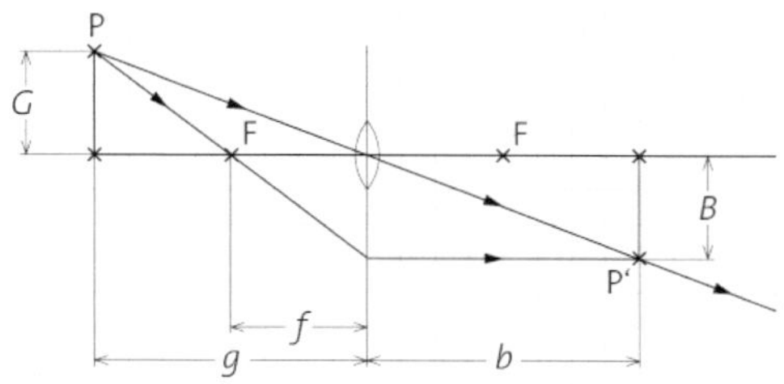

Dabei gilt: $B = G$ und $b = g$.

3 Optische Instrumente

Auge und Sehen

Seite 77

1 Bis zu welcher Entfernung kannst du deinen Daumen scharf sehen? Warum kann man nicht Daumen und Hintergrund gleichzeitig scharf sehen? Erkläre.
Normalsichtige können den Daumen bis zu einer Annäherung auf 25 cm scharf sehen. Dieser Wert hängt allerdings von einem möglichen Sehfehler ab. Dies bedeutet, dass einzelne Schülerinnen und Schüler andere Werte haben können. Je nach Gegenstandsweite verändert sich die Wölbung der Augenlinse, damit auf der Netzhaut ein scharfes Bild des Gegenstands entsteht. Deshalb können Daumen und Hintergrund nicht gleichzeitig scharf gesehen werden.

Seite 78

1 Wie kannst du herausfinden, ob eine Person, deren Brille du gefunden hast, kurz- oder weitsichtig ist?
Die Brille wird so ins Sonnenlicht gehalten, dass sie etwa 20 cm Abstand von einem Blatt Papier hat. Anhand des auf das Papier fallenden Lichts kann man erkennen, ob es bei der Brille um Sammel- oder Zerstreuungslinsen handelt. Bei einer Sammellinse entsteht auf dem Papier ein kleiner heller Fleck, bei einer Zerstreuungslinse nicht.

Seite 80–81 (Material)

Versuche – Wie siehst du?

V1 Sehweite des Auges
Die Sehweite des Auges beträgt normalerweise etwa 25 cm. Schülerinnen und Schüler mit einem Sehfehler können hier aber zu anderen Werten kommen.

V2 Hell-Dunkel-Sehen
a) Man beobachtet, dass die Iris weit geöffnet ist und sich beim Auftreffen des Lichts schnell zusammenzieht.
b) Blitzlichter werden gewöhnlich bei schlechten Lichtverhältnissen bzw. in dunklen Räumen verwendet. Dann ist die Iris weit geöffnet, damit möglichst viel Licht ins Auge gelangen kann.
c) Man muss dafür sorgen, dass die Iris nicht so weit geöffnet ist. Dazu könnte man sie vor der Aufnahme beleuchten.
In der Praxis gibt es zwei Möglichkeiten:
Man erzeugt tatsächlich einen sogenannten Vorblitz, der dazu führt, dass die Iris weniger weit geöffnet ist.

Man verwendet indirektes Licht, das heißt, das Blitzlicht gelangt nicht direkt ins Auge, sondern über den Umweg einer hellen Wand oder Decke. Man kann auch eine Streuscheibe vor dem Blitz anbringen. Sie streut das Blitzlicht stark, sodass nicht so viel Licht direkt ins Auge gelangt.

V3 Perspektivisches Sehen

a) Es scheint, als wäre in der Hand ein Loch, durch das die Umgebung wahrgenommen werden kann.

b) Wenn man die Gegenstände nur mit einem Auge betrachtet, dann fehlt der räumliche Eindruck. Dieser entsteht dadurch, dass jedes einzelne Auge, den Gegenstand aus einer etwas anderen Perspektive sieht als das andere. Das Gehirn überlagert diese beiden Bilder und erzeugt daraus einen räumlichen Eindruck. Der räumliche Eindruck ist aber wichtig für die Bestimmung der Entfernung des Gegenstands.

V4 Der Blinde Fleck

Ab einer bestimmten Entfernung (etwa 20 cm) verschwindet die schwarze Kreisscheibe. Bei weiterer Annäherung sieht man sie aber wieder.

Bei der Entfernung, bei der die schwarze Kreisscheibe nicht zu sehen ist, trifft das Licht auf den Blinden Fleck.

Material A – Sehen ist mehr als optische Abbildung

A1 Sieh dir die beiden horizontalen Linien in ▹Bild 01A an. Welche der beiden Linien ist länger? Miss die Längen nach. Hattest du recht?

Die beiden horizontalen Linien sind gleich lang. Dadurch, dass die schrägen Linien nach außen zeigen, wirkt die Linie länger.

A2 Schätze die Größen der drei Figuren im ▹Bild 01B ab. Miss dann die Größen nach. Was stellst du fest? Erkläre die Unterschiede zwischen geschätzten und gemessenen Größenverhältnissen.

Die Frau wird als größte Person wahrgenommen, weil sie größer als die mittlere Tür ist. Der vordere Mann wird als zweitgrößte Person wahrgenommen. Er passt gerade durch die Tür hindurch. Der hintere Mann scheint die kleinste Person zu sein. Er ist kleiner als die Tür. Die Frau und der vordere Mann sind tatsächlich gleich groß.

A3 Die Schienen im ▹Bild 01C scheinen zusammenzulaufen. Dies kann aber nicht richtig sein. Erkläre, wie dieser optische Eindruck entsteht.

Die Schienen scheinen zusammenzulaufen, weil sie bei gleichem Abstand zueinander immer weiter entfernt sind.

A4 Beschreibe, was du auf dem ▹Bild 01D siehst. Besprich dich mit deinem Nachbarn oder deiner Nachbarin. Vergleicht eure Seheindrücke.

Es scheinen schwarze Punkte in den Kreuzungsfeldern zu springen.

A5 Sieh dir ▹Bild 01 F genau an. Erscheint dir etwas an diesem Bild ungewöhnlich? Schreibe auf.

Wenn man das Buch um 180° dreht, dann wird deutlich, dass Augen und Mund verdreht sind.

A6 Beschreibe, was du auf dem ▹Bild 01G siehst.

Es ist ein Indianerkopf oder ein Inuit vor einem Höhleneingang zu sehen.

A7 Ein Daumenkino besteht aus einer Reihe von Blättern, auf denen eine Abfolge von Bildern zu sehen ist (▹Bild 01E).

a) Wenn du ein Daumenkino schnell blätterst, dann siehst du eine Bewegung. Erkläre, warum das so ist.

b) Stelle selber ein Daumenkino her, in dem z. B. zu sehen ist, wie ein Ball hochspringt und wieder herunterfällt.

a) Durch die Trägheit des Auges überlagern sich die einzelnen Bilder so, dass eine Bewegung zu entstehen scheint.

b) Schüleraktivität

Seite 82

1 Untersuche, wie sich bei einer Lupe die Vergrößerung verändert, wenn der Abstand zwischen Lupe und Objekt vergrößert wird und der Abstand zwischen Auge und Lupe gleich bleibt.

Beim Entfernen des Gegenstands von der Linse wird der Gegenstand scheinbar größer. Gleichzeitig beobachtet man, dass das Bild nur in einem Bereich (eigentlich in einer Ebene) scharf ist.

Seite 83

2a) Stelle eine Vermutung auf, ob das Bild beim Mikroskop auf dem Kopf steht oder nicht. Begründe.

b) Gilt deine Vermutung auch für das Fernrohr? Begründe.

a) *Vermutung:* Das Bild auf der Netzhaut steht nicht auf dem Kopf.

Begründung: Das Objektiv erzeugt ein auf dem Kopf stehendes Zwischenbild. Das Okular vergrößert dieses wie eine Lupe. Es steht also weiterhin auf dem Kopf. Auf der Netzhaut des Auges entsteht somit ein aufrechtes Bild.

b) Die Vermutung aus a) gilt auch für das astronomische Fernrohr. Begründung wie in a).

4 Farben

Die Farben des Regenbogens

Seite 85

1 In welche Richtung musst du schauen, um einen Regenbogen zu sehen?
Ich muss in Richtung des Regens schauen und darauf achten, dass die Sonne im Rücken steht.

2 Du siehst vom fahrenden Auto oder Zug aus einen Regenbogen. Kannst du an dem Regenbogen vorbeifahren? Begründe.
Nein, kann ich nicht. Der Regenbogen ist kein Gegenstand zum Anfassen wie z. B. ein Baum. Er entsteht durch Brechung und Reflexion des Lichts an den Regentropfen. Außerdem bewegt er sich mit dem Beobachter mit.

Seite 86

1a) Informiere dich über die Einsatzmöglichkeiten einer Iinfrarotlampe (▹Bild 03).
b) Moritz sagt: „Infrarotstrahlung kann man nicht sehen, also kann man sie auch nicht wahrnehmen.“ Nimm Stellung.
a) Infrarotlampen werden beispielsweise im Bereich der Medizin genutzt, um Wärme zur Beschleunigung von Heilungsprozessen einzusetzen.
Auch bei der Aufzucht von z. B. Ferkeln oder Küken werden Infrarotlampen eingesetzt, um die Jungtiere warm zu halten.
b) Infrarotstrahlung kann man auch dadurch wahrnehmen, dass man sie als warm empfindet, wenn sie auf den Körper trifft.

Seite 87 (Material)

Material A – Regenbogen

A1 Nachts kann man manchmal um den Mond herum farbige Kreise sehen (▹Bild 05). Erkläre, wie diese zustande kommen können.
In hohen Schichten der Atmosphäre befinden sich Eiskristalle. Durch Brechung und Reflexion von Licht an diesen Eiskristallen entstehen farbige Kreise, vergleichbar mit der Entstehung des Regenbogens.

A2 Du kannst an einem sonnigen Tag mit einem Rasensprenger einen künstlichen Regenbogen herstellen. Schreibe auf, wie du vorgehen musst, damit du einen solchen Regenbogen sehen kannst.
Mit dem Rasensprenger wird ein Wassernebel erzeugt. Diese „künstliche“ Regenwand kann man betrachten, während die Sonne im Rücken steht.

A3 Zwischen dem von der Sonne auf einen Regentropfen fallenden weißen Lichtbündel und dem ins Auge gelangenden roten Lichtbündel besteht ein Winkel von 42°. Dies gilt für alle roten Lichtbündel, die in das Auge des Betrachters gelangen.
a) Erläutere mithilfe von ▹Bild 06 die kreisbogenförmige Gestalt des Regenbogens.
b) Erläutere, was für die entsprechenden Winkel bei den blauen Lichtbündeln gelten muss.
c) Beschreibe, was für eine Form des Regenbogens sich ergibt, wenn die Sonne sehr hoch steht.
Wie verändert sich die Form, wenn sie dicht über dem Horizont steht?
a) Wenn man die ins Auge gelangenden roten Lichtbündel betrachtet, dann erkennt man, dass sie alle auf einem Kegel mit dem halben Öffnungswinkel von 42° liegen. Zwischen dem linken Kegel und dem rechten Kegel könnte man noch viele solche Kegel einzeichnen. Von links nach rechts gehend, würden die ins Auge gelangenden Lichtbündel einen Kreis auf diesem Kegel beschreiben.
b) Die entsprechenden Winkel für blaues Licht sind etwas kleiner.
c) Der Regenbogen wird bei höher stehender Sonne sehr flach. Wenn die Sonne zu hoch steht, kann kein Regenbogen beobachtet werden. Wenn die Sonne tief steht, also dicht am Horizont, dann kann man einen hohen Regenbogen beobachten. Es ist dann relativ viel von dem Bogen zu sehen.

Material B – Unsichtbare Strahlung

B1 ▹Bild 07 zeigt eine Infrarot-Aufnahme eines Gebäudes. Links neben dem Foto ist eine Skala, die im oberen Teil mit 7 °C gekennzeichnet ist, im gelbengrünen mit 1 °C und im violetten mit −3 °C.
a) Beschreibe dieses Bild und interpretiere es.
b) Begründe, an welchen Stellen die größten Energieeinsparungen möglich sind.
c) Was siehst du rechts vor dem Haus? Begründe deine Interpretation.
a) An der dunkelblauen Färbung kann man ablesen, dass die Wände der rechten Haushälfte weniger Infrarotstrahlung abgeben als das Dach (hellblaue Färbung) und die Wände der linken Haushälfte (hauptsächlich gelbe Färbung). Die Türen und Fenster im Erdgeschoss geben am meisten Infrarotstrahlung ab (Rot bis Violett).

b) Größere Energieeinsparungen erscheinen insbesondere im Bereich der Fenster und Türen möglich, weil dort am meisten Energie abgegeben wird. Aber auch die Wände der linken Haushälfte lassen sich besser gegen Energieabgabe nach außen schützen.
c) Rechts vor dem Haus ist eine Person mit einem Fahrrad zu sehen. Die Person gibt mehr Infrarotstrahlung ab als das Gebäude (weiße Färbung). Auch das Fahrrad gibt Infrarotstrahlung ab (gelbgrün bis rote Färbung). Die rote Färbung zeigt z. B. an, dass dort eine höhere Temperatur herrscht, vermutlich aufgrund von Reibung.

Farbwahrnehmung

Seite 89

1 Marc sagt: „Reife Tomaten können auch grau sein." Erkläre, was er damit meint.
Tomaten können grau erscheinen, wenn sie mit Licht beleuchtet werden, das keine Rotanteile enthält.

Seite 90

1a) Gelbes und blaues Licht werden überlagert. Welche Farbe nimmst du wahr?
b) Gelbe und blaue Farbe aus dem Malkasten werden gemischt. Welche Farbe ergibt sich? Erkläre den Unterschied zu a).
a) Wenn man blaues und gelbes Licht überlagert, dann ergibt sich weißes Licht.
Erklärung: Gelbes Licht entsteht auch aus der Überlagerung von rotem und grünem Licht. Die Überlagerung von Blau und Gelb ergibt dann in Summe Weiß.
b) Die Mischung von Blau und Gelb aus dem Malkasten ergibt Schwarz.
Erklärung: In der Mischung von Farben aus dem Malkasten werden Farbanteile des Lichts herausgefiltert. Blau und Gelb filtern alle Farben heraus.

Seite 91 (Material)

Versuche – Sonnenuntergang im Glas

V1
Das Himmelblau ist von A aus zu sehen, dass Abendrot von B aus.

V2
Variiert werden können die Lichtquelle, die Konzentration der Milch sowie die Schichtdicke der Flüssigkeit, die durchleuchtet wird.

Material A – Farben wie gedruckt

A1 Wenn in einem Buch farbige Bilder gedruckt werden, dann geht man hierbei so ähnlich vor wie bei den Farben des Bildschirms.
a) Betrachte ▹Bild 04 mit einer Lupe. Betrachte es dann aus ein paar Metern Entfernung. Beschreibe.
b) Erkläre, wie die Farben entstehen, die du aus größerer Entfernung wahrnimmst.
a) Links im Bild erkennt man mit der Lupe einzelne farbige Punkte, ähnlich wie die rechts im Bild. Wenn man das Bild aus einiger Entfernung betrachtet, dann erscheint auch die rechte Bildhälfte nicht mehr gepixelt (gepunktet), sondern wie ein normal farbiges Bild.
b) Die Farben entstehen, da bei größerer Entfernung das Auflösungsvermögen nicht ausreichend ist, um die Punkte getrennt wahrzunehmen.

A2 Farbdrucker verwenden als Druckfarben Magenta, Cyan und Gelb.
a) Erkläre, wie ein Drucker einen grünen (roten) Bildpunkt erzeugt.
b) Auch Farbdrucker verwenden Schwarz als Druckfarbe. Eigentlich ist das überflüssig. Erkläre.
a) Ein grüner Bildpunkt entsteht durch die Mischung von Cyan und Gelb. Ein roter Bildpunkt entsteht durch die Mischung von Magenta und Gelb.
b) Das Schwarz kann durch die Mischung der drei Farben Magenta, Gelb und Cyan erzeugt werden.

Material B – Farben entstehen im Gehirn

B1a) Schaue etwa eine halbe Minute lang auf das Kreuz in der Mitte von ▹Bild 05. Blicke dann auf eine weiße Fläche und blinzle ein paar Mal.
Beschreibe, was du wahrnimmst. Achte insbesondere auf die Farbe.
b) Was würde passieren, wenn die Flagge blau wäre? Stelle eine Vermutung auf und überprüfe sie experimentell.
a) Es entsteht ein rotes Kreuz auf Cyan-Grund.
b) Es würde ein blaues Kreuz auf gelbem Grund entstehen.

B2a) In ▹Bild 06 sind waagerecht zwei Streifen „eingewebt". Vergleiche die beiden Streifen. Nimmst du gleiche oder unterschiedliche Farben wahr?

b) Die beiden Streifen haben tatsächlich die gleiche Farbe! Stelle eine Vermutung auf, warum man sie unterschiedlich wahrnimmt.

c) Stelle aus Papier oder mit dem Computer selbst eine solche „Farbtäuschung" her. Kannst du damit deine Vermutung bestätigen?

a) Die Farben werden unterschiedlich wahrgenommen. Der obere Streifen erscheint heller als der untere.

b) Die Farben werden offenbar durch die unterschiedlichen Umgebungsfarben unterschiedlich wahrgenommen. Wenn das Hellblau auf einem dunklen Hintergrund steht, dann erscheint es heller. Wenn es auf einem helleren Untergrund steht, dann erscheint es dunkler.

c) Ja, es funktioniert auch nur mit Grautönen.

Materie und Energie

Didaktische Hinweise

Aufbau des Kapitels
Dieses Kapitel baut auf den in den integrativen Themenfeldern des Faches BNT erworbenen Kompetenzen zu den physikalischen Grundgrößen Masse und Volumen sowie den dort vermittelten propädeutischen Begriffen zur Dichte und zur Energie auf. Siehe dazu die Wiederholungsdoppelseite S. 98 f. Das Kapitel ist unterteilt in die beiden Unterkapitel Materie und Energie.

Masse, Volumen, Dichte
Hier stehen das Messen und der Umgang mit physikalischen Größen im Vordergrund. Aufbauend auf dem Vorwissen aus BNT und Mathematik wird das Prinzip des Messens, die Bedeutung der Einheiten sowie der formale Umgang mit physikalischen Größen vertieft (siehe auch die Methodenseiten S. 100 f.). Während Masse und Volumen Körpereigenschaften sind, wird die Dichte als Stoffeigenschaft bezeichnet. Aus dem Mathematikunterricht ist den Schülerinnen und Schülern der Dreisatz bei proportionalen Zuordnungen bekannt, aber nicht die Quotientengleichheit als Kennzeichen hierfür. Folglich muss das Vorgehen gut motiviert und verständlich dargestellt werden. Die Methodenseite S. 104 erlaubt den Schülerinnen und Schülern auch später auf diese in der Physik so wichtige Methode zurückzugreifen.

Teilchenmodell
Die Funktion von Modellen hat im Bildungsplan einen hohen Stellenwert. Dazu ist das Teilchenmodell sehr gut geeignet. So, wie das Teilchenmodell hier verwendet wird, umfasst es nur die Eigenschaften, die in den Merksätzen festgehalten sind, und bleibt damit bewusst auf einer einfachen Stufe. Dadurch können diese Eigenschaften mit Phänomenen und Experimenten leicht plausibel gemacht werden.
Empirisch ist erwiesen, dass die Schülerinnen und Schüler von selbst keine teilchenähnlichen Modelle entwickeln. Wird das Teilchenmodell unreflektiert eingeführt, dann ergeben sich bei den Schülerinnen und Schülern oft Fehlvorstellungen: Z. B. übertragen sie Eigenschaften aus der Alltagswelt wie Farbe, Temperatur oder thermische Ausdehnung auf die Modellebene. Aus diesem Grund ist die altersgemäße Behandlung des Modellcharakters wichtig.
Das Teilchenmodell wird von den Bildungsstandards erst Ende der 10. Klasse verlangt. Wenn im weiteren Verlauf des Buchs auf das Teilchenmodell zurückgegriffen wird, dann immer erst gegen Ende eines Abschnitts, sodass die entsprechenden Teile auch weggelassen werden können.

Druck in Gasen und Flüssigkeiten
Die wichtige Größe Druck ist im Bildungsplan nicht mehr enthalten. Das Buch bietet hierzu Vertiefungsseiten an. Dieser Abschnitt eignet sich auch zur Anwendung und Vertiefung des Teilchenmodells.

Didaktische Überlegungen zum Energiebegriff
Untersuchungen zeigen, dass sich Schülerinnen und Schüler unter Energie meistens eine Art universellen Treibstoff vorstellen. Auf diesen Vorstellungen aufbauend, entwickeln wir den propädeutischen Energiebegriff aus BNT behutsam zu einem physikalisch tragfähigen Konzept weiter.
Nachdem eine Definition der Energie ohnehin nicht möglich ist – vergleiche dazu die Feststellung von Richard Feynman: „It is important to realize that in physics today, we have no knowledge of what energy is.“ – verfolgen wir einen Unterrichtsgang, der die Energie über ihre Eigenschaften veranschaulicht. Nach Reinders Duit sind die wesentlichen Eigenschaften der Energie:

- Energie kann gespeichert werden.
- Energie kann übertragen werden.
- Energie kann ihre Erscheinungsform ändern.
- Energie kann weder erzeugt, noch vernichtet werden.
- Es gibt mehr und weniger wertvolle Energie.

Speicherung und Übertragung von Energie
Im Bildungsplan wird zwischen der Speicherung und Übertragung von Energie unterschieden. Diese Unterscheidung stellt ein wesentliches Element der Strukturierung dar. Es spiegelt die fachwissenschaftliche Unterscheidung in Zustandsgrößen (kinetische Energie, potenzielle Energie, innere Energie) und in Prozessgrößen (mechanische Arbeit, elektrische Arbeit, Wärme) wieder.

Energieformen
In diesem Zusammenhang stellt sich die Frage nach der Behandlung der Energieformen. Die Einteilung der Energie in Energieformen ist nicht so eindeutig, wie oft angenommen wird. Fachlich gesichert und didaktisch begründbar ist die Verwendung der mechanischen Energieformen (Bewegungsenergie, Lageenergie im Schwerefeld, Spannenergie elastisch verformter Körper). Die Einführung dieser Energieformen als spezielle Speicherformen von Energie ermöglicht die physikalische Beschreibung vielfältiger Vorgänge aus dem Alltag (Jo-Jo, Halfpipe, Känguruspung). Zur Beschreibung der scheinbaren „Energieverluste“ führen wir noch die thermische Energie ein. Die Behandlung zusätzlicher Energieformen ist unseres Erachtens nach nicht nötig und teilweise sogar fachlich oder didaktisch problematisch.

Die vom Bildungsplan geforderte Gleichung für die Lageenergie ($E_{\text{Lage}} = m \cdot g \cdot h$) kann sinnvollerweise erst erarbeitet werden, wenn die Gleichung für die mechanische Energieübertragung $\Delta E = F \cdot \Delta s$ bekannt ist. Dies erfolgt im Mechanikkapitel unter Kraft und Energie.

Energieübertragungsvorgänge

Zur Beschreibung von Energieübertragungsvorgängen sind Energieformen ungeeignet. Schülerinnen und Schülern fällt es leichter, konkret zu beschreiben, wodurch die Energie übertragen wird, z. B. „durch Licht", „durch elektrischen Strom", „durch Drehbewegung" usw. Zur grafischen Darstellung kontinuierlicher Energieübertragungsvorgänge eignen sich Energieflussdiagramme. Bei den Pfeilen für die Energieübertragungsvorgänge notieren wir, wodurch die Energie übertragen wird. Der Bildungsplan hebt einen Teil dieser Übertragungsvorgänge hervor. Es sind dies die mechanischen, elektrischen und thermischen Energieübertragungen.

Energiewandler und Energiespeicher

Oft kommen mehrere Energieübertragungsvorgänge nacheinander vor. Der Wechsel von einer Übertragungsart zu einer anderen erfolgt durch sogenannte Energiewandler. Ein idealer Energiewandler erhält die Energie auf eine bestimmte Art und gibt sie sofort auf eine andere Art wieder ab. Wir beschreiben dies wieder möglichst anschaulich: Z. B. erhält die Solarzelle die Energie durch das Licht und gibt sie durch den elektrischen Strom wieder ab. Im Gegensatz zu einem Energiewandler wird die Energie in einem Energiespeicher für eine gewisse Zeit gespeichert. Uns ist bewusst, dass die Unterscheidung zwischen Energiewandler und Energiespeicher eine Idealisierung ist. Aus didaktischen Gründen halten wir diese Unterscheidung dennoch für sinnvoll. In Energieflussdiagrammen stellen wir Energiespeicher durch grüne und Energiewandler durch rote Kästchen dar.

Energieerhaltung und Energieentwertung

Das Prinzip von der Energieerhaltung ist für Schülerinnen und Schüler nicht selbstverständlich, weil es den Alltagsvorstellungen von „Energieverbrauch" und „Energiesparen" widerspricht. Experimente zu mechanischen Energieumwandlungen, wie z. B. beim Fadenpendel, sind nicht überzeugend. Entscheidend ist die Thematisierung der scheinbaren Verluste. Von nun an berücksichtigen wir die Energieerhaltung auch bei den Energieflussdiagrammen.
Nach dem Prinzip von der Energieerhaltung wären Vorgänge möglich, die in der Realität niemals vorkommen. Die Erfahrung zeigt, dass sowohl Lebewesen als auch Maschinen die erhaltene Energie ganz oder teilweise als thermische Energie an die Umgebung abgeben. Die an die Umgebung abgegebene Energie kann für den ursprünglichen Zweck nicht mehr verwendet werden. Diese Tatsache wird als Energieentwertung bezeichnet. Erst unter Berücksichtigung des Entwertungsaspekts kann der Erhaltungsgedanke verstanden werden.

Energieübertragung und Leistung

Zur quantitativen Beschreibung von Energieübertragungsvorgängen sind sowohl die übertragenen Energiemenge ΔE als auch die zugehörige Zeitspanne Δt wesentlich. Aus diesen beiden Größen wird die neue Größe der Leistung gebildet. Anhand von Plausibilitätsbetrachtungen können die Schülerinnen und Schüler erkennen, wie man die Leistung sinnvoll festlegt. Im Zusammenhang mit Energiewandlern sind die Begriffe wichtig. Die Einführung der Begriffe Eingangsleistung, Nutzleistung und Wirkungsgrad erfolgt anhand konkreter Beispiele.

Energie in der Mechanik und Elektrizitätslehre

Die im Unterkapitel „Energie" gewonnenen Kenntnisse und Kompetenzen können die Schülerinnen und Schüler in den folgenden Kapiteln zur Mechanik und Elektrik anwenden und vertiefen. Durch die frühe Einführung des Energiebegriffs wird der Gefahr der Verwechslung mit anderen Begriffen, insbesondere mit dem Kraftbegriff, entgegengewirkt.

Experimentelle Hinweise

S. 109: Das Vermischen von Tinte und Wasser ist bei dem Versuch (▹Bild 06) nicht allein auf die Diffusion zurückzuführen. Deswegen wurde der Parfüm-Versuch (▹Bild 05) vorgeschaltet. Alternativen wie das Unterschichten von Sirup o. Ä. unter Wasser dauern länger.

S. 111: Der sogenannte Ölfleck-Versuch geht auf LORD RAYLEIGH zurück (Proceedings of the Royal Society, XLVII., 1890, 364–367). Die von uns verwendete Variante weicht vom traditionellen Aufbau (Ölsäure in Lichtbenzin) ab, ist aber näher am Original (Öltropfen an dünnem Platindraht). Vor allem ist die Durchführung für die Schülerinnen und Schüler leichter zu durchschauen und kann als Heimexperiment aufgegeben werden. Für die Schülerinnen und Schüler ist es aufgrund ihrer Alltagserfahrung einsichtiger, dass bei Spülmittel die Teilchen nebeneinander liegen als bei Öl.

S. 122: Für die hier vorgeschlagenen Schülerversuche werden leichtlaufende Motoren, sogenannte Solarmotoren benötigt. Die gängigen Lehrmittelfirmen haben entsprechende Komplettangebote im Programm (z. B. der Experimentierkasten „Energie" von Mekruphy). Von kleineren Firmen gibt es oft preiswertere Bausätze. Gute Erfahrungen haben wir mit dem Solarset SET6020 sowie dem Windenergieset WG2201S der Firma Lemo-Solar gemacht. Thermo- oder Peltierelemente gibt es bei vielen Elektronikfirmen.

Seite 99 (Kannst du es noch?)

1 Schätze, wie groß die Masse folgender Körper ist: Schultasche, Mäppchen, Smartphone.

Verschiedene Schülerantworten möglich, z. B.
Schultasche: 7 kg, Mäppchen: 200 g, Smartphone: 100 g

2 Gib für die folgenden Körper die Einheit an, in der man die Masse am sinnvollsten angibt: Mensch, Elefant, Vogelfeder, Bleistift.

Mensch: Kilogramm, Elefant: Tonne oder Kilogramm, Vogelfeder: Milligramm, Bleistift: Gramm

3 Rechne jeweils in Kilogramm um: 1,8 t, 250 g, 750 mg.

1,8 t = 1800 kg
250 g = 0,25 kg
750 mg = 0,75 g = 0,000 75 kg

4 Berechne das Volumen eines Schwimmerbeckens: 2 m tief, 20 m breit, 50 m lang.

Das Volumen ergibt sich aus dem Produkt von Länge, Breite und Tiefe des Beckens:
$V = 50\ \text{m} \cdot 20\ \text{m} \cdot 2\ \text{m} = 2000\ \text{m}^3$.

5 Schätze das Volumen deines Klassenzimmers ab. Beschreibe deine Vorgehensweise.

Ich schätze die Höhe, die Länge und die Breite des Zimmers. Dann multipliziere ich die Werte miteinander.
Höhe: ca. 3 m, Breite: ca. 5 m, Länge: ca. 6 m
$V = a \cdot b \cdot c = 3\ \text{m} \cdot 5\ \text{m} \cdot 6\ \text{m} = 90\ \text{m}^3$.

6a) Rechne jeweils in die nächstgrößere Einheit um: 50 mm³, 22 cm³, 400 dm³.
b) Rechne jeweils in die nächstkleinere Einheit um: 12 m³, 7,7 dm³, 0,25 cm³.

a) $50\ \text{mm}^3 = 50 \cdot 0{,}1\ \text{cm} \cdot 0{,}1\ \text{cm} \cdot 0{,}1\ \text{cm} = 0{,}05\ \text{cm}^3$
$22\ \text{cm}^3 = 22 \cdot 0{,}1\ \text{dm} \cdot 0{,}1\ \text{dm} \cdot 0{,}1\ \text{dm} = 0{,}022\ \text{dm}^3$
$400\ \text{dm}^3 = 400 \cdot 0{,}1\ \text{m} \cdot 0{,}1\ \text{m} \cdot 0{,}1\ \text{m} = 0{,}4\ \text{m}^3$
b) $12\ \text{m}^3 = 12 \cdot 10\ \text{dm} \cdot 10\ \text{dm} \cdot 10\ \text{dm} = 12\,000\ \text{dm}^3$
$7{,}7\ \text{dm}^3 = 7{,}7 \cdot 10\ \text{cm} \cdot 10\ \text{cm} \cdot 10\ \text{cm} = 7700\ \text{cm}^3$
$0{,}25\ \text{cm}^3 = 0{,}25 \cdot 10\ \text{mm} \cdot 10\ \text{mm} \cdot 10\ \text{mm} = 250\ \text{mm}^3$

7 Eine Eisenschraube und ein Holzstück sind gleich schwer. Gib an, welcher der beiden Körper das größere Volumen hat. Um welchen Faktor ist es größer?

Da Eisen eine größere Dichte als Holz hat, hat das Holzstück das größere Volumen. Die beiden Dichten unterscheiden sich etwa um den Faktor 8. Folglich ist das Volumen des Holzstücks 8-mal größer.

8 Erkläre, warum ein Eiswürfel auf Wasser schwimmt. Beschreibe, was geschieht, wenn man ihn in Benzin gibt.

Eis hat eine etwas geringere Dichte ($\rho = 0{,}92\ \text{g/cm}^3$) als Wasser ($\rho = 1{,}0\ \text{g/cm}^3$). Deshalb schwimmt Eis auf Wasser. Wenn man Eis in Benzin gibt, dann sinkt es, weil die Dichte von Eis größer als die Dichte von Benzin ($\rho = 0{,}7\ \text{g/cm}^3$) ist.

9 Welches Volumen muss ein 235 g schwerer Körper haben, damit er im Wasser schwebt? Gib zwei Stoffe an, aus denen der Körper zusammengesetzt sein könnte.

Ein Körper schwebt in Wasser, wenn der Stoff, aus dem er besteht, die gleiche Dichte wie Wasser hat. Da Wasser die Dichte von 1 g/cm³ hat, muss der Körper ein Volumen von 235 cm³ haben. Der Körper kann z. B. aus Holz und Glas zusammengesetzt sein. Der eine Stoff muss eine Dichte kleiner als 1,0 g/cm³ haben, der andere Stoff größer als 1,0 g/cm³.

10 Ein Körper hat ein Volumen von 20 cm³ und eine Masse von 50 g.
a) Aus welchem Stoff besteht er?
b) Wie viel wiegt ein gleich großer Körper aus Eisen?

a) Rechnung mittels Zweisatz:
$20\ \text{cm}^3 \rightarrow 50\ \text{g}$
$1\ \text{cm}^3 \rightarrow 50\ \text{g} : 20 = 2{,}5\ \text{g}$
Der Körper ist vermutlich aus Glas.
b) Rechnung mittels Zweisatz:
$1\ \text{cm}^3 \rightarrow 7{,}9\ \text{g}$
$20\ \text{cm}^3 \rightarrow 7{,}9\ \text{g} \cdot 20 = 158\ \text{g}$

11 Im Alltag wird das Wort Energie in ganz unterschiedlichen Zusammenhängen verwendet. Erläutere, was die Personen vermutlich meinen (▹Bild 05). Erkläre, ob sie das Wort Energie im physikalischen Sinn verwenden.

Mutter: Auch im Stand-by-Betrieb wird ständig Energie durch den Strom auf das Netzteil des Computers übertragen. Das Netzteil wird dabei warm und gibt Energie an die Umgebung ab. Die Energie wird so ungenutzt an die Umgebung übertragen. Die Mutter verwendet den Begriff Energie im physikalischen Sinn.
Schwester: Sie meint vielleicht, dass sie keine Lust oder keine Geduld hat. Das Wort Energie wird hier nicht im physikalischen Sinn verwendet.
Vater: Er meint die Preise für Erdgas, Heizöl, Benzin, Diesel. Der Vater denkt an die in diesen Stoffen gespeicherte Energie. Insofern meint er die Energie im physikalischen Sinn.
Oma: Wahrscheinlich meint sie, dass jemand voller Tatendrang und unternehmungslustig ist. Auch sie verwendet das Wort Energie nicht im physikalischen Sinn.

12 Verkehrsmittel bekommen ihre Energie auf unterschiedliche Weise. Nenne zehn Verkehrsmittel und beschreibe, wie sie die erforderliche Energie bekommen.

- Ein Auto bekommt die Energie durch Sprit (Benzin, Diesel oder Gas).
- Ein Elektroauto bekommt die Energie durch den elektrischen Strom.
- Ein Solarauto bekommt die Energie von der Sonne durch das Licht.
- Eine S-Bahn bekommt die Energie durch den elektrischen Strom.
- Ein Dieseltriebwaagen bekommt die Energie durch Sprit (Diesel).
- Ein Fahrrad bekommt die Energie durch das Treten der Pedale. Der Radfahrer hat die Energie vorher durch Nahrung bekommen.
- Ein E-Bike bekommt die Energie zum Teil durch den elektrischen Strom und zum Teil durch das Treten der Pedale.
- Ein Flugzeug bekommt die Energie durch das Kerosin.
- Ein Fährschiff bekommt die Energie durch Diesel.
- Ein Segelschiff bekommt die Energie durch den Wind.

13 Süße Getränke enthalten bis zu 12 g Zucker pro 100 mℓ. Der Energiegehalt von Zucker beträgt 17 kJ pro g. Berechne den Energiegehalt von 0,5 ℓ eines solchen Getränks.

Gegeben: 12 g Zucker je 100 mℓ Getränk
Energiegehalt von Zucker: 17 kJ je 1 g Zucker
Gesucht: Energiegehalt von 0,5 ℓ des Getränks
0,5 ℓ = 500 mℓ.
Zuckergehalt:
100 mℓ Getränk → 12 g Zucker
500 mℓ Getränk → 5 · 12 g = 60 g Zucker
Energiegehalt:
1 g Zucker → 17 kJ Energie
60 g Zucker → 60 · 17 kJ = 1020 kJ Energie
0,5 ℓ des Getränks enthalten 1020 kJ Energie.

14a) Welche Rolle spielt die Energie in unserem Leben? Mithilfe einer Mindmap kannst du die Zusammen hänge übersichtlich darstellen. ▹Bild 06 zeigt eine mögliche Mindmap. Übertrage sie in dein Heft und ergänze sie.

b) Eine andere Fragestellung führt zu einer anderen Mindmap. Erstelle eine Mindmap zur Frage „Wie kann man Energie sparsam verwenden?"

a)

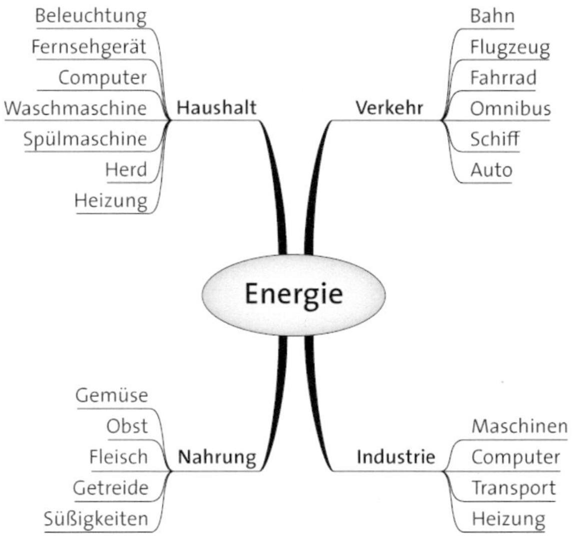

b)

15 Kraftwerke stellen Energie bereit, die durch den elektrischen Strom in die Häuser und Fabriken übertragen wird. Sie erhalten die Energie auf unterschiedliche Weise.

a) Erläutere für einige Kraftwerkstypen, wodurch sie die nötige Energie erhalten.

b) Die Bezeichnung „Kraftwerk" ist schlecht gewählt. Besser wäre „Energiewerk". Erkläre.

c) Erläutere die Vor- und Nachteile der Nutzung von Sonne und Wind zur Energieversorgung.

d) Kohlekraftwerke können viel Energie liefern. Erkläre, warum sie dennoch problematisch sind.

a) Kohlekraftwerke erhalten die Energie durch Zufuhr von Kohle.
Kernkraftwerke erhalten die Energie durch Uran.
Windkraftwerke erhalten die Energie wird durch die strömende Luft.
Wasserkraftwerke erhalten die Energie durch das fließende Wasser.

b) Kraftwerke erhalten Energie und geben Energie ab. Kraft und Energie ist nicht dasselbe. Deshalb sollten sie besser „Energiewerke“ heißen.
c) Vorteile: Die Energie von der Sonne und vom Wind ist erneuerbar. Sie wird von der Natur immer wieder nachgeliefert. Sie wird dadurch auch nicht weniger. Außerdem verursacht der Betrieb von Solar- und Windenergieanlagen weder schädlichen Abgase noch Abfall.
Nachteile: Die Energie von der Sonne und vom Wind steht nicht immer zur Verfügung. Nachts scheint keine Sonne, ebenso wenn das Wetter schlecht ist. Im Winter sind die Tage kürzer und die Sonneneinstrahlung geringer. Der Wind weht unregelmäßig. Manchmal nur schwach oder gar nicht, dann wieder stark. Das Angebot von Energie von der Sonne und vom Wind schwankt.
d) In Kohlekraftwerken wird sehr viel Kohle verbrannt. Bei der Verbrennung entstehen schädliche Abgase, insbesondere Kohlenstoffdioxid (CO_2). Dieses Gas verstärkt den Treibhauseffekt, wodurch es auf der Erde wärmer wird.

1 Materie

Seite 101

1 Bestimme den Flächeninhalt einer Seite des Physikbuchs. Runde das Ergebnis sinnvoll.
Die Seitenlängen sind 19,0 cm und 26,0 cm. Der Flächeninhalt A einer Seite beträgt demnach:
$A = 19{,}0\ \text{cm} \cdot 26{,}0\ \text{cm} = 494{,}0\ \text{cm}^2$.

2 Der Förster bestimmt das Volumen V eines Baumstamms aus dem mittleren Durchmesser d und der Länge l mit folgender Formel:

$$V = \frac{1}{4} \cdot \pi \cdot d^2 \cdot l.$$

Berechne das Volumen eines 28 cm dicken und 4,2 m langen Baumstamms.
Einsetzen der gegebenen Werte in die Formel liefert:

$$\begin{aligned} V &= 0{,}25 \cdot \pi \cdot 784\,\text{cm}^2 \cdot 420\,\text{cm} \\ &= 258\,615{,}907\ldots\,\text{cm}^3 \\ &\approx 258\,616\,\text{cm}^3 = 0{,}258616\,\text{m}^3. \end{aligned}$$

Masse, Volumen und Dichte

Seite 103

1 Rechne 323,5 g in mg, kg und t um.
$323{,}5\,\text{g} = 323{,}5 \cdot 1\,000\,\text{mg} = 323\,500\,\text{mg}$
$323{,}5\,\text{g} = 323{,}5 \cdot 0{,}001\,\text{kg} = 0{,}3235\,\text{kg}$
$323{,}5\,\text{g} = 323{,}5 \cdot 0{,}000\,001\,\text{t} = 0{,}000\,3235\,\text{t}$

2 Schätze ab, wie viel Liter Wasser das Schwimmerbecken eines Freibades (50 m lang, 25 m breit, mind. 2 m tief) hat.
Die Maße eines Standardschwimmerbeckens sind 50 m mal 25 m bei einer Wassertiefe von mindestens 2 m.
Das Wasservolumen beträgt demnach
$50\,\text{m} \cdot 25\,\text{m} \cdot 2\,\text{m} = 2500\,\text{m}^3$.
Das entspricht einer Menge von 2,5 Mio. Liter Wasser.

3 Begründe, warum ein Eisennagel auf Quecksilber schwimmt und ein Eiswürfel in Speiseöl untergeht.
Der Tabelle 06 kann man entnehmen: Die Dichte von Eisen ist kleiner als die Dichte von Quecksilber. Deshalb schwimmt der Eisennagel auf Quecksilber.
Ebenso entnimmt man der Tabelle 06, dass Eis eine etwas größere Dichte als Speiseöl hat. Darum geht ein Eiswürfel in Speiseöl unter.

Seite 104

1 Berechne das Volumen von 600 kg Sand.
Die Dichte von Sand liefert uns: Die Masse von 1,7 g Sand hat ein Volumen von $1\,\text{cm}^3$. Die Masse von 600 kg Sand hat ein proportional zur Masse größeres Volumen:

$$\frac{600\,\text{kg}}{1{,}7\,\text{g}} = \frac{600\,\text{kg}}{0{,}0017\,\text{kg}} = \frac{V}{1\,\text{cm}^3}.$$

Das Volumen beträgt demnach $352\,941{,}2\,\text{cm}^3$, das sind etwa $0{,}35\,\text{m}^3$.

2a) Auch der Quotient V/m ist für einen bestimmten Stoff konstant. Begründe.
b) Jemand schlägt vor, die Dichte als V/m festzulegen. Nimm dazu Stellung.
a) Da der Quotient m/V konstant ist – nämlich die Dichte ρ des Stoffs – muss sein Kehrwert ebenfalls konstant sein. V/m gibt den Kehrwert $1/\rho$ der Dichte des Stoffs an. Man nennt diesen Kehrwert auch spezifisches Volumen.
b) Mit der Dichte beschreibt man, wie schwer ein Körper ist bezogen auf ein Einheitsvolumen, z. B. $1\,\text{cm}^3$. Den Kehrwert der Dichte könnte man ebenso gut als charakteristische Größe des Stoffs nehmen. Im Vergleich würde man gleich schwere Körper nehmen und deren Volumina vergleichen. In der Praxis ist es aber einfacher, gleich große Volumina von Stoffen (z. B. Würfelchen) zu nehmen und deren Massen zu vergleichen.

Seite 105 (Material)

Versuche – Wie hängen Dichte und Schwimmen zusammen?

V1

a) Das gefärbte Leitungswasser schwimmt auf dem Zuckerwasser. Das heißt, Zuckerwasser hat eine größere Dichte als Leitungswasser. Das frische Ei schwimmt in Zuckerwasser, geht aber unter in Leitungswasser. Die Dichte des frischen Eis liegt also zwischen der von Leitungswasser und Zuckerwasser.

b) Die Dichte eines frischen Eies beträgt etwa 1,08–1,1 g/m³. Man muss so viel Zucker in Wasser auflösen, bis das Zuckerwasser eine Dichte bekommt, die mindestens diesem Wert entspricht. Zucker hat eine Dichte von 1,6 g/m³, also muss man etwa 20 g Zucker auf 100 mℓ Wasser geben.

Material A – Rechnen mit der Dichte

A1 Das Paket hat eine Dicke von 38 mm. Berechne die Dichte des Papiers.

Bestimmung der Masse des Pakets:

Dem Bild entnimmt man, dass man mit 80 g des Papiers eine Fläche von 1 m² auslegen kann. Mit 1 g des Papiers kann man folglich 1/80 m² oder 125 cm² auslegen.

Ein DIN A4-Blatt hat eine Fläche von 21 cm · 29,7 cm, also 623,7 cm². 500 solcher Blätter sind im Paket enthalten. Das entspricht einer Fläche von

500 · 623,7 cm² = 311 850 cm².

Die Masse des Pakets beträgt somit

$$311\,850\,\text{cm}^2 \cdot \frac{1\,\text{g}}{125\,\text{cm}^2} = 2494{,}8\,\text{g} \approx 2{,}5\,\text{kg}.$$

Bestimmung des Volumens des Pakets:

$V = 21\,\text{cm} \cdot 29{,}7\,\text{cm} \cdot 3{,}8\,\text{cm} = 2370{,}1\,\text{cm}^3$.

Wir teilen die Masse durch das Volumen und erhalten für die Dichte des Papiers:

$$\rho = \frac{2500\,\text{g}}{2370\,\frac{\text{g}}{\text{cm}^3}} = 1{,}05\,\frac{\text{g}}{\text{cm}^3}.$$

A2 Berechne die Masse einer 3 mm dicken, 85 cm breiten und 1,1 m hohen Glasscheibe.

Wir berechnen zunächst das Volumen der Scheibe:

$V = 0{,}3\,\text{cm} \cdot 85\,\text{cm} \cdot 110\,\text{cm} = 2805\,\text{cm}^3$. Die Dichte von Glas beträgt 2,5 g/cm³. Die Masse ergibt sich aus dem Produkt von Volumen und Dichte:

2805 cm³ · 2,5 g/cm³ = 7012,5 g ≈ 7,0 kg.

A3 Schätze die Masse der Luft des Physikraumes ab.

Die Fläche eines Physikraums beträgt etwa 65 m². Die Raumhöhe beträgt etwa 2,5 m. Das Volumen ist dann:

$V = 65\,\text{m}^2 \cdot 2{,}5\,\text{m} = 162{,}5\,\text{m}^3$. Die Dichte von Luft beträgt 0,0013 g/cm³ = 1,3 kg/cm³. Die Masse der Luft ist also:

$m = 162{,}5\,\text{m}^3 \cdot 1{,}3\,\text{kg/cm}^3 = 211{,}3\,\text{kg}$.

A4 Finde heraus, aus welchem Stoff eine 84 cm³ große und 210 g schwere Skulptur ohne Hohlräume bestehen könnte.

Die Dichte charakterisiert den Stoff. Daher berechnen wir aus den Angaben die Dichte und schauen in der Tabelle 06 von Seite 103 nach, zu welchem Stoff der Wert passt:

$\rho = \frac{210\,\text{g}}{85\,\text{cm}^3} = 2{,}5\,\frac{\text{g}}{\text{cm}^3}$. Die Skulptur besteht aus Glas.

A5a) Zwei Körper haben das gleiche Volumen. Einer der Körper hat eine fünfmal größere Masse als der andere. Bestimme das Verhältnis der Dichten beider Körper.

b) Zwei massengleiche Körper haben ein Volumenverhältnis von 1:3. Bestimme das Verhältnis der Dichten der beiden Körper.

a) Körper 1: $\rho_1 = \frac{m_1}{V_1}$, Körper 2: $\rho_2 = \frac{5\,m_1}{V_1}$

$$\frac{\rho_1}{\rho_2} = \frac{m_1 \cdot V_1}{V_1 \cdot 5\,m_1} = \frac{1}{5}.$$

b) Körper 1: $\rho_1 = \frac{m_1}{V_1}$, Körper 2: $\rho_2 = \frac{m_1}{3V_1}$

$$\frac{\rho_1}{\rho_2} = \frac{m_1 \cdot 3\,V_1}{V_1 \cdot m_1} = 3.$$

Material B – Dichte von Erbsen

B1 Tina sagt: „Die Erbsen sinken in Wasser, also ist deren Dichte größer als 1,0 g/cm³!" Klaus hingegen meint: „Der leere Messbecher wiegt 234 g. Die Erbsendichte ist daher $\rho = 0{,}79\,\text{g/cm}^3$, denn es gilt: $\rho = \frac{m}{V} = \frac{550\,\text{g} - 234\,\text{g}}{400\,\text{cm}^3} = 0{,}79\,\frac{\text{g}}{\text{cm}^3}$." Nimm zu den beiden Aussagen Stellung.

Tinas Aussage ist richtig. Ein Körper, dessen Dichte größer als die von Wasser ist, geht in Wasser unter. Das tun die Erbsen.

Vordergründig könnte man meinen, Klaus hat recht, weil er die Dichte aus Masse und Volumen korrekt berechnet hat. Aber er hat nicht bedacht, dass die Erbsen nicht dicht liegen. Zwischen ihnen befinden sich mit Luft gefüllte Hohlräume. Die mittlere Dichte des Erbsen-Luft-Gemisches ist dadurch geringer als die von Erbsen allein.

Die zusätzliche Masse der Luft ist so gering, dass sie praktisch keine Rolle spielt.

Das Teilchenmodell

Seite 107

1 Vergleiche und erkläre die unterschiedlichen Dichten von Festkörpern, Flüssigkeiten und Gasen.

Die Dichten von Festkörpern (Fk), Flüssigkeiten (Fl) und Gasen kann man wie folgt anordnen:
$\rho_{Fk} > \rho_{Fl} >> \rho_{Gas}$.
Das lässt sich mithilfe des Teilchenmodells erklären:
In einem Festkörper liegen die Teilchen eng beieinander und haften fest aneinander. Dies bedeutet eine relativ große Dichte.
In einer Flüssigkeit befinden sich die Teilchen ebenfalls eng beieinander. Sie sind aber gegeneinander verschiebbar. Daraus resultiert eine im Allgemeinen etwas kleinere-Dichte. Es gibt aber auch Flüssigkeiten, die eine sehr große Dichte haben, z. B. Quecksilber.
In einem Gas haben die Teilchen große Abstände untereinander ohne jeden Zusammenhalt. Deshalb ist die Dichte von Gasen viel geringer als bei Festkörpern und Flüssigkeiten.

Seite 109

A1 Wenn man Käse neben einem Stück Sahnetorte im Kühlschrank stehen lässt, dann schmeckt die Torte bald nach Käse. Erkläre mit dem Teilchenmodell.
Käse enthält Duftstoffe. Die Teilchen des Duftstoffs und die Luftteilchen vermischen sich durch ihre ständige Bewegung. Nach und nach verteilen sich die Teilchen des Duftstoffs im ganzen Kühlschrank. Ein Teil davon bleibt aber auch an der Torte haften, sodass sie nach einer Weile den Käsegeschmack annimmt.

Seite 110

1 Eine Modelleisenbahn hat immer einen echten Zug als Vorbild. Stelle die Gemeinsamkeiten und die Unterschiede von Modell und Original zusammen.
Gemeinsamkeiten: äußere Form, dieselben Details, evtl. noch dasselbe Material.
Unterschiede: Größe, Masse, evtl. verschiedenes Material, verschiedener Antrieb (das Modell ist oft eine Elektroeisenbahn, während das Original hier eine Dampflok ist).

2 Lisa sagt: „Die Teilchen haben genau die gleichen Eigenschaften wie Billardkugeln. Sie sind einfach nur viel kleiner.“ Hat Lisa recht? Begründe deine Antwort.
Lisa hat unrecht. Die Teilchen im Teilchenmodell sind ein rein gedankliches Gebilde. Man kann sie nicht anfassen und sie haben auch keine Farbe. Man kann nicht einmal sagen, dass sie die gleiche Form haben wie Billardkugeln. Die Form spielt im Teilchenmodell auch keine Rolle.

Seite 111 (Material)

Versuche – Wie groß sind die Teilchen? – Eine Abschätzung

V1 Wie groß sind Gummibärchen?
Schüleraktivität

V2 Spülmittelflecken
Schüleraktivität

Material A – Aggregatzustände und Teilchenmodell

A1a) Wenn du einen Luftballon aufpustest, dann verteilt sich die Luft überall im Ballon. Jedes Gas füllt den ihm zur Verfügung stehenden Raum ganz aus. Erkläre mit dem Teilchenmodell.
b) Flüssigkeiten und Festkörper verhalten sich hier anders als Gase: Wenn man Wasser oder Eiswürfel in ein Trinkglas gibt, sieht man dies deutlich. Erkläre mit dem Teilchenmodell.
a) In Gasen gibt es keinen Zusammenhalt zwischen den Teilchen. Sie befinden sich in großem Abstand voneinander und sie bewegen sich ungeordnet hin und her. Deshalb füllen sie schon nach kurzer Zeit den Raum, den man ihnen zur Verfügung stellt, vollständig aus.
b) Wenn man ein Trinkglas zur Hälfte mit Wasser füllt, dann bildet das Wasser zwar immer eine ebene Oberfläche, aber es füllt das Glas nicht vollständig. Wenn man Eiswürfel in ein Trinkglas gibt, dann bildet sich nicht einmal eine ebene Oberfläche. Außerdem entstehen luftgefüllte Zwischenräume zwischen den Eiswürfeln.

A2a) Früher hatten Fahrräder Reifen, die vollständig aus Gummi waren. Heutzutage sind die Reifen mit Luft gefüllt. Für den Federungskomfort sind Luftreifen besser. Erkläre mit dem Teilchenmodell.
b) Erkläre, warum es nicht sinnvoll ist, die Reifen mit einer Flüssigkeit zu füllen.
a) Im Gummi liegen die Teilchen eng beieinander und haben einen starken Zusammenhalt. Deshalb kann man den Gummireifen kaum eindrücken. Das heißt, der Reifen federt nicht. Beim luftgefüllten Reifen haben die Teilchen der Luft großen Abstand voneinander ohne jeden Zusammenhalt. Der Reifen lässt sich leicht zusammendrücken. Die Verformung geht genauso leicht wieder zurück.
b) Wenn man den Reifen mit einer Flüssigkeit füllen würde, dann wäre der Federungskomfort ebenfalls schlecht. die Teilchen in einer Flüssigkeit sind zwar verschiebbar. Aber wenn der Raum, in den sie ausweichen, begrenzt ist wie der Reifen, dann sind die Ausweichmöglichkeiten sehr gering. Die Teilchen geben nicht mehr nach.

Druck in Gasen und Flüssigkeiten

Seite 113 (Vertiefung)

1 Kondensmilch wird auch in Dosen verkauft. Erkläre, warum es für das Ausgießen gut ist, zwei Löcher in die Dose zu stechen.
Es ist üblich, in Kondensmilchdosen nur kleine Löcher zu stechen. Beim Ausgießen strömt damit nur die Flüssigkeit durch das Loch hinaus. Das Flüssigkeitsvolumen nimmt ab, das Volumen der verbleibenden Luft nimmt gleichermaßen zu. Wenn kein zweites Loch vorhanden ist, dann kann keine Luft nachströmen. Es entsteht in der Dose ein Unterdruck. Nach einiger Zeit jedoch wird der Luftdruck in der Dose soweit absinken, dass die Kondensmilch nicht mehr gegen den äußeren Luftdruck aus der Dose fließen kann. Ein zweites Loch schafft Abhilfe, indem es für einen ständigen Druckausgleich zwischen äußerem Luftdruck und dem Druck der in der Dose eingeschlossenen Luft sorgt.

2 Auf einer Bergwanderung wird nach der Gipfelrast eine leere Plastikflasche fest verschlossen. Beschreibe, was mit dieser Flasche beim Abstieg geschieht.
Sieht man von lokalen Luftdruckschwankungen ab, gilt, dass der Luftdruck mit zunehmender Höhe geringer wird. Auf einem Gipfel herrscht also niedrigerer Druck als im Tal. Wenn man auf dem Gipfel eine leere Plastikflasche verschließt, dann steht die in der Flasche eingeschlossene Luft unter diesem Druck. Wandert man dann mit der verschlossenen Flasche talwärts, dann entsteht ein zunehmender Druckunterschied zwischen dem Flascheninneren und dem äußeren Luftdruck, der schließlich die Flasche eindrücken wird. Wenn der Kunststoff einigermaßen elastisch ist, dann kann man beim Öffnen der Flasche ein Zischen – das Hineinströmen von Luft – hören.

3 Erkläre mithilfe des Teilchenmodells, warum sich ein voll aufgepumpter Reifen hart anfühlt.
Je mehr ein Reifen aufgepumpt wird, umso mehr Teilchen – Moleküle der Luft – befinden sich bei nahezu unverändertem Volumen im Reifen. Damit ereignen sich auch umso mehr Zusammenstöße der Teilchen untereinander sowie zwischen den Teilchen und der Reifeninnenwand. Die größere Häufigkeit dieser Zusammenstöße nehmen wir als größeren Druck wahr.

Seite 115 (Vertiefung)

1 Erkläre mithilfe des Teilchenmodells, dass sich Flüssigkeiten nicht wie Gase zusammenpressen lassen.
Die Teilchen einer Flüssigkeit sind zwar leicht gegeneinander verschiebbar, aber dennoch befinden sie sich sehr nahe beieinander. Diese Teilchenabstände lassen sich kaum mehr verringern. Deshalb können Flüssigkeiten nicht zusammengepresst werden.
Im Vergleich dazu bestehen Gase aus sich bewegenden Teilchen, die große Abstände voneinander haben. Diese Teilchenabstände können z. B. in einer verschlossenen Luftpumpe noch verringert werden – die Luft wird dann zusammengepresst.

2 Bestimme den Schweredruck des Wassers an der tiefsten Stelle des Pazifiks, dem Marianengraben, bei ca. 11 000 m Tiefe.
Mithilfe der sogenannten „Taucherregel" (der Schweredruck nimmt mit jedem Meter Wassertiefe um 0,1 bar zu) lässt sich die Aufgabe einfach berechnen: Bis in 11 000 m Tiefe nimmt der Schweredruck 11 000-mal um 0,1 bar zu. Also beträgt der Schweredruck des Wassers in dieser Tiefe 1100 bar.
Genau genommen kommt zum Schweredruck des Wassers am Meeresgrund auch noch der Luftdruck von etwa 1 bar hinzu. Aber das spielt bei diesem hohen Druck kaum eine Rolle.

Seite 116-117 (Vertiefung – Material)

Versuche – Zum Luftdruck

V1 Verkehrte Welt?
Auf die „Wassersäule" im Glas und auf die Postkarte wirkt die Schwerkraft. Wenn sich nun diese „Wassersäule" im Glas nach unten bewegen würde, ohne dass Luft nachströmen kann, dann entstünde oberhalb des Wassers ein Bereich mit extrem geringem Druck. Der wesentlich größere äußere Luftdruck presst also die Postkarte an das Glas und damit die Wassersäule in das Glas hinein.
Hinweis: Die Postkarte ist notwendig, weil sich sonst die untere Wasseroberfläche so in ihrer Form ändern würde, dass Luft in das Glas hineinströmen und damit das Wasser vollständig aus dem Glas fließen könnte.

V2 Ein einfaches Luftdruckmessgerät
Ob sich der Zeiger nach oben oder unten bewegt, hängt davon ab, wie er festgeklebt ist. Ist er wie in der Abbildung befestigt, dann steigt der angezeigte Wert an, wenn der Luftdruck steigt. Denn bei hohem Luftdruck drückt die äußere Luft die Gummihaut nach innen (unten). Dadurch sinkt das linke Ende des Strohhalms ab, das rechte Ende (an der Skala) steigt an.

Material A – Überraschung beim Abwasch

A1 Gib eine physikalische Erklärung dafür, warum das Wasser nicht aus dem Glas „will".

Im Wasser des Spülbeckens herrscht ein Druck, der sich aus dem Schweredruck des Wassers und dem Druck der auf dem Wasser „lastenden" Luft zusammensetzt.
Wenn man ein Glas mit der Öffnung nach unten aus dem Wasser zieht, dann kann das darin befindliche Wasser nur sehr geringfügig nach unten ablaufen, weil keine Luft nachströmen kann. Über dem Wasser im Glas entsteht dann ein Bereich, in dem ein so geringer Druck herrscht, dass der Druck im Spülbecken das Wasser im Glas entgegen der Schwerkraft in das Glas hinein presst.

A2 Formuliere eine Vermutung, was geschieht, wenn Sarah und Jasin versuchen, das Wasser aus dem Glas zu saugen.
Beim Versuch, das Wasser aus dem Glas zu saugen, wird der Druck im Spülbecken Wasser zurück ins Glas pressen.
Etwas anderes geschieht, wenn man Luft durch den Strohhalm ins Glas bläst. Dadurch lässt sich der Druck über dem Wasser im Glas so weit erhöhen, dass das Wasser aus dem Glas gepresst wird.

A3 Überprüfe deine Vermutung selbst in einem Versuch.
Bestätigung oder Widerlegung der Vermutung.

Material B – Smartphone als Luftdruckmessgerät

B1 Erläutere das Prinzip einer solchen Höhenmessung.
Der Luftdruck nimmt mit zunehmender Höher über dem Boden ab. Vergleicht man nun die mit dem Smartphone gemessenen Luftdruckwerte, dann kann man daraus die Höhendifferenz berechnen.
Hinweis: Dazu kann man die internationale Höhenformel verwenden.

B2 Gib eine Erklärung dafür, dass es egal ist, ob bei der Messung das Display des Smartphones nach oben, nach unten oder zu einer Seite zeigt.
Der Luftdruck hängt von der Höhe über dem Boden ab. Die Höhe ist nahezu gleich, wenn das Display nach oben oder nach unten oder zur Seite zeigt. Die wenigen Zentimeter Höhenunterschiede machen so gut wie nichts aus.

Versuche – Zum Schweredruck in Flüssigkeiten

V3 Schweredruck sichtbar machen
Man kann beobachten, dass die Reichweite der Wasserstrahlen unterschiedlich ist. An der unteren Öffnung ist sie am größten und an der oberen Öffnung am geringsten. Außerdem wird während des Auslaufens des Wassers die Reichweite an allen Öffnungen geringer.
Die Reichweite eines Wasserstrahls hängt von dem Schweredruck des Wassers an der Stelle der Öffnung ab. An der unteren Öffnung ist der Schweredruck am größten. Deshalb erreicht der an dieser Stelle austretende Wasserstrahl die größte Weite. Im Verlauf des Versuchs sinkt der Wasserpegel und damit der Schweredruck an den Öffnungen. Damit geht auch die Reichweite zurück.
Hinweis: Die Reichweiten der Wasserstrahlen hängen natürlich von der Höhe der jeweiligen Öffnung über der Auftreffstelle des Wassers ab. Die Formen der Wasserstrahlen bilden dabei recht gut die Bahnkurven von waagerechten Würfen mit unterschiedlichen Abwurfhöhen nach. Prinzipiell würde man das Versuchsergebnis also auch mit nur einem Loch knapp über dem Flaschenboden demonstrieren können, wenn man die Reichweite in Abhängigkeit vom Füllstand beobachtet.

V4 Der Schweredruck wirkt auch nach oben
Die Scheibe wird ab einer Tiefe von ca. 10 cm vom Schweredruck des Wassers so an das Rohr gepresst, dass man den Faden loslassen kann. In geringerer Tiefe ist der Schweredruck geringer und das Anpressen der Scheibe an das Rohr ist nicht ausreichend. Die Scheibe würde wegen der auf sie wirkenden Schwerkraft im Wasser nach unten sinken.
Ab welcher Tiefe die Scheibe von selbst hält, hängt von ihrer Masse ab. Wenn diese z. B. bei einer dickeren Scheibe größer ist, dann muss das Rohr tiefer in das Wasser eintauchen. In größerer Tiefe ist der Schweredruck des Wassers größer, sodass das Anpressen der Scheibe ausreicht.

Material C – Druck im Stausee

C1 Beurteile Jasins Argument.
Jasins Argument ist falsch. Der Schweredruck in einer Flüssigkeit, also auch im Wasser des Stausees, nimmt mit der Tiefe zu. In gleicher Tiefe ist der Schweredruck überall gleich. Deshalb spielen die Breite des Sees und die Gesamtmenge des Wassers keine Rolle.

Material D – Kleine Ursache – große Wirkung

D1 Erkläre, warum der Versuch gelang.
Für das Sprengen des Weinfasses ist ein bestimmter Druck der Flüssigkeit in diesem Fass notwendig. Der Schweredruck in einem vollständig gefüllten Fass sollte auch bei aufgerichtetem Fass dafür noch nicht ausreichen. Der Schweredruck lässt sich jedoch noch erhöhen, wenn die Höhe der Flüssigkeitssäule zunimmt. Weil der Schweredruck nur von der Höhe abhängt, reicht es aus, die Flüssigkeitssäule mithilfe einer relativ dünnen Rohr- oder Schlauchleitung zu erhöhen. Auch mit wenigen Weingläsern lässt sich die Flüssigkeitssäule in einem schlanken Rohr schnell erhöhen, sodass PASCAL den zum Sprengen des Fasses erforderlichen Druck eben mithilfe weniger Gläser erreichen konnte.

2 Energie

Energie speichern und übertragen

Seite 119

1 Zähle die Energiewandler des Solarflugzeugs auf. Gib an, auf welche Weise sie die Energie bekommen und abgeben.
Energiewandler: Solarzelle, Elektromotor, Propeller
Die Solarzelle bekommt die Energie durch das Licht und gibt sie durch den elektrischen Strom ab. Der Elektromotor erhält die Energie durch den elektrischen Strom und gibt sie durch die Drehbewegung ab. Der Propeller bekommt die Energie durch die Drehbewegung und gibt sie durch die strömende Luft an die Umgebung ab.

2 Zeichne das Energieflussdiagramm für den Flug bei Nacht.

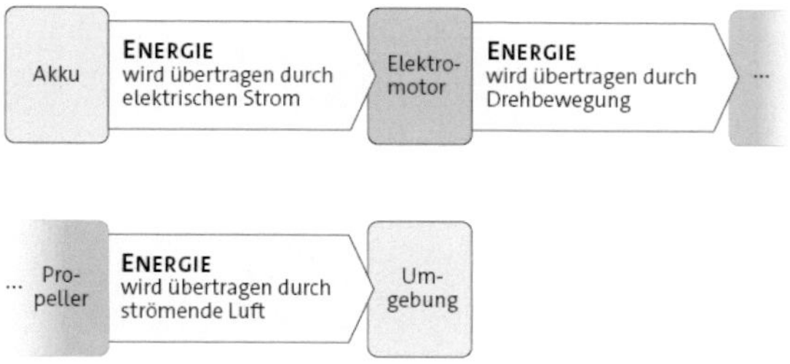

3 Sonne, Akku und Umgebung sind jeweils Energiespeicher. Beschreibe Gemeinsamkeiten und Unterschiede.
Gemeinsamkeiten: In allen drei Energiespeichern ist die Energie für längere Zeit gespeichert.
Unterschiede: Die Sonne hat die Energie vor sehr langer Zeit erhalten und gibt sie seitdem langsam ab. Dem Akku kann man jederzeit Energie zuführen und wieder entnehmen. Die in der Umgebung gespeicherte Energie kann dagegen nicht mehr genutzt werden (zumindest nicht auf einfache Weise).

4a) Zu jedem der Energiewandler des Solarflugzeugs gibt es einen Energiewandler, der „genau das Umgekehrte macht“. Gib diese Energiewandler an.
b) Gib einen Energiewandler aus deinem Alltag an, für den es keine Umkehrung gibt.
a) Solarzelle – LED-Lampe
Elektromotor – Generator
Propeller – Rotor
b) Keine Umkehrung gibt es zum Wasserkocher, der Glühlampe, dem Toaster usw.

Seite 121

1 Erkläre, woher die Energie der fossilen Brennstoffe ursprünglich kommt.
Die Kohlevorkommen sind vor vielen Millionen Jahren aus Urwäldern entstanden. Erdöl und Erdgas sind ebenfalls vor zig Millionen Jahren aus abgestorbenen Kleinlebewesen entstanden. Gedeihen konnten diese Pflanzen und Lebewesen aber auch nur durch die Energie von der Sonne. Die Energie der fossilen Brennstoffe stammt also ursprünglich von der Sonne.

2 Erläutere, warum die Verbrennung von fossilen Brennstoffen problematisch ist.
Bei der Verbrennung von fossilen Brennstoffen entsteht Kohlenstoffdioxid (CO_2). Dadurch hat sich der Anteil von CO_2 in der Luft gegenüber dem natürlichen Anteil stark erhöht. CO_2 ist ein Treibhausgas. Das bedeutet, in der Atmosphäre wirkt es wie ein Glasdach eines Gewächshauses. Darunter wird es wärmer als ohne den erhöhten CO_2-Anteil. Diese Temperaturerhöhung wirkt sich auf das Klima auf der Erde aus und kann schlimme Folgen für alle haben: Verschiebung von Klimazonen, Ausdehnung von Wüstengebieten, Erhöhung des Meeresspiegels, Zunahme extremer Wettersituationen, Abschmelzen der Gletscher.

Seite 122-123 (Material)

Versuche – Energieübertragungsketten

V1 Solarzelle, Motor, Propeller
a) *Beobachtung:* Hält man die Solarzelle in das Sonnenlicht, dann dreht sich der Propeller.
b) *Beobachtung:* Je schräger die Solarzelle gehalten wird, desto langsamer dreht sich der Propeller.
Erklärung: Bei schrägem Lichteinfall trifft insgesamt weniger Licht auf die Solarzelle. Also bekommt die Solarzelle auch weniger Energie.
c) *Beobachtung:* Die Solarzelle kann auch mit dem Licht einer Glühlampe, einer LED-Lampe oder einer Leuchtstoffröhre betrieben werden. Allerdings hängt es davon ab, wie hell die Lampen sind.
d)

Energiewandler	bekommt die Energie durch	gibt die Energie ab durch
Solarzelle	Sonnenlicht	elektr. Strom
Elektromotor	elektr. Strom	Drehbewegung
Propeller	Drehbewegung	strömende Luft

e)

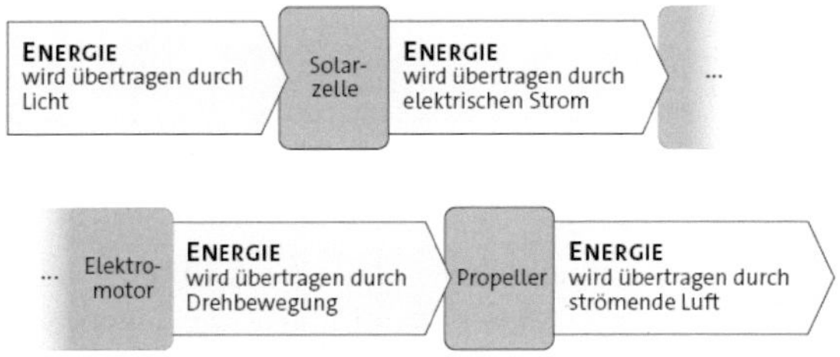

V2 Rotor, Generator, LED

a) *Beobachtung:* Wenn man den Rotor anbläst und die LED richtig angeschlossen ist, dann leuchtet die LED.

b) *Beobachtung:* Je höher die Gebläsestufe ist, desto heller leuchtet die LED. Die Heizstufe hat keinen Einfluss.

Folgerung: Die nutzbare Energie hängt von der Windgeschwindigkeit ab. Von der Lufttemperatur hängt sie nicht ab.

c)

Energie-wandler	bekommt die Energie durch	gibt die Energie ab durch
Haartrockner	elektr. Strom	strömende Luft
Propeller	strömende Luft	Drehbewegung
Generator	Drehbewegung	elektr. Strom
LED	elektr. Strom	Licht

d)

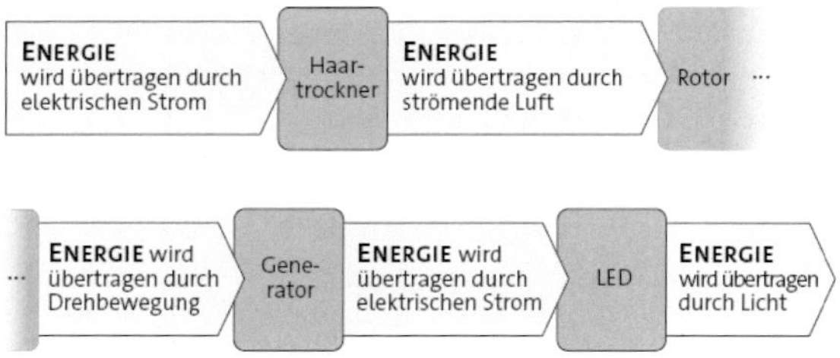

V3 Thermoelement, Motor, Propeller

a) *Beobachtung:* Nach einiger Zeit beginnt der Propeller sich zu drehen.

b) *Beobachtung:* Wenn man die Gläser vertauscht, dann dreht sich der Propeller in die andere Richtung.

Wenn beide Gläser mit heißem oder beide mit kaltem Wasser gefüllt sind, dann dreht sich der Propeller nicht.

c) Das Wasser in dem einen Glas muss möglichst heiß (z. B. aus dem Wasserkocher), das in dem anderen Glas möglichst kalt sein (z. B. mit Eiswürfel). Es kommt auf den Unterschied der Temperaturen an.

d) Vom heißen Wasser zum kalten Wasser wird Energie thermisch übertragen. Vom Thermoelement zum Motor wird Energie elektrisch übertragen. Zum Schluss wird noch Energie mechanisch vom Motor zum Rotor übertragen.

Material A – Energie im Alltag

A1a) Nenne fünf Elektrogeräte, die du täglich benutzt, und beschreibe, wozu sie Energie benötigen.

b) Schätze ab, welche der folgenden Geräte viel und welche wenig Energie benötigen: LED-Lampe, Smartphone, Waschmaschine, elektrische Zahnbürste, Backofen. Notiere deine Überlegungen dazu.

a) Lampe: benötigt Energie, um Licht zu erzeugen.

Haartrockner: benötigt Energie, um die Luft zu erwärmen und um den Propeller anzutrieben.

Elektrische Zahnbürste: benötigt Energie, um die Motoren für die Bürstenköpfe zu bewegen.

Smartpone: benötigt Energie, um das Display leuchten zu lassen, zum Musik abspielen, zum Telefonieren, um Daten zu empfangen, zu verarbeiten und zu senden, usw.

Mikrowelle: benötigt Energie, um Speisen zu erhitzen …

b) Die elektrische Zahnbürste braucht wenig Energie.

Überlegungen: Sie wird nur wenige Minuten pro Tag benutzt. Es müssen nur kleine und leichte Bürsten bewegt werden.

Das Smartphone benötigt ebenfalls eher wenig Energie.

Überlegungen: Es kann fast den ganzen Tag mit einer Akkuladung betrieben werden.

Die LED-Lampe benötigt schon etwas mehr Energie.

Überlegungen: Sie ist mehrere Stunden am Tag in Betrieb. Sie benötigt einen richtigen Stromanschluss.

Die Waschmaschine braucht viel Energie.

Überlegungen: In der Waschmaschine muss viel Wasser erwärmt werden. Die Trommel muss ständig gedreht werden, beim Schleudern sogar sehr schnell. Die Waschmaschine muss an einer Steckdose angeschlossen werden.

Der Backofen benötigt sehr viel Energie.

Überlegungen: Der Ofen wird sehr heiß. Außerdem benötigt er einen speziellen Anschluss an den Haushaltsstrom und oft eine eigene Sicherung.

A2 Nenne fünf unterschiedliche Gegenstände aus deiner Wohnung, in denen Energie gespeichert ist. Erkläre, woran du merkst, dass diese Gegenstände Energie enthalten.

Batterie: Mit einer Batterie kann man z. B. eine Taschenlampe betreiben.

Akku: Mit einem Akku kann man verschiedene elektronische Geräte betreiben.

Kerze: Wenn man eine Kerze anzündet, dann gibt sie Licht und Wärme ab.

Nahrungsmittel: Ohne Nahrungszufuhr wird man krank. Nahrungsmittel erhalten uns am Leben.

Warmwasserspeicher: Das Wasser darin ist warm.

Gespanntes Gummiband: Wenn man es loslässt, kann man damit ein Papierkügelchen abschießen.

A3 Beschreibe drei Vorgänge aus deinem Alltag, bei denen Energie übertragen wird. Erkläre, wodurch die Energie jeweils übertragen wird.

Fahrrad fahren: Die Energie wird durch die Nahrung aufgenommen. Über die Pedale und die Fahrradkette wird die Energie auf das Hinterrad übertragen.

Essen kochen: Die Energie wird durch den elektrischen Strom auf die Herdplatte übertragen. Von dort wird die Energie auf den Topf und die Speisen darin übertragen.
Musik hören: Die Energie wird durch den elektrischen Strom auf den CD-Player übertragen. Durch den Schall wird die Energie auf das Ohr übertragen.

A4 Bei einem Auto wird Energie auf unterschiedliche Weise übertragen. Beschreibe je ein Beispiel für eine mechanische, elektrische und thermische Energieübertragung.
Vom Motor wird die Energie mechanisch über Achsen und Zahnräder auf die Antriebsräder übertragen.
Vom Generator („Lichtmaschine") zur Batterie wird die Energie auf elektrische Weise übertragen, ebenso von der Batterie zu den Scheinwerfern.
Vom Motor zum Kühler wird Energie auf thermische Weise übertragen. Eine gänzlich andere Form der thermischen Energieübertragung findet dadurch statt, dass Energie durch das Licht von der Sonne in den Innenraum des Autos übertragen wird.

Material B – Energieübertragungsketten

B1 Lea hat eine Energieübertagungskette aufgebaut und eine Zeichnung dazu gemacht.
a) Benenne die Energiewandler ① bis ⑤.
b) Übertrage die Tabelle in dein Heft. Gib an, wie die Energiewandler die Energie bekommen und wieder abgeben.
c) Übersetze Leas Zeichnung in ein Energieflussdiagramm.
d) Erläutere die Vor- und Nachteile eines Energieflussdiagramms gegenüber einer Zeichnung.
a) ① Generator, ② Lampe, ③ Solarzelle, ④ Elektromotor, ⑤ Propeller
b)

Energiewandler	bekommt die Energie durch	gibt die Energie ab durch
Generator	Drehbewegung	elektr. Strom
Lampe	elektr. Strom	Licht und Wärme
Solarzelle	Licht	elektr. Strom
Elektromotor	elektr. Strom	Drehbewegung
Propeller	Drehbewegung	strömende Luft

c)

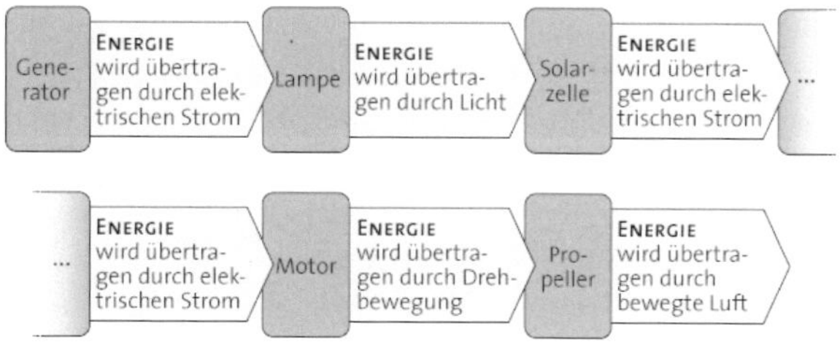

d) Vorteile: Ein Energieflussdiagramm ist übersichtlich. Es zeigt, wie die Energie übertragen wird und ist einfach zu zeichnen.
Nachteile: Ein Energieflussdiagramm zeigt nicht wie die Geräte genau aussehen, wie sie aufgebaut sind und wie sie miteinander verbunden sind.

Material C – Energie von der Sonne

C1 Mit einer thermischen Solaranlage kann man die Energie der Sonne zum Heizen und zum Erwärmen von Wasser nutzen. Eine solche Anlage hat einen Kollektor und einen Speicher. Der Kollektor besteht im Wesentlichen aus einer schwarzen Platte mit einer langen Rohrleitung. Das Sonnenlicht erwärmt die Platte und dadurch das Wasser, das durch die Rohrleitung fließt und einen Speicher erwärmt.
a) Zeichne ein Energieflussdiagramm der Solaranlage.
b) Erkläre, welche der drei thermischen Energietransportarten hier eine Rolle spielen.
a)

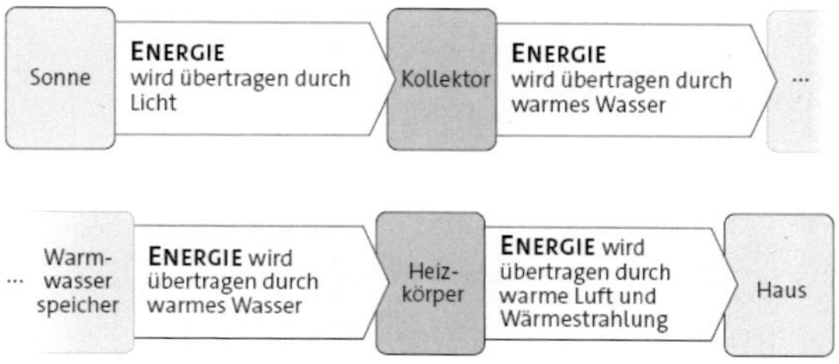

b) Von der Sonne zum Kollektor wird die Energie durch Wärmestrahlung übertragen. Vom Kollektor zum Speicher durch Konvektion, von dort zum Heizkörper ebenfalls durch Konvektion. Vom Heizkörper in das Haus durch Konvektion der Luft und durch Wärmestrahlung.

C2 Familie Roth plant den Bau einer thermischen Solaranlage. Der Kollektor soll eine Fläche von 7 m² haben. Wenn die Sonne scheint, dann nimmt der Kollektor pro Quadratmeter und pro Sekunde etwa 0,6 kJ Energie auf.
a) Berechne die Energie, die von der Solaranlage in einer Stunde aufgenommen wird.
b) Familie Roth braucht täglich etwa 200 ℓ Warmwasser. Um 1 ℓ Wasser um 1 °C zu erwärmen, benötigt man 4,2 kJ Energie. Berechne die Energie, die erforderlich ist, um 200 ℓ Wasser von 10 °C auf 50 °C zu erwärmen. Berechne, wie viele Stunden Sonnenschein dazu benötigt werden.
c) Jährlich braucht Familie Roth etwa 12 000 MJ Energie für Warmwasser. Sie nimmt an, dass die Solaranlage zwei Drittel dieses Betrags liefern wird. Berechne, wie viele Liter Heizöl Familie Roth durch die Solaranlage sparen kann.
Beachte, dass 1 ℓ Heizöl einen Energiegehalt von 36 MJ hat.

d) Die Sonne liefert bei senkrechtem Einfall etwa 1 kJ Energie pro Quadratmeter und Sekunde. Im jährlichen Durchschnitt nimmt die Solaranlage aber nur etwa 0,1 kJ pro Quadratmeter und Sekunde auf. Gib mögliche Gründe an.

a) Gegeben: Kollektorfläche: 7 m^2, Energieaufnahme: 0,6 $kJ/m^2 \cdot s$

Gesucht: Energieaufnahme in 1 h

$$\Delta E = 0{,}6 \frac{kJ}{m^2 \cdot s} \cdot 7\ m^2 \cdot 60 \cdot 60\ s \approx 15\,000\ kJ$$

b) Berechnung Energiebedarf:

1 ℓ Wasser, 1 °C: 4,2 kJ

200 ℓ Wasser, 1 °C: 200 · 4,2 kJ = 840 kJ

200 ℓ Wasser, 40 °C: 840 kJ · 40 = 33 600 kJ

Berechnung der Sonnenscheindauer:

Der Kollektor nimmt $\Delta E/1\ h \approx 15\,000\ kJ/1\ h$ auf. Benötigt werden etwa 34 000 kJ:

$$x\ h = \frac{34000\ kJ}{15000\ \frac{kJ}{h}} \approx 2{,}3\ h$$

Um die 200 ℓ um 40 Grad zu erwärmen, muss die Sonne mindestens 2,3 h bzw. 2 h 18 min scheinen.

c) Berechnung der Energie, die durch die Solaranlage geliefert wird:

$$12\,000\ MJ \cdot \frac{2}{3} = 8000\ MJ$$

Berechnung der eingesparten Heizölmenge:

Energiegehalt je ℓ Heizöl: 36 MJ/ℓ

$$x\ \ell = \frac{8000\ MJ}{36\ MJ \cdot \frac{1}{\ell}} \approx 222\ \ell$$

Familie Roth könnte etwa 222 ℓ Heizöl sparen.

d) Mögliche Gründe sind:

- Die Sonnenstrahlung trifft nicht senkrecht auf den Kollektor.
- Nachts sowie bei Bewölkung scheint keine Sonne.
- Kollektor, Rohre und Speicher geben Energie thermisch an die Umgebung ab („Verluste“).

Energie hat viele Gesichter

Seite 125

1 Erkläre, was passiert, wenn der Zug der Achterbahn beim Start zu langsam ist.

Wenn der Zug nach dem Start zu langsam ist, dann hat er zu wenig Energie, um bis zum höchsten Punkt der Bahn hinauf zu rollen. Er hält vor dem höchsten Punkt an und rollt rückwärts zurück.

2 Welche Energieformen treten beim Bungee-Springen auf? Beschreibe die Energieumwandlung.

Beim Bungee-Springen treten Lageenergie, Bewegungsenergie und Spannenergie auf.

Am höchsten Punkt hat der Springer Lageenergie. Nach dem Absprung fällt der Springer in die Tiefe. Dabei wird er immer schneller. Die Lageenergie nimmt ab, die Bewegungsenergie nimmt zu. Die Lageenergie wandelt sich also nach und nach in Bewegungsenergie um.

Irgendwann beginnt sich das Gummiseil zu spannen. Dabei wird der Springer abgebremst. Die Lageenergie und die Bewegungsenergie nehmen beide ab, dafür nimmt die Spannenergie des Gummiseils zu. Lage- und Bewegungsenergie wandeln sich also nach und nach in Spannenergie um.

Kurz vor dem Boden ist das Seil am stärksten gespannt und der Springer steht für einen kurzen Moment still. Die komplette Lageenergie steckt nun als Spannenergie im Seil. Das Seil entspannt sich wieder. Die Spannenergie wird in Bewegungs- und Lageenergie umgewandelt. Der Springer schnellt wieder nach oben usw.

Seite 126

1 Jemand sagt: „Thermische Energie ist Bewegungsenergie“. Diskutiere.

Im Teilchenmodell stellen wir uns jeden Körper aus kleinen Teilchen aufgebaut vor. Diese Teilchen bewegen sich. Je höher die Temperatur des Körpers ist, desto schneller bewegen sich die Teilchen. Jedes dieser kleinen Teilchen hat Bewegungsenergie. Die Bewegungsenergie aller Teilchen zusammen ergibt im Teilchenmodell die thermische Energie des Körpers.

Seite 127 (Material)

Versuche – Energieformen wandeln sich ineinander um

V1 Spielzeug und Energie

a) Die Federbeinchen sind zunächst gespannt. Sie enthalten Spannenergie. Nach dem Loslassen wandelt sich die Spannenergie in Bewegungsenergie um. Beim Hinauffliegen wandelt sich die Bewegungsenergie nach und nach in Lageenergie um. Im höchsten Punkt hat der Käfer nur noch Lageenergie. Nun fällt der Käfer hinunter. Dabei wandelt sich die Lageenergie nach und nach in Bewegungsenergie um.

b) Der Flummi fällt hinunter. Er prallt auf den Boden und springt wieder in die Höhe, aber nicht ganz so hoch wie die Ausgangsposition war. Dann fällt er wieder hinunter usw. Dies geschieht einige Male, wobei die Sprunghöhe immer niedriger wird. Schließlich bleibt der Flummi auf dem Boden liegen.

Beim Fallen wandelt sich die Lageenergie nach und nach in Bewegungsenergie des Flummis um. Beim Aufprall wird der Flummi elastisch verformt. Dabei wandelt sich Bewegungsenergie in Spannenergie um. Kurz danach entspannt sich der Flummi wieder. Die Spannenergie wandelt sich wieder in Bewegungsenergie um. Beim Aufsteigen wandelt sich die Bewegungsenergie nach und nach in Lageenergie um.

Warum erreicht der Flummi nicht seine Ausgangshöhe? Dies liegt daran, dass ein Teil der ursprünglichen Energie in thermische Energie umgewandelt wird. Wenn man ganz genau misst, dann stellt man fest, dass sich der Flummi und der Boden beim Aufprall etwas erwärmen (siehe S. 128 f.).

c) In der umgestülpten Sprungscheibe ist Spannenergie gespeichert. Beim Aufprall auf den Boden entspannt sich die Sprungscheibe. Dadurch erhält die Sprungscheibe mehr Bewegungsenergie, als sie kurz vor dem Aufprall hatte. Folglich steigt die Sprungscheibe höher als der Ausgangspunkt.

V2 Ein Lineal als Schleuder

a) Das gespannte Lineal enthält Spannenergie. Wenn man das Lineal loslässt, dann wird die Spannenergie in Bewegungsenergie des Lineals und des Radiergummis umgewandelt. Anschließend wandelt sich die Bewegungsenergie des Radiergummis in Lageenergie um.

b) Je stärker das Lineal gespannt wird, desto höher fliegt der Radiergummi.

Begründung: Je stärker das Lineal gespannt ist, desto mehr Spannenergie steckt darin. Beim Loslassen wird also mehr Energie in Bewegungsenergie des Radiergummis und anschließend in Lageenergie umgewandelt.

c) Je mehr Radiergummis auf das Lineal gelegt werden, desto geringer ist die Flughöhe.

Erklärung: Die Spannenergie des Lineals ist immer gleich. Beim Loslassen verteilt sich diese Spannenergie auf zwei bzw. drei Radiergummis. Bei zwei oder drei Radiergummis haben die einzelnen Radiergummis also weniger Energie und steigen deshalb nicht so hoch.

V3 Ein Auto rollt bergab

a) Beim Start hat das Auto Lageenergie. Beim Hinunterfahren wird die Lageenergie nach und nach in Bewegungsenergie umgewandelt.

b) Je höher der Startpunkt ist, desto größer sind Bewegungsenergie und Geschwindigkeit des Autos am Ende der schrägen Bahn.

Material A – Energieumwandlung beim Kängurusprung

A1 Kängurus bewegen sich mit großen Sprüngen fort. Dabei nutzen sie die Energieumwandlung. Die Sehnen und Muskeln ihrer Hinterbeine wirken beim Springen wie Stahlfedern.

a) Beschreibe die Energieumwandlungen beim Kängurusprung.

b) Erkläre, warum diese Art der Fortbewegung energiesparend ist.

a) Kurz vor dem Absprung sind die Sehnen und Muskeln der Hinterbeine gespannt. Sie besitzen Spannenergie. Beim Absprung wird die Spannenergie in Bewegungs- und Lageenergie umgewandelt. Das Känguru gewinnt an Geschwindigkeit und Höhe. Bei der Landung werden die Muskeln und Sehnen der Hinterbeine wieder gespannt und das Känguru wird abgebremst. Die Energie, die das Känguru beim Flug hatte, wird größtenteils wieder in Spannenergie umgewandelt.

b) Die Sehnen und Muskeln der Hinterbeine dienen dem Känguru als Zwischenspeicher für Energie. Diese Energie nutzt das Känguru für den nächsten Sprung. Das ist energiesparender, als wenn das Känguru für jeden Sprung Energie aus dem Körper aufbringen müsste.

Bemerkung: Kängurus haben unter allen Landsäugetieren die energiesparendste Art sich fortzubewegen.

Energie bleibt erhalten

Seite 129

1 Formuliere eine Begründung dafür, dass ein Perpetuum mobile aus Elektromotor und Generator nicht funktionieren kann.

Eine Maschine kann nicht mehr Energie abgeben, als sie erhält. Da bei der Energieübertragung sowohl Elektromotor als auch Generator und auch die Leitungen dazwischen einen kleinen Teil der Energie an die Umgebung abgeben, würde eine Maschine aus Elektromotor und Generator irgendwann stehen bleiben, wenn keine Energie von außen zugeführt würde.

Seite 130

1 Beschreibe die Energieumwandlungen bei einem Jo-Jo. Wenn man das Jo-Jo einfach loslässt, dann erreicht es seine Ausgangshöhe nicht mehr.

Erkläre. Durch geschicktes Ziehen an der Schnur kann man erreichen, dass das Jo-Jo wieder an Höhe gewinnt. Widerspricht das dem Energieerhaltungsprinzip? Erkläre.

Die Lageenergie des Jo-Jos wird beim Abrollen in Bewegungsenergie (Drehbewegung) des Jo-Jos umgewandelt. Wenn das Jo-Jo unten angekommen und der Faden vollständig abgewickelt ist, dann hat das Jo-Jo die meiste Bewegungsenergie. Das Jo-Jo dreht sich weiter und wickelt dabei den Faden wieder auf. So gewinnt es wieder an Höhe. Die Bewegungsenergie wird wieder in Lageenergie des Jo-Jos umgewandelt. Da bei der Bewegung durch Reibung ein Teil der Energie an die Umgebung abgegeben wird, kann das Jo-Jo nicht mehr die Ausgangshöhe erreichen.

Wenn man im richtigen Moment an der Schnur zieht, dann wird dem Jo-Jo etwas Energie zugeführt. Dadurch wird der Verlust ausgeglichen und das Jo-Jo erreicht seine Ausgangshöhe. Das Prinzip der Energieerhaltung bleibt auch beim Jo-Jo gültig.

Seite 131 (Material)

Versuche – Überprüfe das Prinzip von der Energieerhaltung …

V1 … beim Fadenpendel
a) Schüleraktivität
b) Das Pendel erreicht auf der anderen Seite etwa die gleiche Höhe wie der Startpunkt.
c) Auch mit dem Stift dazwischen erreicht das Pendel auf der anderen Seite etwa die gleiche Höhe wie der Startpunkt. Das Prinzip von der Energieerhaltung ist bestätigt. Weil das Pendel in den Umkehrpunkten keine Bewegungsenergie hat, muss die Lageenergie und damit auch die Höhe in den Umkehrpunkten gleich sein.
d) Um das Pendel zum Überschlag um den Stift zu bringen, muss der Startpunkt mindestens so hoch sein wie der höchste Punkt beim Überschlag.

V2 … bei hüpfenden Bällen
a, b) Typische Ergebnisse:

	Flummi	Murmel	TT-Ball
Teppich	10 cm	15 cm	3 cm
Fliesen	55 cm	90 cm	65 cm
PVC	55 cm	20 cm	65 cm

Hinweis: Erstaunlich ist, dass die Glasmurmel auf den Fliesen nahezu wieder die Ausgangshöhe erreicht. Offensichtlich verhält sich die Murmel elastischer als der Flummi und der TT-Ball. Das ist im ersten Moment überraschend, hängt aber mit der hohen Elastizität von Glas zusammen.
c) Am besten geeignet ist die Kombination Glasmurmel – Fliesen, da die Murmel fast wieder die Ausgangshöhe erreicht.
d) Lage-, Bewegungs- und Spannenergie wandeln sich ineinander um. Aber weil bei den Umwandlungen ein Teil der Lage-, Bewegungs- oder Spannenergie in thermische Energie umgewandelt wird, erreicht der Ball nicht mehr ganz seine Ausgangshöhe. Der Grund dafür ist zum einen der Luftwiderstand und zum anderen die teilweise unelastische Verformung von Ball oder/und Boden.

Material A – In der Halfpipe

A1 Im Bild unten siehst du eine Bildfolge eines Skaters in einer Halfpipe.
a) Gib für jedes Bild die vorkommenden Energieformen an. Beschreibe die Energieumwandlung während der Bewegung des Skaters.
b) Wenn man statt des Skaters einen Ball in der Halfpipe rollen lässt, dann erreicht der Ball auf der anderen Seite nicht mehr ganz seine ursprüngliche Höhe. Erkläre, was mit der „verlorenen" Energie passiert ist.
c) Ein Skater kann den „Energieverlust" ausgleichen und sogar über die Höhe kommen, aus der er gestartet ist. Überlege dir, woher die erforderliche Energie kommt. Hast du eine Idee, wie der Skater das macht?
a) Von links angefangen:
1: Lageenergie
2: Lage- und Bewegungsenergie
3: Bewegungsenergie
4: Lage- und Bewegungsenergie
5: Lageenergie
Die Lageenergie des Skaters wird in Bewegungsenergie umgewandelt. Der Skater wird immer schneller, bis er unten angekommen ist. Auf der rechten Seite der Halfpipe fährt er wieder hinauf. Dabei wird die Bewegungsenergie wieder in Lageenergie umgewandelt.
b) Die Bewegung des Balls wird durch die Reibung am Untergrund und an der Luft abgebremst. Dadurch wird ein Teil der Energie in thermische Energie der Umgebung umgewandelt.
c) Der Grund liegt in der Körperhaltung des Skaters. Wenn man sich die Bildabfolge genau anschaut, dann erkennt man, dass der Skater beim Hinunterfahren etwas in die Hocke geht. Dadurch verlagert er seinen Körperschwerpunkt nach unten. Das bedeutet, dass der Körperschwerpunkt eine größere Höhe durchfällt. Daher wandelt sich mehr Lageenergie in Bewegungsenergie um. Anschließend streckt sich der Skater wieder. Dadurch verlagert er seinen Körperschwerpunkt wieder nach oben. Dazu muss der Skater seinem Körper durch Muskelkraft Energie zuführen. Dadurch nimmt die Lageenergie des Skaters zu. Mit dieser Technik kann der Skater den „Energieverlust" ausgleichen und sogar über die Ausgangshöhe hinaus kommen.

Was bedeutet „Energieverbrauch"?

Seite 133

1 Vergleiche Energieverbrauch und Wasserverbrauch miteinander.
In beiden Fällen bedeutet „Verbrauch" nicht, dass Wasser oder Energie nach der Nutzung verschwunden ist. Das Wasser ist nach der Nutzung verschmutzt und kann nicht mehr zum Trinken, Kochen usw. genutzt werden. Die Energie liegt nach der Nutzung als thermische Energie der Umgebung vor und kann nicht mehr für den ursprünglichen Zweck, z. B. den Antrieb einer Maschine, verwendet werden.

2 Ein Mountainbiker fährt einen Berg hinauf und wieder hinunter. Beschreibe, auf welchen Wegen die Energie in die Umgebung gelangt.
Durch Reibung in den Lagern, der Räder auf dem Untergrund, der Bremsen an der Felge und durch Reibung an

der Luft wird die Energie an die Umgebung abgegeben. Außerdem wird dem Mountainbiker ganz schön warm. Er gibt Energie z. B. durch Schwitzen in die Umgebung ab.

Seite 135 (Material)

Versuche – Energie – „verbraucht" und wiedergefunden!

V1 … beim Hinunterrutschen

Beobachtung: Wenn man den Gegenstand an der Schnur durch die Hand rutschen lässt, dann spürt man, wie die Haut warm wird.

Erklärung: Der angehobene Gegenstand hat Lageenergie. Durch die Reibung der Schnur in der Hand wandelt sich die ursprünglich vorhandene Lageenergie in thermische Energie von Haut und Schnur um.

V2 … beim Verformen

Beobachtung: Der Draht ist an der Knickstelle ganz warm geworden.

Erklärung: Die Energie, die man zur Verformung benötigt hat, steckt als thermische Energie in dem Draht.

V3 … beim Bewegen

a) *Beobachtung:* Das Thermometer zeigt eine höhere Temperatur an als vor dem Versuch.

Erklärung: Die Energie, die für das Drehen benötigt wurde, steckt als thermische Energie in der Wäscheklammer und dem Thermometer.

b) Typische Ergebnisse:

Umdrehungen	0	5	10	15	20
ϑ in °C	20,1	20,8	21,5	22,1	22,6

Die Temperaturerhöhung ist näherungsweise proportional zur Anzahl der Umdrehungen. Je höher die Temperatur allerdings steigt, desto schneller kühlt sich das Thermometer wieder ab, weswegen die Messwerte immer mehr von der Proportionalität abweichen.

Material A – Achterbahn

A1 Silver-Star ist die höchste Achterbahn Europas. Die Wagen rollen nach einer 69° steilen Abfahrt über mehrere unterschiedlich hohe Hügel und durch einige Steilkurven. Das Bild unter dem Foto zeigt den Verlauf einer anderen Achterbahn.

a) An welcher Stelle erreichen die Wagen die größte Geschwindigkeit? Erkläre.

b) An welcher Stelle zwischen A und G ist die Geschwindigkeit der Wagen am kleinsten? Erkläre.

a) Die Geschwindigkeit ist an der Stelle A am größten. Ohne Reibung und Luftwiderstand wären die Wagen in C, E und G genauso schnell wie in A. Durch Reibung und Luftwiderstand wird unterwegs Energie an die Umgebung abgegeben. Also muss die Geschwindigkeit in C, E und G kleiner als in A sein.

b) Die Geschwindigkeit ist an der Stelle F am kleinsten. Ohne Reibung und Luftwiderstand wäre die Geschwindigkeit in F genauso groß wie in B. Durch Reibung und Luftwiderstand wird von B nach F Energie an die Umgebung abgegeben. Folglich muss die Geschwindigkeit in F kleiner als in B sein.

A2 Setze die im Bild rechts angegebenen Teile zu einer Achterbahn zusammen. Die Geschwindigkeitsangaben helfen dir, die richtige Reihenfolge der Teile zu finden.

Reihenfolge: Start – Teil 4 – Teil 2 – Teil 1 – Teil 3
Teil 4: höchster Berg und größte Geschwindigkeit,
Teil 2: mittlerer Berg und größte Geschwindigkeit,
Teil 1: mittlerer Berg und mittlere Geschwindigkeit,
Teil 3: niedrigster Berg und kleinste Geschwindigkeit.

Material B – „Energieverbrauch"

B1 Im Alltag spricht man oft von „Energieerzeugung", „Energieverbrauch" und „Energiesparen".

a) Erkläre, was damit aus physikalischer Sicht gemeint ist.

b) Erkundige dich, welche Geräte bei dir zuhause viel Energie „verbrauchen". Gib die fünf vermutlich größten „Energieverbraucher" an.

c) Erstelle eine Liste, wie du und deine Familie sinnvoll Energie „sparen" können.

a) „Energieerzeugung": Energie kann nicht entstehen. Man meint damit die Bereitstellung von Energie, meistens von elektrisch übertragener Energie durch Kraftwerke. Dazu muss dem Kraftwerk Energie zugeführt werden, z. B. durch Wind, Sonnenlicht, fließendes Wasser oder durch Brennstoffe wie Kohle, Erdgas und Erdöl.

„Energieverbrauch": Energie kann nicht verschwinden. Man meint damit, dass Maschinen, Gebäude oder Fahrzeuge die zugeführte Energie letztlich als thermische Energie an die Umgebung abgeben. Die abgegebene Energie kann für den ursprünglichen Zweck nicht wieder eingesetzt werden. Man sagt, sie ist entwertet.

„Energiesparen": Damit meint man, dass man weniger Energie einsetzt und damit letztlich in thermische Energie umwandelt.

b) Unterschiedliche Antworten sind möglich. Übliche Geräte mit hohem „Energieverbrauch" sind:
Elektroherd, Waschmaschine (Heizen), Warmwasserbereiter, Kühlschrank/-truhe, große, leistungsstarke Pkw.

c) Licht ausschalten, Geräte ausschalten (kein Stand-by-Betrieb), moderne effiziente Geräte nutzen, Geräte nur einschalten, wenn sie wirklich verwendet werden, häufiger zu Fuß gehen, mit dem Fahrrad oder mit öffentlichen Verkehrsmitteln fahren, …

Energieübertragung und Leistung

Seite 136

1 Erläutere den Unterschied zwischen den Größen Energie und Leistung.

Energie und Leistung sind nicht dasselbe. Die Leistung ist ein Maß für die Energieübertragung. Bei der Energieübertragung kommt es darauf an, erstens wie viel Energie übertragen wird und zweitens wie schnell die Übertragung stattfindet. Es kommt also auf zwei Größen an: Energie und Zeitspanne. Der Quotient aus diesen beiden Größen, $\Delta E/\Delta t$, heißt Leistung. Je größer die übertragene Energie ist, desto größer ist die Leistung. Je kleiner die Zeitspanne ist, in der die Energie übertragen wird, desto größer ist die Leistung.

2 Gib die Energie an, die eine Lampe bei einer Leistung von 25 W in 1 s, 2 s, 5 s, 10 s abgibt.

Gegeben die Leistung: $P = 25\,\text{W} = 25\,\frac{\text{J}}{\text{s}}$

Gesucht die abgegebene Energie in

1 s: $\Delta E = 25\,\frac{\text{J}}{\text{s}} \cdot 1\,\text{s} = 25\,\text{J}$,

2 s: $\Delta E = 25\,\frac{\text{J}}{\text{s}} \cdot 2\,\text{s} = 50\,\text{J}$,

5 s: $\Delta E = 25\,\frac{\text{J}}{\text{s}} \cdot 5\,\text{s} = 125\,\text{J}$,

10 s: $\Delta E = 25\,\frac{\text{J}}{\text{s}} \cdot 10\,\text{s} = 250\,\text{J}$.

Seite 139 (Material)

Versuche – Leistung und Energie von Geräten

V1 Leistungsmessung

a) Schüleraktivität

b) Unterschiedliche Antworten möglich.

c) Unterschiedliche Antworten möglich. Beim Haartrockner: Je höher die Temperatur der ausströmenden Luft, desto größer die Leistung. Je stärker der Haartrockner bläst, desto größer die Leistung.

d) Verschiedene Antworten möglich.

e) Das Fazit sollte sein, dass die Elektrogeräte mit Bedacht eingesetzt werden, sodass nicht unnötig viel Energie benötigt wird.

V2 Energiemessung

a) – c) Schüleraktivität

d) Vergleiche V1e.

Material A – Kilowattstunde

A1 Wie lange kann man mit der Energie 1 kWh ein Gerät mit einer Leistung von 100 W (10 W, 1 W) betreiben?

Mit der Energie $\Delta E = 1$ kWh (eine Kilowattstunde) kann man ein Gerät mit der Leistung $P = 1$ kW = 1000 W eine Stunde ($\Delta t = 1$ h) lang betreiben. Leistung P und Zeitspanne Δt verhalten sich umgekehrt proportional. Entsprechend gilt:

Leistung P	Zeitspanne Δt	Energie ΔE
1000 W	1 h	1 kWh
100 W	10 h	1 kWh
10 W	100 h	1 kWh
1 W	1000 h	1 kWh

A2 Auch eine Wattstunde (1 Wh) ist eine Einheit für die Energie. Erkläre diese Einheit wie in Aufgabe A1.

Mit der Energie $\Delta E = 1$ Wh (eine Wattstunde) kann man ein Gerät mit einer Leistung von $P = 1$ W eine Stunde ($\Delta t = 1$ h) lang betreiben.

Material B – Wirkungsgrad beim Erhitzen von Wasser

B1a) Rechne die Angaben in kJ um.

b) Berechne die Wirkungsgrade für die drei Arten, Wasser zu erhitzen.

c) Gib mögliche Gründe an, warum die Geräte mehr Energie benötigen als der theoretische Wert von 252 kJ.

a) 0,075kWh = 75 W · 1 h = 75 · 60 · 60 Ws = 270 000 J
= 270 kJ

0,20 kWh = 200 W · 1 h = 200 · 3600 Ws = 720 000 J
= 720 kJ

0,10 kWh = 0,5 · 0,2 kWh
= 360 kJ

b) Der Wirkungsgrad η ist der Quotient aus genutzter und eingesetzter Energie, also:

Wasserkocher: $\eta = \frac{252\,\text{kJ}}{270\,\text{kJ}} = 0{,}93$ bzw. $\eta = 93\%$

Mikrowellengerät: $\eta = \frac{252\,\text{kJ}}{720\,\text{kJ}} = 0{,}35$ bzw. $\eta = 35\%$

Topf und Elektroherd: $\eta = \frac{252\,\text{kJ}}{360\,\text{kJ}} = 0{,}7$ bzw. $\eta = 70\%$

c) Mögliche Gründe sind:

- Es wird nicht nur das Wasser erhitzt. So werden z. B. beim Elektroherd auch die Glasplatte und der Topf erhitzt. Zum Erhitzen dieser Körper wird Energie benötigt.
- Ein Teil der Energie geht direkt in die Umgebung. So wird bei der Mikrowelle ein großer Teil der elektrisch zugeführten Energie als Abwärme abgegeben.

- Ein weiterer Teil der Energie geht vom heißen Wasser in die Umgebung, im Wesentlichen durch Wärmestrahlung und Konvektion.
- Ein Teil des Wassers verdampft. Im Wasserdampf steckt viel Energie. Die Energie gelangt ebenfalls in die Umgebung.

B2 Bei etlichen Elektrogeräten wird Wasser erhitzt. Wasser zu erhitzen, benötigt viel Energie.
a) Nenne solche Geräte.
b) Erläutere, wie du mit diesen Geräten energiebewusst umgehen kannst.

a) Spülmaschine, Waschmaschine, Wasserkocher, Kaffeemaschine

b) Spülmaschine: Nur volle Maschine laufen lassen. Möglichst eine schwache Stufe oder Energiesparstufe einstellen.

Waschmaschine: Nur volle Maschine laufen lassen. Bei möglichst niedriger Waschtemperatur waschen.

Wasserkocher: Nur so viel Wasser kochen, wie gebraucht wird.

Kaffeemaschine: Nach dem Kaffeekochen ausschalten.

Mechanik

Didaktische Hinweise

Aufbau des Kapitels
Fachlich verwendet das Kapitel die Newton'sche (Schwer-)Punkt-Mechanik als Modell. Nach der Behandlung der Geschwindigkeit (Betrag und Richtung) folgt die dynamische Einführung der Kraft. Für den Impuls wird eine Vertiefung angeboten. Der Begriff der Energie wird erst im Unterkapitel „Kraft und Energie" wieder aufgenommen, sodass das Mechanik-Kapitel bis dahin auch vor dem Energie-Kapitel behandelt werden kann.

Beschreiben von Bewegungen mit Punktspuren
Am Beginn steht die Beschreibung von Bewegungen durch den Ort s und die Zeit t. Das Einstiegsbeispiel nutzt, dass Fitness-Apps genau so vorgehen. S. 146, Bild 02 zeigt vereinfacht den Quelltext einer GPX-Datei, die man von einer solchen App exportieren lassen kann.
Die Bahnkurve von Körpern wird anhand von „Punktspuren" beschrieben, die eine fassbare Abgrenzung von Ort und Zeit zu Zeitspanne Δt und der in dieser zurückgelegten Strecke Δs erlauben: Ort und Zeit entsprechen den Punkten, während die direkt messbare Strecke und die feste Zeitspanne zwischen den Punkten liegen.
Anhand von Punktspuren kann man Bewegungen in geradlinige, beschleunigte usw. klassifizieren (S. 152) und entscheiden, ob und wie auf einen Körper eine Kraft ausgeübt wird (S. 175).

Betrag und Richtung der Geschwindigkeit
Aufbauend hierauf wird der Geschwindigkeitsbetrag als $v = \Delta s / \Delta t$ eingeführt. Da die Schülerinnen und Schüler Δs und Δt direkt aus den Punktspuren ablesen können, ist eine formale Berechnung im Sinne von $\Delta s = s_1 - s_2$ nicht notwendig. Für die Differenzbildung bei konkreten Messwerten haben sich „verschobene" Tabellenzellen (S. 147, Tabelle 05) bewährt.
Der Geschwindigkeitsbetrag eignet sich, um für das Einheitensystem zu sensibilisieren (S. 149, Mat. B) und auf Verkehrssicherheit einzugehen (S. 149, Mat. C).
Die Geschwindigkeit wird als Vektorgröße mit dem „Geschwindigkeitspfeil" dargestellt, der Geschwindigkeitsbetrag und Bewegungsrichtung zusammenfasst. Auch mit ihm lassen sich Bewegungen klassifizieren (S. 152) und lässt sich entscheiden, ob und wie eine Kraft ausgeübt wird: Nur wenn sich der Geschwindigkeitspfeil ändert!

Bewegungen im *s*-*t*-Diagramm
s-*t*-Diagramme sind mathematisch gerade für jüngere Schülerinnen und Schüler schwierig. Deswegen werden sie langsam über den Zwischenschritt von „Streifenbildern" (S. 154) eingeführt.

Dynamischer und statischer Kraftbegriff
Die Kraft gilt fachdidaktisch als einer der problematischsten Begriffe überhaupt. Auch nach erfolgtem (traditionellen) Mechanikunterricht kann nur eine Minderheit der Schülerinnen und Schüler fachlich korrekt mit dem Kraftbegriff umgehen. Das zeigen empirische Untersuchungen seit den 1970er Jahren immer wieder. Zwei Ursachen stellten sich hierbei als wesentlich heraus:
- Wechselwirkungen quantitativ zu beschreiben, ist per se schwierig. Daher gilt dies auch für den Kraftbegriff.
- Der Begriff „Kraft" aus dem Alltag und der physikalische Kraftbegriff sind sehr unterschiedlich. So ist „Kraft haben" physikalisch sinnlos, da der Ausdruck sich nicht auf eine Wechselwirkung bezieht. Die hieraus resultierenden Fehlvorstellungen sind so massiv, dass es nicht möglich ist, den physikalischen Fachbegriff aus dem Alltagsbegriff zu entwickeln.

Als ein entscheidender Hemmschuh erwies sich die Einführung der Kraft über den statischen Kraftbegriff (Verformung als zentrales Kennzeichen). Unterrichtskonzepte, die den Zugang über den dynamischen Kraftbegriff (Geschwindigkeits- bzw. Impulsänderung als zentrales Kennzeichen) wählen, schneiden signifikant besser ab.
Um die Kraft dynamisch einführen zu können, muss eine eigenständige Größe eingeführt worden sein, deren Änderung durch Kräfte anschließend betrachtet wird. Wir arbeiten hier mit der Geschwindigkeit als Vektorgröße (s. o.). Der Impuls wird als Alternative oder Ergänzung angeboten.

Trägheitsprinzip
Der Abschnitt „Bewegung ohne Antrieb?" behandelt fachlich gesehen den Trägheitssatz, auch wenn die Formulierungen propädeutisch sind. Entscheidend ist hierbei, dass sich bewegte Körper weiterbewegen, da dies der Alltagserfahrung zu widersprechen scheint. Für ein Verständnis der Newton'schen Mechanik ist dieser Punkt zentral. Die Masse spielt erst eine Rolle, wenn eine Kraft auf den Körper ausgeübt wird. Deswegen wird ihr Einfluss getrennt vom Phänomen „Trägheit" am Ende des Abschnitts behandelt. Auf eine explizite Trennung zwischen träger und schwerer Masse wird verzichtet. Entsprechende Aufgaben erlauben eine Thematisierung dieses Aspekts (z. B. S. 165, V2c oder S. 187, Mat. B).

Vertiefung Impuls
Die Vertiefung kann als Ergänzung oder Alternative genutzt werden: Man kann den Impuls statt der vektoriellen Geschwindigkeit einführen, sodass man S. 150/151 nicht

behandeln muss. Ebenso muss man das Wechselwirkungsprinzip dann nicht in der Kraft-Formulierung (S. 176–179) behandeln.
Der Impuls wird induktiv als Erhaltungsgröße bei Stößen eingeführt. Die Schülerinnen und Schüler lernen damit die wichtigste Eigenschaft des Impulses von Anfang an kennen. Erfahrungsgemäß bereitet ihnen das Vorgehen, insbesondere die Quantifizierung auch in der 7. Klasse keine Schwierigkeiten. Es werden inelastische Stöße behandelt, da man hier zwischen Impuls und Bewegungsenergie unterscheiden kann. Mit halbquantitativen Formulierungen (je-desto) bei der Abhängigkeit von Masse und Geschwindigkeit ist dies nicht möglich.
Im Abschnitt „Impuls und Fortbewegung" wird der Impuls als Vektorgröße eingeführt. Für die Schülerinnen und Schüler ist hier die Formulierung mit dem Impuls leichter als mit der Kraft und der für das Verständnis des Kraftbegriffs wichtige Wechselwirkungsaspekt wird „entzerrt" eingeführt.

Verwendung des Begriffs „Kraft"
Sprachlich behandelt das Buch den physikalischen Kraftbegriff wie einen „false friend" bei einer Fremdsprache. Im Text wird als ein fachlich zutreffenderer sprachlicher Anknüpfungspunkt der Begriff „Einwirkung" verwendet. Im ganzen Buch wird konsequent die Sprechweise „Ein Körper übt eine Kraft auf einen anderen Körper aus." verwendet. Dadurch ist man immer dazu gezwungen, die Wechselwirkungspartner zu nennen. Es ist hierbei nicht daran gedacht, den Schülerinnen und Schülern sprachlich enge Vorschriften zu machen, sondern ihnen ein Sprachvorbild zu geben. Wichtiger ist hier die Einsicht, dass ein anderer Körper zieht, drückt, tritt, …, wenn sich der Geschwindigkeitspfeil eines Körpers ändert.
Wenn von der „Kraft von Körper A" die Rede ist, übt Körper A die Kraft aus. Konsequenterweise heißt es „die Gewichtskraft von der Erde".

Einführung der Kraft
In „Kräfte ändern Bewegungen" wird jeweils nur eine Kraft auf einen Körper ausgeübt. Zunächst geschieht das durch Menschen, dann erst durch unbelebte Gegenstände – ein wesentlicher Abstraktionsschritt.
„Das Wechselwirkungsprinzip" stellt die Kraft qualitativ als Zwillingspaar bei Wechselwirkungen dar. Im Vordergrund steht, dass die zwei auf verschiedenen Körpern ausgeübten Kräfte gleichzeitig auftreten und entgegengesetzt gerichtet sind.
Bei „Wenn mehrere Kräfte im Spiel sind" werden Kräfte eindimensional addiert und die resultierende Kraft (insbesondere das Kräftegleichgewicht) eingeführt. Die resultierende Kraft wird dabei durch Aneinanderhängen der Kraftpfeile bestimmt. Zum einen können die Schülerinnen und Schüler so mit einem Konzept qualitativ und quantitativ argumentieren, zum anderen ist das Konzept für den mehrdimensionalen Fall anschlussfähig.

Vektorielle Größen
Als erste vektorielle Größe wird die Geschwindigkeit eingeführt. Das ist leichter als bei der Kraft, da der Körper und seine Bewegungsrichtung eindeutig sind. Dass ein Kraftpfeil immer an dem Körper beginnt, auf den sie ausgeübt wird, und nicht bei dem Körper, „von dem sie ausgeht", ist für Lernende schwierig.
Geschwindigkeits- und Kraftpfeile setzen immer im Schwerpunkt des Körpers an, da sich das Vorgehen auf die (Schwer-)Punkt-Mechanik beschränkt. Die Darstellung ist dadurch auch übersichtlicher, da eindeutig ist, auf welchen Körper die Kraft ausgeübt wird.

Kraftmessung durch Verformung
Bei der Kraftmessung durch Verformung wird im traditionellen Vorgehen das „Messen der Muskelkraft" thematisiert. Das ist aus mehreren Gründen problematisch: Für viele Schülerinnen und Schüler „hat man" Muskelkraft im Muskel, unabhängig von der Wirkung auf einen Kraftmesser. Das, was man spürt, ist zudem nicht die Kraft der Muskeln, sondern die Kraft, die z. B. ein Expander auf die Muskeln ausübt. Auch wird so getan, als ob ein Federkraftmesser eine einzelne Kraft messen würde. Er zeigt aber nur im Kräftegleichgewicht einen Kraftbetrag an, der leicht interpretierbar ist. Man denke an einen Kraftmesser im freien Fall! Die Verformung beim Federkraftmesser wird im Abschnitt „Wenn mehrere Kräfte im Spiel sind" behandelt. Dies kann mit dem Abschnitt „Kräfte und Verformungen" vertieft werden.

Kraft und Energie
Das Vorgehen setzt die Energieerhaltung voraus, orientiert sich aber sonst am traditionellen Vorgehen. Der Zusammenhang $m \cdot g \cdot h$ für die Lageenergie wird anhand der Berechnung von $F \cdot \Delta s$ beim Anheben eingeführt. Durch das Anheben von verschiedenen Höhen aus wird die Einführung des Nullniveaus als Bezugshöhe motiviert. Bei der mechanischen Leistung arbeiten wir mit dem Ergometer, da hier (anders als beim Radfahren) klar ist, dass Δs die Strecke ist, die die Füße zurücklegen.

Methoden
Die Methoden auf S. 156 und S. 190 fassen grundlegende Kompetenzen beim Auswerten von Messwerten mit Diagrammen zusammen.
S. 206 beschäftigt sich mit der Funktion des SI-Einheitensystems. Der Kraftbegriff dient als Beispiel für den Unterschied zwischen Alltags- und Fachsprache.

Blickpunkte

Die Blickpunkte beziehen das Gelernte auf den Straßenverkehr, technische Anwendungen und den menschlichen Körper. Die Doppelseite „Hebel und Gangschaltung" erlaubt die Behandlungen einer weiteren einfachen Maschine. Die Seite „Fachbegriffe entwickeln sich" beleuchtet die historische Entwicklung der Begriffe Impuls, Kraft und Energie.

Experimentelle Hinweise

S. 146 ff.: Punktspuren können leicht selbst aufgenommen (S. 147, S. 153) oder mithilfe von Videoanalysesoftware oder Stroboskopaufnahmen (z. B. Langzeitbelichtungen mit Blinklicht, Freeware-Programm LiveVideoStrobe) zur Verfügung gestellt werden.

S. 158 ff.: Viele Freihand-Experimente zur Trägheit behandeln den Fall, dass ein ruhender Körper nicht von allein anfängt, sich zu bewegen. Für den Kompetenzerwerb ist das nicht zielführend.

S. 163, Bild 02: Wenn das Experiment mit einer Rollenbahn durchgeführt wird, kann man leichter auf Vorschläge der Klasse eingehen.

Wenn die zweite Lichtschranke etwas höher montiert wird, sodass die (kürzere) grüne Fahne des stoßenden Wagens sie nicht auslöst, sondern nur die (längere) rote, hat man jeweils nur einen Messwert je Lichtschranke.

Wenn man alternativ mit Videoaufnahmen von Punktspuren arbeitet, kann man das Vorgehen mathematisch wesentlich entlasten.

S. 170: Es bietet sich an, entsprechende Experimente mit Hoover-Bällen oder Billard-Kugeln durchzuführen.

S. 193: Eine entsprechend lange Holzlatte (Baumarkt) kann man mit Bohrungen oder Nägeln so präparieren, dass sie leicht befestigt werden kann und Δs nicht immer neu ausgemessen werden muss. Eine maßstäbliche Verkleinerung ist natürlich auch möglich.

1 Körper in Bewegung

Einfache Bewegungen

Seite 147

1 Heute ist Lisa um 7.25 Uhr zuhause mit dem Rad losgefahren. Sie brauchte 12 Minuten für die 4 Kilometer zur Schule. Erkläre an diesem Beispiel den Unterschied

a) zwischen t und Δt,

b) zwischen s und Δs.

c) Finde eigene Beispiele, an denen du die beiden Unterschiede erklären kannst.

d) Berechne Lisas Geschwindigkeit in m/s.

a) t ist das Größensymbol für einen Zeitpunkt. Lisa fährt zum Zeitpunkt 7.25 Uhr los und kommt zum Zeitpunkt 7.37 Uhr an der Schule an. Mit Δt gibt man eine Zeitspanne an. Lisas Fahrt zur Schule dauert die Zeitspanne 12 Minuten.

b) s ist das Größensymbol für einen Ort. Lisa befindet sich anfangs am Ort „Zuhause" und später am Ort „Schule". Mit Δs gibt man die Strecke zwischen diesen beiden Orten an. Lisas Fahrt zur Schule geht über eine Strecke von 4 Kilometern.

c) Beispiel für den Unterschied zwischen t und Δt:

Zeitpunkt t: Beginn der Physikstunde 10.15 Uhr, Ende der Physikstunde 11.00 Uhr

Zeitspanne Δt: Dauer der Physikstunde 45 min

Beispiel für den Unterschied zwischen s und Δs:

Ort s: Startlinie beim 100-m-Lauf; Ziellinie beim 100-m-Lauf

Strecke Δs: 100 m vom Startlinie zur Ziellinie

d) Gegeben: Strecke $\Delta s = 4$ km, Zeitspanne $\Delta t = 12$ min

Gesucht: Geschwindigkeit v in m/s

$$v = \frac{\Delta s}{\Delta t} = \frac{4\text{ km}}{12\text{ min}} = \frac{4000\text{ m}}{720\text{ s}} \approx 5{,}6\,\frac{\text{m}}{\text{s}}.$$

Seite 148

1 Auf Landstraßen beträgt der Abstand zwischen zwei Leitpfosten 25 m. Wie kannst du damit die Geschwindigkeit eines Autos bestimmen, ohne auf den Tacho zu schauen? Beschreibe dein Vorgehen.

Man muss zusätzlich die Zeitspanne messen, die das Auto von Leitpfosten zu Leitpfosten benötigt. Für größere Genauigkeit kann man auch den zeitlichen Abstand zwischen 3 oder 4 Pfosten messen. Dazu stoppt man die Zeitspanne mit einer Armbanduhr mit Sekundenzeiger oder aber man zählt 21, 22, 23, … Anschließend dividiert man die Strecke durch die Zeitspanne.

Beispiel: Zeitspanne für 4 Leitpfosten: $\Delta t = 3$ s,

Strecke: $\Delta s = 3 \cdot 25\text{ m} = 75$ m

$$v = \frac{75\text{ m}}{3\text{ s}} = 25\,\frac{\text{m}}{\text{s}} = 90\,\frac{\text{km}}{\text{h}}.$$

2 Ein Polizist hält eine ältere Dame im Auto an: „Sie sind in der Stadt über 70 Kilometer in der Stunde gefahren!“ Da sagt die Dame: „Aber so lange bin ich doch noch gar nicht unterwegs!“ Überlege dir für den Polizisten eine freundliche Antwort, die die Sache physikalisch korrekt erklärt.

Ich meine ja nicht, dass Sie eine Stunde lang durch die Stadt gefahren sind. Sie sind aber mit einer Geschwindigkeit gefahren, bei der Sie in einer Stunde eine Strecke von 70 Kilometern zurückgelegt hätten.

Seite 149 (Material)

Material A – Bewegung eines Modellautos

A1 Beschreibe die Bewegung des Modellautos in Worten.

Bis zum 6. Punkt, also in der 1. Sekunde, werden die Abstände zwischen den Punkten immer größer. Das heißt, das Modellauto wird immer schneller. Danach sind die Abstände zwischen den Punkten nahezu gleich. Also fährt das Modellauto mit nahezu konstanter Geschwindigkeit weiter.

A2a) Erstelle eine Tabelle mit den Zeitpunkten und den zugehörigen Orten des Modellautos.

b) Berechne die jeweiligen Geschwindigkeiten des Modellautos.

a) **b)** $\Delta t = 0{,}20$ s

t in s	*s* in m	Δ*s* in m	*v* in m/s
0,00	0,0	–	0
		0,05	0,25
0,20	0,05		
		0,12	0,6
0,40	0,17		
		0,22	1,1
0,60	0,39		
		0,33	1,65
0,80	0,72		
		0,42	2,1
1,00	1,14		
		0,48	2,4
1,20	1,62		
		0,50	2,5
1,40	2,12		
		0,48	2,4
1,60	2,60		
		0,46	2,5
1,80	3,10	–	–

A3 Zeichne eine Punktspur für ein Auto,

a) das abbremst,

b) das während der gesamten Dauer die gleiche Geschwindigkeit wie im markierten Abschnitt hat.

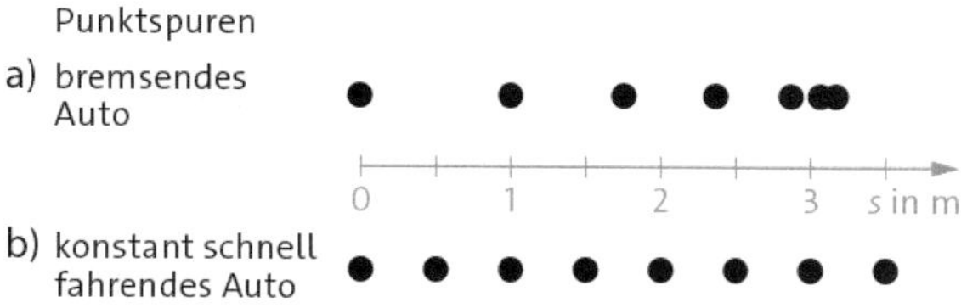

a) Der Abstand Δ*s* der Punkte nimmt ab.

b) Der Abstand Δ*s* der Punkte bleibt gleich.

Material B – Einheiten

B1a) Rechne die Werte in der Tabelle in m/s um und ordne sie.

b) Beschreibe, welchen Vorteil es hat, alle Werte in der gleichen Einheit anzugeben.

a)

Licht im Vakuum:	300 000 km/s = 300 000 000 m/s
Erde um Sonne:	30 km/s = 30 000 m/s
Schall in Luft:	1224 km/h = 1224 · 1/3,6 m/s = 340 m/s
Fußball:	100 km/h = 100 · 1/3,6 m/s = 27,8 m/s
Auto (Stadt):	50 km/h = 13,9 m/s
Mensch (Sprint):	12 m/s
Regentropfen:	9 m/s

b) Wenn man alle Werte in der gleichen Einheit angibt, dann kann man sie gut vergleichen und sieht leichter besonders große Unterschiede.

B2 Leon sagt: „Wenn ein Auto in 35 min 105 km weit fährt, dann ist es 105/35 = 3 m/s schnell.“

a) Korrigiere Leons Lösung.

b) Schreibe eine Erklärung für ihn.

a) $v = \frac{\Delta s}{\Delta t} = \frac{105\text{ km}}{35\text{ min}} = \frac{105000\text{ m}}{2100\text{ s}} = 50\,\frac{\text{m}}{\text{s}}\ (= 180\,\frac{\text{km}}{\text{h}}).$

b) Wenn du die Geschwindigkeit ausrechnest, darfst du nicht einfach nur die Zahlenwerte für Strecke und Zeitspanne durcheinander teilen. Damit du das richtige Ergebnis erhältst, muss du auf die Einheiten achten: Wenn du die Geschwindigkeit in Meter pro Sekunde haben möchtest, musst du auch die Strecke in Metern und die Zeitspanne in Sekunden angeben. Durch deinen Fehler hast du einen viel zu kleinen Wert für die Geschwindigkeit des Autos angegeben. Es wäre gerade mal so schnell wie ein gemütlicher Radfahrer!

B3 In den USA gibt man Geschwindigkeiten in „miles per hour" (mph) an.
a) Berechne, welche Strecke man in 10 s bei 60 mph zurücklegt.
b) Erkläre, warum Aufgabe a) leichter wäre, wenn die Geschwindigkeit in m/s angegeben wird.

a) Gegeben: $v = 60$ mph, $\Delta t = 10$ s
Gesucht: Strecke Δs nach 10 s
60 mph bedeuten: 60 miles per hour = 1 mile per minute = 1 mile per 60 seconds = $^1/_6$ mile per 10 seconds
Nach 10 s hat man eine Strecke von 1/6 Meile zurückgelegt.

b) Wenn man die Geschwindigkeit in m/s kennt, weiß man automatisch, welche Strecke man in einer Sekunde zurücklegt. In 10 s kommt man zehnmal so weit, was eine leichte Rechnung ist.

Material C – Was passiert, bevor es knallt?

Hinweis: Der Bremsweg im ▹Bild 04 wurde mit einer Bremsbeschleunigung von 5,0 m/s² berechnet, die als Minimalwert in der StVZO §41(4) verlangt wird.

C1 Wenn ein Autofahrer einen auf die Straße rollenden Ball bemerkt, dann benötigt er eine Reaktionszeit von etwa einer Sekunde, bis er anfängt zu bremsen. In dieser Zeit legt er den Reaktionsweg ungebremst zurück. Bis zum Stillstand legt er dann den Bremsweg zurück (▹Bild 03).
a) Berechne den Reaktionsweg für 30 km/h, 50 km/h und 70 km/h.
b) Beschreibe, wie sich der Reaktionsweg bei doppelter (dreifacher) Geschwindigkeit verändert.

a) Reaktionsweg für

$30\,\frac{\text{km}}{\text{h}}$: $\Delta s = 30\,\frac{\text{km}}{\text{h}} \cdot 1\text{ s} \approx 8\,\frac{\text{m}}{\text{s}} \cdot 1\text{ s} = 8\text{ m}$

$50\,\frac{\text{km}}{\text{h}}$: $\Delta s = 50\,\frac{\text{km}}{\text{h}} \cdot 1\text{ s} \approx 14\,\frac{\text{m}}{\text{s}} \cdot 1\text{ s} = 14\text{ m}$

$70\,\frac{\text{km}}{\text{h}}$: $\Delta s = 70\,\frac{\text{km}}{\text{h}} \cdot 1\text{ s} \approx 19\,\frac{\text{m}}{\text{s}} \cdot 1\text{ s} = 19\text{ m}$

b) Wenn sich die Geschwindigkeit verdoppelt (verdreifacht), dann verdoppelt (verdreifacht) sich auch der Reaktionsweg, da Geschwindigkeit und Reaktionsweg proportional zueinander sind.

C2 ▹Bild 04 zeigt, wie sich der Bremsweg *b* mit der Geschwindigkeit *v* ändert.
a) Lies den Bremsweg für 30 km/h, 50 km/h und 70 km/h ab.
b) Beschreibe, wie sich der Bremsweg bei doppelter (dreifacher) Geschwindigkeit verändert.

a) Bremsweg für

$30\,\frac{\text{km}}{\text{h}}$: $b = 7$ m

$50\,\frac{\text{km}}{\text{h}}$: $b = 19$ m

$70\,\frac{\text{km}}{\text{h}}$: $b = 38$ m

b) Der Bremsweg wächst viel schneller als der Reaktionsweg: Bei doppelter (dreifacher) Geschwindigkeit ist b viermal (neunmal) so groß. Das kann man im Diagramm ablesen.

C3 Der Anhalteweg setzt sich aus Reaktions- und Bremsweg zusammen (▹Bild 03).
a) Bestimme den Anhalteweg für 30 km/h, 50 km/h und 70 km/h.
b) Ein Auto fährt in einer Tempo-30-Zone statt mit 30 km/h mit 40 km/h. Bestimme, um wie viel sich der Anhalteweg dadurch verlängert.

a) Anhalteweg für

$30\,\frac{\text{km}}{\text{h}}$: 8 m + 7 m = 15 m

$50\,\frac{\text{km}}{\text{h}}$: 14 m + 19 m= 33 m

$70\,\frac{\text{km}}{\text{h}}$: 19 m + 38 m = 57 m

b) Reaktionsweg für 40 km/h:
40 km/h ≈ 11 m/s, also $\Delta s = 11$ m
Bremsweg für 40 km/h: $b = 12$ m
Anhalteweg für 40 km/h: 11 m + 12 m = 23 m
Der Anhalteweg ist bei 40 km/h 8 m länger als bei 30 km/h.

Die Geschwindigkeit hat eine Richtung

Seite 151

1 Im ▹Bild 04 fährt eine Lokomotive mit konstantem Geschwindigkeitsbetrag. Tim hat Geschwindigkeitspfeile eingezeichnet.
a) Gib an, wo ihm Fehler unterlaufen sind.
b) Finde jeweils eine mögliche Erklärung für Tims Fehler.
c) Erstelle eine korrigierte Zeichnung in deinem Heft.

a) Die Geschwindigkeitspfeile bei C bis G zeigen nicht in Bewegungsrichtung. Der Geschwindigkeitspfeil bei A und G ist zu lang.

b) Die Geschwindigkeitspfeile C bis G zeigen mehr oder weniger „um die Kurve". Vielleicht wollte Tim das berücksichtigen.
Der Abstand zwischen G und A ist größer. Vielleicht hat Tim gedacht, dass die Lok in der gleichen Zeitspanne wie zwischen den anderen Aufnahmen von G nach A fährt, obwohl in der Aufgabe steht, dass sich der Geschwindigkeitsbetrag nicht ändert. Bei A hat Tim sich vielleicht nur vertan.

c)

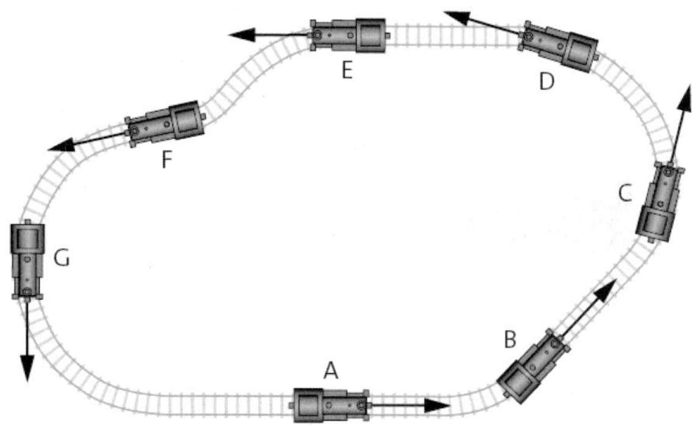

2 Übernimm ▹Bild 05 in dein Heft. Zeichne drei weitere Geschwindigkeitspfeile ein.

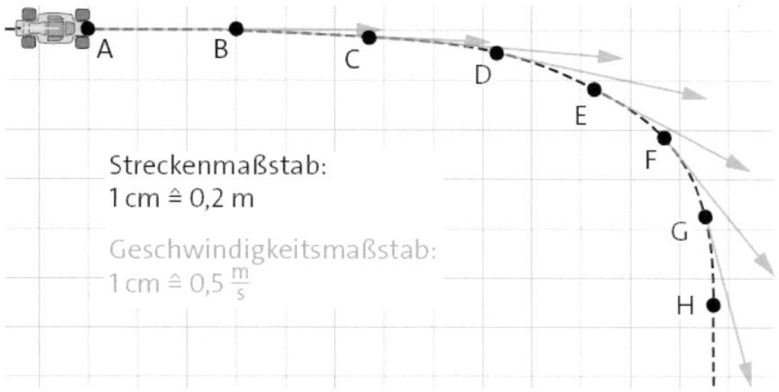

Seite 152

1a) Skizziere für folgende Bewegungen jeweils eine Punktspur:
- **100-m-Lauf,**
- **eine Runde im Stadion,**
- **ein Auto fährt gleichmäßig geradeaus,**
- **du auf dem Weg von zuhause zur Schule,**
- **ein Pendel schwingt hin und her.**

b) Beschreibe anhand der Punktspuren Gemeinsamkeiten und Unterschiede der Bewegungen aus a). Gehe dabei auf Bewegungsrichtung und Geschwindigkeitsbetrag ein.
c) Entscheide, welche Bewegungen aus a) beschleunigt sind. Erkläre jeweils anhand des Geschwindigkeitspfeils.

a)

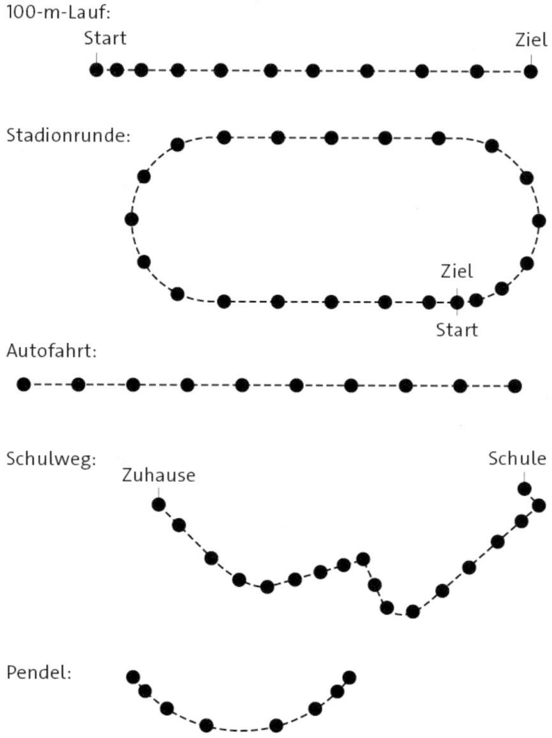

b) Der 100-m-Lauf und die Autofahrt sind geradlinige Bewegungen, d. h. die Bewegungsrichtung ändert sich nicht. Teile der Stadionrunde sind geradlinig und (wahrscheinlich) auch Teile des Schulwegs. Das Pendel ändert seine Bewegungsrichtung ständig.
Nur bei der Autofahrt ändert sich der Geschwindigkeitsbetrag gar nicht. Beim 100-m-Lauf und der Stadionrunde ist der Geschwindigkeitsbetrag nach einer Beschleunigung am Anfang näherungsweise konstant. Beim Schulweg gibt es (wahrscheinlich) Abschnitte, in denen sich der Geschwindigkeitsbetrag nicht ändert. Beim Pendel ändert sich der Geschwindigkeitsbetrag ständig.
c) Alle Bewegungen außer der Autofahrt sind beschleunigt, da sich nur bei der Autofahrt der Geschwindigkeitspfeil (Betrag und Richtung) nicht ändert. Allerdings gibt es bei allen anderen Bewegungen außer der Pendelschwingung Abschnitte, in denen sich der Geschwindigkeitspfeil nicht ändert und die daher in diesen Abschnitten auch nicht beschleunigt sind.

2 Finde Beispiele für folgende Bewegungen. Begründe jeweils, warum dein Beispiel die Bedingung erfüllt:
a) eine geradlinige, beschleunigte Bewegung,
b) eine nicht geradlinige Bewegung mit konstantem Geschwindigkeitsbetrag,
c) eine Bewegung mit konstanter Geschwindigkeit.
a) 100-m-Lauf, ausrollender Fußball, Auto bei einer Notbremsung: Die Bewegungsrichtung ändert sich nicht, aber der Geschwindigkeitsbetrag.

b) Modelleisenbahn fährt im Kreis, Auto fährt auf einer ebenen, nicht zur kurvigen Landstraße: Der Geschwindigkeitsbetrag ändert sich nicht, aber die Bewegungsrichtung.
c) Fahrrad oder Auto fährt mit konstanter Geschwindigkeit geradeaus; Puck beim Airhockey oder Eishockey: Der Geschwindigkeitsbetrag und die Bewegungsrichtung ändern sich nicht.

Seite 153 (Material)

Versuche – Punktspuren und Geschwindigkeitspfeile selbst erstellen

Hinweise: Metronom-Apps gibt es für alle Smartphone-Betriebssysteme, sodass die Versuche als Heimversuche geeignet sind. Im Unterricht ist es günstiger, zentral ein Metronom aufzustellen.

V1 Bergab!
a) und **c)** Beispiel:

***t* in s**	0		1,0		2,0		3,0		4,0		5,0
***s* in m**	0		0,15		0,37		0,68		1,03		1,35
Δ*s* in m	–	0,15		0,22		0,31		0,34		0,33	–
***v* in m/s**	0	0,15		0,22		0,31		0,34		0,33	–

c), d)

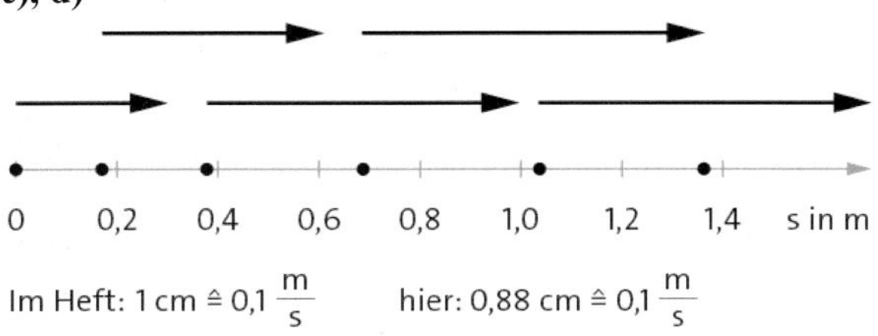

V2 Um die Kurve!
a), b) Siehe S. 153, ▷Bild zu V2.
c), d) Siehe Beispiel in V1.

Material A – Auf dem Pausenhof

A1 Benenne jeweils die Schülerinnen und Schüler, die …
a) … die gleiche Bewegungsrichtung haben,
b) … den gleichen Geschwindigkeitsbetrag haben,
c) … die gleiche Geschwindigkeit haben.
a) Die gleiche Bewegungsrichtung haben:
- Max, Leon, Marie und Lisa
- Ben und Tom
- Paul, Senay und Dilay
- Lena und Anna stehen

b) Den gleichen Geschwindigkeitsbetrag haben:
- Marie und Lisa
- Leon und Max
- Jayce, Dilay und Senay
- Lena und Anna

c) Die gleiche Geschwindigkeit haben:
- Marie und Lisa
- Leon und Max
- Dilay und Senay
- Lena und Anna

A2a) Mia sagt: „Ben, Dilay und Jayce bewegen sich in die gleiche Richtung." Stimmt das? Begründe deine Antwort.
b) Warum bewegen sich Ben, Dilay und Jayce so? Schreibe eine kurze Geschichte.
c) Schreibe eine (oder mehrere) Geschichte(n), die zu den anderen Geschwindigkeitspfeilen passen.
a) Im Alltag benutzt man „Richtung" manchmal im Sinne von Bewegungsrichtung (wie in der Physik) und manchmal im Sinne von „Ziel der Bewegung": Ben, Dilay und Jayce haben alle das gleiche Ziel – nämlich Lena. Dabei haben alle drei aber unterschiedliche Bewegungsrichtungen.
b) Beispiel: In der Physikstunde direkt vor der Pause hat Lena ein Referat gehalten. Ihre Freunde Ben, Dilay und Jayce besuchen andere Klassen und gehen in der Pause zu ihr, um zu fragen, wie es war.
c) Beispiele: Paul, Tom, Max und Leon spielen Fangen. Leon ist der Fänger, die anderen rennen vor ihm davon. Paul ist besonders schnell, Tom etwas langsamer.
Anna schaut den Jungen beim Fangen zu. Senay hat Anna entdeckt und geht zu ihr, um sie etwas zu fragen.
Marie und Lisa sind beste Freundinnen. Sie schlendern gemütlich über den Pausenhof und unterhalten sich.

Bewegungen im *s*-*t*-Diagramm

Seite 155

1 Skizziere jeweils eine Punktspur und ein *s*-*t*-Diagramm für folgende Bewegungen:
a) Die Lok fährt vorwärts und direkt anschließend schneller zurück zum Start.
b) Die Lok fährt, bleibt stehen und fährt mit doppelter Geschwindigkeit weiter.
a)

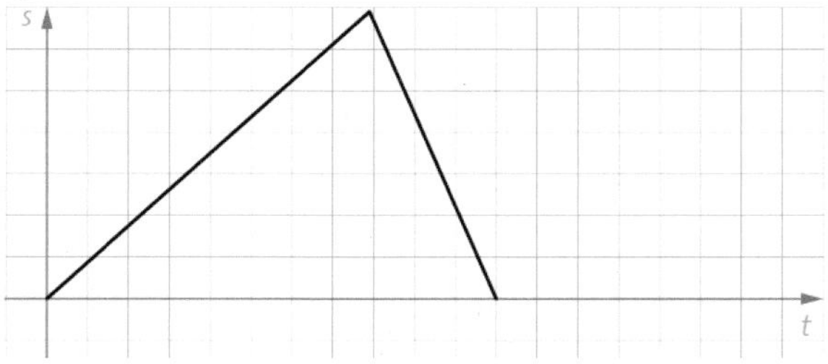

b)

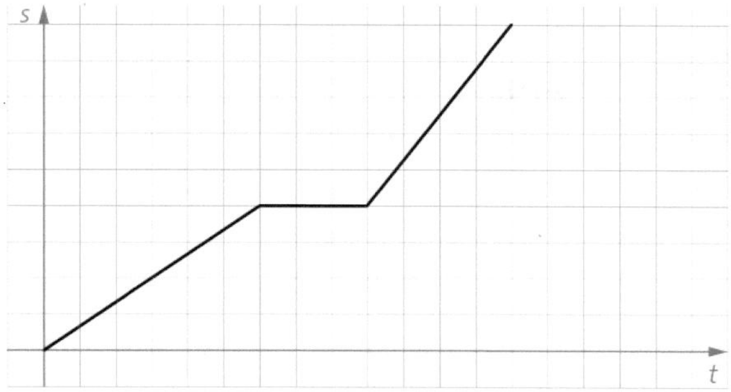

2a) Beschreibe Kims Geschwindigkeitspfeil bei seinem Sprung.
b) Beschreibe, woran man die Richtung des Pfeils im *s*-*t*-Diagramm erkennt.

a) Wenn Kim sich nach oben bewegt, zeigt sein Geschwindigkeitspfeil nach oben. Solange er vom Gummi des Trampolins beschleunigt wird, wird sein Geschwindigkeitspfeil länger. Sobald Kim in der Luft ist, wird der Pfeil kürzer, bis er oben auf null geschrumpft ist. Wenn Kim sich dann nach unten bewegt, zeigt der Geschwindigkeitspfeil nach unten und wird immer länger, bis Kim durch das Trampolin abgebremst wird. Beim Abbremsen wird der Pfeil immer kürzer, bis er ganz unten wieder auf null geschrumpft is.

b) Wenn die Kurve in Kims *s*-*t*-Diagramm fällt, zeigt der Geschwindigkeitspfeil nach unten; wenn sie steigt, zeigt der Pfeil nach oben.

Seite 156

1 Zwei ferngesteuerte Autos fahren ein Rennen. Ort und Zeit werden für beide auf einem geraden Streckenabschnitt gemessen:

t in s	0	1,0	2,0	3,0	4,0
s in m	0	0,3	0,7	1,7	3,3
s in m	0,2	0,7	1,1	1,4	1,9

a) Erstelle ein gemeinsames *s*-*t*-Diagramm.
b) Zeichne für jedes Auto eine Ausgleichskurve oder eine Ausgleichsgerade. Begründe deine Entscheidung.
c) Ein Auto überholt das andere. Erkläre, wann und wo das passiert.
d) Im *s*-*t*-Diagramm kann man erkennen, welches Auto schneller ist. Erkläre.
e) Ein Auto fährt mit konstanter Geschwindigkeit. Bestimme dessen Geschwindigkeit.

a)

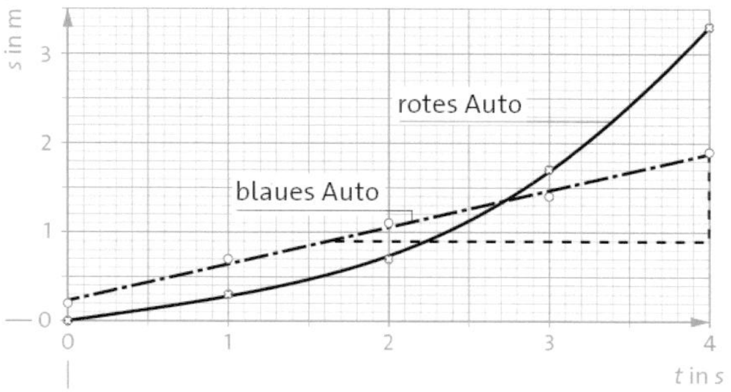

b) Zeichnung s. a)
Ausgleichskurve beim „roten" Auto:
Die Messwerte liegen näherungsweise auf einer glatten Kurve.
Ausgleichsgerade beim „blauen" Auto:
Die Messwerte liegen näherungsweise auf einer Geraden.

c) Das „rote" Auto überholt das „blaue" Auto nach etwa 2,7 s etwa 1,4 m vom Startpunkt entfernt.
Das kann man aus dem *s*-*t*-Diagramm mithilfe der Ausgleichsgeraden bzw. -kurve ablesen: Bis zum Zeitpunkt 2,7 s befindet sich das „rote" Auto näher am Startpunkt als das „blaue". Seine *s*-Werte sind bis dahin kleiner. Wenn die Kurve und die Gerade sich schneiden, befinden sich die Autos am selben Ort, d. h. sie fahren nebeneinander. Ab dann ist das „rote" Auto weiter vom Startpunkt entfernt als das „blaue".

d) Je größer der Geschwindigkeitsbetrag ist, desto steiler ist die Kurve (oder die Gerade) im *s*-*t*-Diagramm. Bis zu etwa 1,5 s ist das „blaue" Auto noch schneller als das „rote", danach ist das „rote" schneller.

e) Die Geschwindigkeit des „blauen" Autos ändert sich nicht: Die Steigung der Ausgleichsgeraden ist konstant. Mit einem Steigungsdreieck (Bsp. s. a)) bestimmt man:

$$v = \frac{\Delta s}{\Delta t} \approx \frac{1{,}0\ \text{m}}{2{,}4\ \text{s}} \approx 0{,}4\ \frac{\text{m}}{\text{s}}.$$

Seite 157 (Material)

Material A – Geschwindigkeit, Strecke und Zeitspanne

A1 Ein ICE braucht 35 Minuten von Mannheim nach Stuttgart (107 km). Bestimme seine Durchschnittsgeschwindigkeit.

Gegeben: Zeitspanne Δt: 35 min = 2100 s, zurückgelegte Strecke Δs = 107 km = 107 000 m
Gesucht: Geschwindigkeit v

$$v = \frac{\Delta s}{\Delta t} = \frac{107\,000\ \text{m}}{2100\ \text{s}} \approx 51\ \frac{\text{m}}{\text{s}}\ (\approx 183\ \text{km/h}).$$

A2 Beim Cooper-Test im Sportunterricht muss man 12 Minuten lang laufen. Tim läuft gleichmäßig mit 4 m/s. Ermittle die zurückgelegte Strecke.

Gegeben: Zeitspanne: Δt = 12 min = 12 · 60 s = 720 s, Geschwindigkeit: v = 4 m/s

Gesucht: zurückgelegte Strecke Δs

$$\Delta s = v \cdot \Delta t = 4\,\frac{\text{m}}{\text{s}} \cdot 720\,\text{s} = 2880\,\text{m}.$$

A3 Paula fährt auf dem 4 km langen Schulweg mit dem Rad durchschnittlich 7 m/s. Berechne, wie lange sie unterwegs ist.

Gegeben: Strecke: Δs = 4 km = 4000 m, Geschwindigkeit: v = 7 m/s.

Gesucht: Zeitspanne Δt.

$$\Delta t = \frac{\Delta s}{v} = \frac{4000\,\text{m}}{7\,\frac{\text{m}}{\text{s}}} = \frac{4000}{7\,\text{s}} \approx 570\,\text{s} = 9\,\text{min}\ 30\,\text{s}.$$

A4 Herr Meyer fährt einen Teil seines Arbeitsweges über die Autobahn. Normalerweise fährt er mit 100 km/h. Auf dem Hinweg konnte er heute nur 80 km/h fahren. Er sagt: „Ich fahre heute mit 120 km/h zurück. So habe ich die Zeit wieder eingespart!“ Stimmt das? Bewerte die Aussage.

Nein, Herrn Meyers Aussage ist falsch:

Da Herr Meyer nur mit 4/5 der „normalen“ Geschwindigkeit hingefahren ist, benötigt er für die gleiche Strecke 5/4 der „normalen“ Fahrzeit.

Auf dem Rückweg dürfte er also nur noch 3/4 der Fahrzeit benötigen. Dafür müsste er mit 4/3 der normalen Geschwindigkeit fahren, das heißt mit 133 km/h. Die geplanten 120 km/h sind also zu langsam.

A5 Informiere dich: Erkläre den Begriff „Lichtjahr“. Wie lange ist das Licht von der Sonne zur Erde unterwegs?

Der Begriff „Lichtjahr“ beschreibt eine Strecke. Und zwar ist damit die Strecke gemeint, die das Licht in einem Jahr zurücklegt.

Die Entfernung Erde – Sonne beträgt 150 000 000 km.

Das Licht breitet sich mit einer Geschwindigkeit von 300 000 km/s aus. Damit ergibt sich für die Zeitspanne, die das Licht von der Sonne zur Erde braucht:

$$\Delta t = \frac{\Delta s}{v} = \frac{150\,000\,000\,\text{km}}{300\,000\,\text{km/s}} = 500\,\text{s} \approx 8{,}3\,\text{min}.$$

Material B – Laufen im *s*-*t*-Diagramm

B1 Im Lauftraining soll Leon 60 m mit konstanter Geschwindigkeit laufen. Bei einem Lauf wurden Messwerte aufgenommen (▹Tabelle).

a) Stelle die Messwerte in einem *s*-*t*-Diagramm dar.

b) Ist Leon mit konstanter Geschwindigkeit gelaufen? Bewerte. Argumentiere mit dem Diagramm.

c) Um die Frage aus b) zu beantworten, könnte man auch die Geschwindigkeit in den einzelnen Abschnitten berechnen. Welche Methode findest du einfacher? Begründe deine Entscheidung.

a)

b) In der Zeitspanne von 1,3 s bis 5,1 s (also über 40 m) ist Leon mit konstanter Geschwindigkeit gelaufen. Am Anfang und am Ende war er langsamer. Im *s*-*t*-Diagramm liegen alle Messwerte außer dem ersten und dem letzten näherungsweise auf einer Geraden, d. h. die Steigung der „Kurve“ und damit die Geschwindigkeit bleiben hier konstant. Die kleinen Abweichungen sind vernachlässigbar.

c) Argumente für das Vorgehen wie bei b):

- Es gibt keine aufwendigen Rechnungen (hier: sechsmal Geschwindigkeit berechnen).
- Die Messungenauigkeit führt auch bei konstanter Geschwindigkeit zu unterschiedlichen Werten beim Rechnen, sodass man entscheiden muss, ob die Werte nur deswegen unterschiedlich sind oder tatsächlich.
- Man sieht im *s*-*t*-Diagramm alle Messwerte besser auf einmal im Überblick als nur mit der Tabelle.
- Man kann mit der Ausgleichsgeraden leicht entscheiden, ob die Geschwindigkeit näherungsweise konstant ist oder nicht.

Argumente für das Vorgehen mit Rechnung:

- Man muss kein *s*-*t*-Diagramm erstellen.
- Man muss nicht wissen, wie das mit einer Ausgleichsgerade funktioniert.

B2 Nimm in deiner Klasse selbst einen Lauf mit möglichst konstanter Geschwindigkeit auf. Stelle deine Messwerte in einem *s*-*t*-Diagramm dar und bewerte deine Ergebnisse.

Schüleraktivität

Material C – *s*-*t*-Diagramme erzählen Geschichten

C1 Sina kommt außer Atem in die Schule: „Das war knapp!“, sagt sie. „Ich bin ganz normal zuhause losgelaufen. Aber als ich an der Fußgängerampel stand, ist mir aufgefallen, dass ich meine Turnschuhe vergessen hatte. Da bin ich schnell nach Hause gerannt und habe sie geholt. Dann musste ich mich aber beeilen!“ Sinas Geschichte kann man in einem *s*-*t*-Diagramm darstellen (▹Bild 05). Vereinfachend nimmt man dabei an, dass sie geradlinig mit konstanter Geschwindigkeit gelaufen ist.

a) Beschreibe, woran man im Diagramm erkennt, wann Sina langsamer und wann sie schneller war.

b) War die Ampel grün, als Sina wieder an ihr vorbeikam?
c) Bestimme den Geschwindigkeitsbetrag in den einzelnen Abschnitten.
d) Wie viele Minuten vor Schulbeginn kommt Sina an einem normalen Tag in der Schule an?
a) Je steiler die Geradenabschnitte steigen oder fallen, desto größer ist Sinas Geschwindigkeitsbetrag. Bei waagerechten Abschnitten ist die Geschwindigkeit 0 m/s.
b) Ja, die Fußgängerampel war grün. Man erkennt das daran, dass nach dem Rückweg auf dem Weg zur Schule kein horizontaler Verlauf des Diagramms vorkommt.

c) Weg zur Ampel: $v = \frac{\Delta s}{\Delta t} = \frac{400\,\text{m}}{400\,\text{s}} = 1{,}0\,\frac{\text{m}}{\text{s}}$.

Ampel: $v = 0\,\text{m/s}$, da $\Delta s = 0\,\text{m}$.

Rückweg: $v = \frac{\Delta s}{\Delta t} = \frac{400\,\text{m}}{200\,\text{s}} = 2{,}0\,\frac{\text{m}}{\text{s}}$.

Weg zur Schule: $v = \frac{\Delta s}{\Delta t} = \frac{1000\,\text{m}}{400\,\text{s}} = 2{,}5\,\frac{\text{m}}{\text{s}}$.

Schule: $v = 0\,\frac{\text{m}}{\text{s}}$, da $\Delta s = 0\,\text{m}$.

d) Normalerweise geht Sina die 1000 m Schulweg (s. Diagramm) mit 1,0 m/s (s. c)). Also braucht Sina normalerweise 1000 s. Sie kommt also nur 50 s vorher an.

C2 Das *s*-*t*-Diagramm im ▹Bild 06 beschreibt eine Begebenheit im Stadtpark. Was ist geschehen? Schreibe eine passende Geschichte.
Die Großmutter spaziert ganz gemütlich durch den Stadtpark. Handtaschen-Paule nähert sich zügig der Großmutter. Er geht dann einen kurzen Moment neben ihr her, entwendet ihre Handtasche und läuft in die Richtung zurück, aus der er gekommen war. Zufällig nähert sich zur gleichen Zeit ein Polizist dem Geschehen. Er beobachtet den Diebstahl und läuft Handtaschen-Paule hinterher. Nach kurzer Zeit hat er ihn eingeholt und kehrt mit ihm und der Handtasche etwas langsamer zur Großmutter zurück. Als sie sie erreichen, bekommt die Großmutter ihre Handtasche wieder.

Bewegung ohne Antrieb?

Seite 159

1 Du stehst ohne dich festzuhalten im Bus.
a) Der Bus beschleunigt,
b) er fährt eine Rechtskurve.
Beschreibe, was mit dir passiert.
a) Man meint, man würde nach hinten umkippen, von außen betrachtet passiert aber Folgendes: Die Füße werden mit dem Bus nach vorne bewegt, während der übrige Körper zunächst an Ort und Stelle bleibt.
b) Man meint, man würde nach links fallen, von außen betrachtet passiert aber Folgendes: Die Füße bewegen sich mit dem Bus mit, während der übrige Körper weiter geradeaus fährt.

2 Lege eine Kugel in die Mitte eines glatten Tabletts und laufe damit durch deine Wohnung. Die Kugel soll dabei in der Mitte bleiben. Bei manchen Bewegungen ist das besonders schwierig. Beschreibe und erkläre.
Beim Schneller- und Langsamerwerden und bei Richtungswechseln verharrt die Kugel in ihrer ursprünglichen Bewegung und bleibt nicht mehr in der Mitte des Tabletts. Da die Reibung zwischen Kugel und Tablett sehr klein ist, gibt es keine Einwirkung auf die Kugel, die ihre Bewegung ändert.

3 Ein Hammerkopf lockert sich mit der Zeit. Wenn man den Hammerstiel mit dem unteren Ende auf den Boden stößt, sitzt er wieder fest (▹Bild 05). Erkläre.
Die Reibung zwischen dem Hammerkopf und dem Stiel ist relativ gering. Wenn die Bewegung des Hammerstiels abrupt gebremst wird, dann fehlt eine entsprechende Einwirkung auf den Hammerkopf. Er bewegt sich weiter nach unten bis er aufgrund von Reibung schließlich doch abgebremst wird.

4 Bis zum nächsten Stern Alpha Centauri sind es fünf Lichtjahre. Wann würde Voyager 1 dort ankommen? (1 Lichtjahr = 10^{16} Meter)
Gegeben: $v = 17\,000$ m/s, Strecke: $\Delta s = 5 \cdot 10^{16}$ m
Gesucht: benötigte Zeitspanne: Δt

$$\Delta t = \frac{\Delta s}{v} = \frac{5 \cdot 10^{16}\,\text{m}}{17\,000\,\frac{\text{m}}{\text{s}}} = 2{,}9 \cdot 10^{12}\,\text{s}.$$

Ein Jahr hat $365 \cdot 24 \cdot 60 \cdot 60\,\text{s} = 31\,536\,000\,\text{s}$. Damit beträgt die Zeitspanne $\Delta t \approx 93\,000\,\text{a}$.

Seite 160

1 Für Fahrzeuge mit einer Masse über 7,5 t liegt die erlaubte Höchstgeschwindigkeit auf Autobahnen bei 80 km/h. Erkläre.
Je größer die Masse des Fahrzeugs ist, desto schwieriger ist es, das Fahrzeug abzubremsen. Die Geschwindigkeit wird begrenzt, damit der Bremsweg nicht zu lang wird.

2 Die Kugeln beim Kegeln sind schwer. Eigentlich könnte man mit leichteren Kugeln doch wesentlich einfacher spielen – oder?
Die schweren Kugeln treffen fast ungebremst auf die leichten Kegel. Die schwere Kugel wird beim Aufprall durch die Kegel kaum abgebremst oder abgelenkt. Schließlich sollen ja die Kegel umfallen. Eine leichte Kugel könnte man zwar einfacher auf die gleiche Geschwindigkeit bringen, aber sie würde durch die Kegel leichter abgebremst und abgelenkt.

Seite 161 (Material)

Versuche – Mit einem Modellauto unterwegs

Hinweise: Die Versuche sollen anknüpfungsfähige Vorerfahrungen bereitstellen und eignen sich daher (auch als Heimversuche) zur Vorbereitung des Themas.
Die Versuche lassen sich mit Holzklötzen statt Figuren oder Spielzeug- statt Fahrbahnwagen durchführen.

V1
a) Schüleraktivität
b) Mögliche Beobachtungen:
- Fahrt gegen das Hindernis: Die Figur rutscht geradeaus weiter vorne vom Wagen herunter und wird erst auf dem Hindernis durch die Reibung abgebremst.
- Plötzliche Beschleunigung: Die Figur bleibt an Ort und Stelle und fällt deswegen hinten vom Wagen.
- Kurvenfahrt: Die Figur macht die Kurve nicht mit, bewegt sich geradeaus weiter und fällt deswegen seitlich vom Wagen.

In allen drei Fällen behält die Figur ihre Geschwindigkeit und ihre Bewegungsrichtung bei.

V2
a) Man kann die Figur z. B. mit einem Gummiband am Wagen befestigen. Wichtig ist, dass die Figur sicher mit dem Wagen verbunden wird, ohne dass die Beweglichkeit des Wagens eingeschränkt wird oder das Ganze zu schwer wird. Nur durch die Befestigung wirkt der Wagen auf die Figur ein. Ohne Befestigung kann er die Bewegung der Figur nicht beeinflussen.
b) Situationen im Straßenverkehr:
- Fahrt gegen das Hindernis: Fahrrad fährt gegen einen zu hohen Bordstein; Auffahrunfall vom aufprallenden Auto aus gesehen; plötzliches starkes Abbremsen
- Plötzliche Beschleunigung: Auffahrunfall vom vorher stehenden Auto aus gesehen; man steht im Bus und dieser fährt plötzlich los.
- Kurvenfahrt: In einer engen Kurve wird man im Auto scheinbar nach außen gedrückt. Eigentlich wird man von der auf der Kurvenaußenseite liegenden Sitzbegrenzung und dem Gurt um die Kurve gedrückt.
  Wenn man in einer Kurve auf ein vereistes Stück kommt, rutscht man geradeaus weiter.

Material A – Kugelbahn

Hinweise: Die Methode „think-pair-share“ ist beim Thematisieren von typischen Fehlvorstellungen so wie hier sinnvoll. Es bietet sich an, die Entscheidung durch einen (evtl. von Schülern geplanten) Versuch treffen zu lassen.

A1 Was denkst du? Schreibe zu jeder Aussage einen kurzen Kommentar.
- Anna sagt, die Kugel „will“ von sich aus etwas. Das stimmt nicht, weil kein Gegenstand einen Willen hat. Solange die Kugel durch die Bahn rollt, wird sie von der Außenseite der Bahn um die Kurve gedrückt. Von alleine würde sie geradeaus rollen.
- Ben hat recht. Nachdem die Kugel die Bahn verlassen hat, wirkt praktisch kein Körper mehr auf sie ein – außer der Boden durch die Reibung.
- Wie Cara es sich vorstellt, müsste die Kugel sich nach dem Verlassen der Bahn daran erinnern, dass sie sich zuvor im Kreis bewegt hat. Die Kugel hat aber kein Gedächtnis.

Material B – Crash-Test

Hinweis: Möglichkeit zur Differenzierung: B1 ist leichter als B2, behandelt aber ähnliche Inhalte.

B1a) Beschreibe die Bewegung von Hund und Crash-Test-Dummy.
b) Lisa sagt: „Der Hund wurde nach vorne geschleudert und dabei schneller.“ Hat Lisa recht? Nimm Stellung. Argumentiere mithilfe der Bilder.
a) Der Hund fliegt ungebremst von hinten nach vorne durch das Testauto.
Der Crash-Test-Dummy ist durch den Gurt und den Sitz mit dem Testauto verbunden. Dadurch macht er die Bremsbewegung des Autos mit. Allerdings werden dabei sein Kopf und seine Arme nach vorne geschleudert, weil sie nicht direkt mit dem Gurt verbunden sind.
b) Vom Auto aus gesehen, bewegt sich der Hund nach vorne, von außen betrachtet behält er seine Bewegung bei und nur das Auto wird abgebremst. Die Fotos zeigen, dass der Hund in der gleichen Zeitspanne immer die gleiche Strecke zurücklegt, d. h. er wird nicht schneller, sondern seine Geschwindigkeit bleibt konstant.

B2 Die schwarzen Streifen unten sind jeweils 5,0 cm breit.
a) Bestimme die Geschwindigkeit des Hundes.
b) Berechne, wie lange der Hund bei 30 km/h bräuchte, um so wie hier bis zur Windschutzscheibe zu fliegen.
c) Könntest du dich bei so einem Aufprall ohne Gurt nur mit den Armen abstützen? Was glaubst du? Begründe deine Vermutung.

a)

Ort im Bild in cm	s in m	Δs in m	v in m/s
0,2	0,13	–	–
		0,56	28
1,1	0,69		
		0,56	28
2,0	1,25		
		0,56	28
2,9	1,81		
		0,19	9
3,2	2,00	–	–

Die Geschwindigkeit bleibt tatsächlich konstant.

b) $\Delta s = 1{,}6$ m (anhand der Streifen), $v = 30$ km/h $\approx$ 8,3 m/s

$$\Delta t = \frac{\Delta s}{v} = \frac{1{,}6\text{ m}}{8{,}3\frac{\text{m}}{\text{s}}} \approx 0{,}19\text{ s}$$

c) Es ist praktisch unmöglich, sich abzustützen, weil die Zeitspanne so klein ist, dass man nicht reagieren kann. Zudem ist die Masse des eigenen Körpers viel zu groß, um sich abstützen zu können.

B3a) Für den Crash-Test hat man extra Eisenstücke mit über 20 kg in den Hund eingenäht. Erkläre, warum man diese Mühe auf sich genommen hat.
b) Überlege dir, wie man einen Hund sicherer im Auto transportieren kann.

a) In Wirklichkeit hat ein Hund auch eine Masse von über 20 kg. Damit der Test realistisch ist, muss man die Eisenstücke einnähen. Ohne die Eisenstücke wäre der Stoffhund viel zu leicht, sodass er z. B. von den Rückenlehnen der Vordersitze schon aufgehalten würde.

b) Ein Hund sollte immer in einem Transportbehälter für Hunde transportiert werden, damit er an dem vorgesehenen Platz bleibt. Der Behälter sollte fest mit dem Auto verbunden sein. Bei einem Kombi oder Van am besten mit Gurten im Kofferraum direkt hinter der Rückbank, sodass der Behälter beim Bremsen nicht erst vorrutscht.

Der Impuls

Seite 163 (Vertiefung)

1a) Berechne den Impuls eines Autos (1,5 t) und eines Lasters (40 t) im Stadtverkehr und auf der Autobahn.
b) Berechne deinen Impuls, wenn du zu Fuß oder mit dem Rad unterwegs bist. Schätze deine Geschwindigkeit dafür sinnvoll ab. Vergleiche mit a).

a) Gegeben: Masse des Autos: $m = 1{,}5$ t = 1500 kg, Masse des Lkws: $m = 40\,000$ kg; Geschwindigkeit Stadtverkehr: $v = 50$ km/h $\approx$ 14 m/s, Autobahn: $v = 130$ km/h $\approx$ 36 m/s bzw. 80 km/h $\approx$ 22 m/s

Gesucht: Der Impuls $p = m \cdot v$

Stadtverkehr:

Auto: $p = 1500\,\text{kg} \cdot 14\,\text{m/s} = 21\,000\,\text{kg} \cdot \text{m/s}$.

Lkw: $p = 40\,000\,\text{kg} \cdot 14\,\text{m/s} = 560\,000\,\text{kg} \cdot \text{m/s}$.

Autobahn:

Auto: $p = 1500\,\text{kg} \cdot 36\,\text{m/s} = 54\,000\,\text{kg} \cdot \text{m/s}$.

Lkw: $p = 40\,000\,\text{kg} \cdot 22\,\text{m/s} = 880\,000\,\text{kg} \cdot \text{m/s}$.

b) Gegeben: Masse $m = 42$ kg (variiert natürlich je nach Schüler/-in); Geschwindigkeit zu Fuß: $v = 5$ km/h $\approx$ 1,4 m/s, beim Fahrrad fahren: $v = 20$ km/h $\approx$ 5,6 m/s

Gesucht: Der Impuls $p = m \cdot v$

Zu Fuß: $p = 42\,\text{kg} \cdot 1{,}4\,\text{m/s} = 58{,}8\,\text{kg} \cdot \text{m/s}$.

Mit dem Fahrrad: Hier muss man die Masse des Fahrrads noch berücksichtigen. Nehmen wir an, die Masse beträgt 18 kg. Die Gesamtmasse ist dann $m = 60$ kg. Also ist $p = 60\,\text{kg} \cdot 5{,}6\,\text{m/s} = 336\,\text{kg} \cdot \text{m/s}$.

Die Impulse von Auto oder gar Lkw sind aufgrund ihrer Massen und Geschwindigkeiten um ein Vielfaches größer als der eigene Impuls.

Seite 164 (Vertiefung)

1 Marc erzählt von einem Fußballspiel: „Der Torhüter hat den Ball beim Elfmeter in der Luft gefangen, aber der war so scharf geschossen, dass der Torwart mit dem Ball ins Tor geflogen ist." Glaubst du das? Begründe deine Antwort.

Ein Fußball darf zu Spielbeginn eine Masse von höchstens 450 g haben. Die höchste Geschwindigkeit, die ein ruhender Fußball erreichen kann, wird mit etwa 130 km/h angegeben. Also ist $m = 0{,}45$ kg und $v = 130$ km/h $\approx$ 36 m/s. Daraus ergibt sich für den größten Impuls des Fußballs:

$$p = 0{,}45\,\text{kg} \cdot 36\,\frac{\text{m}}{\text{s}} = 16{,}2\,\text{kg} \cdot \frac{\text{m}}{\text{s}}.$$

Der Torwart steht beim Elfmeter zunächst still. Also ist sein Impuls null. Der Gesamtimpuls vor dem Aufprall ist folglich so groß wie der Impuls des Fußballs allein, nämlich 16,2 kg · m/s. Der Gesamtimpuls bleibt beim Aufprall erhalten, er ist danach also genauso groß wie vorher. Die gesamte bewegte Masse besteht nach dem Aufprall aus „Fußball plus Torwart", also z. B. 80,45 kg.

Die Geschwindigkeit, mit der beide zusammen ins Tor fliegen würden, beträgt demnach:

$$v = \frac{p}{m} = \frac{16{,}2\,\text{kg} \cdot \text{m/s}}{80{,}45\,\text{kg}} = 0{,}2\,\frac{\text{m}}{\text{s}}.$$

Das ist eine sehr kleine Geschwindigkeit.

Marcs Geschichte ist deshalb sehr unwahrscheinlich.

2 Auf einem Güterbahnhof rollt ein beladener Waggon (10 t) auf gerader Strecke mit 27 km/h auf fünf gleichartige aneinander gekoppelte Waggons. Mit welcher Geschwindigkeit fahren sie weiter, wenn der Waggon ankoppelt?

Gegeben: Masse des bewegten Waggons (vor dem Ankoppeln): $m = 10\ \text{t} = 10\,000\ \text{kg}$, Masse nach dem Ankoppeln: $6 \cdot m = 60\,000\ \text{kg}$, Geschwindigkeit vor dem Ankoppeln: $v = 27\ \text{km/h} = 7{,}5\ \text{m/s}$

Gesucht: Geschwindigkeit v nach dem Ankoppeln

Der Gesamtimpuls vor und nach dem Ankoppeln bleibt gleich, also:

$$p = 10\,000\ \text{kg} \cdot 7{,}5\ \frac{\text{m}}{\text{s}} = 75\,000\ \text{kg} \cdot \frac{\text{m}}{\text{s}}.$$

Der Impulsbeitrag der stehenden Waggons ist null.

Nach dem Ankoppeln gilt:

$$v = \frac{p}{m} = \frac{75\,000\ \text{kg} \cdot \text{m/s}}{60\,000\ \text{kg}} = 1{,}25\ \frac{\text{m}}{\text{s}}.$$

Man hätte auch gleich sagen können: Wegen der sechsfachen Masse ist die Geschwindigkeit nur noch ein Sechstel von 7,5 m/s, also 1,25 m/s.

Seite 165 (Vertiefung – Material)

Versuche – Crash-Tests mit Münzen

V1

Die erste 20-Cent-Münze bleibt liegen, die zweite rutscht ein Stück weiter.

V2

a) Die schwere Münze rutscht nach dem Stoß langsam ein Stück weiter. Die 20-Cent-Münze rutscht deutlich schneller weiter.

b) Die leichte Münze prallt von der 20-Cent-Münze ab und rutscht relativ schnell ein Stück zurück. Die schwere Münze rutscht langsam ein Stück in die ursprüngliche Richtung.

c) Man lässt eine unbekannte Münze gegen eine oder mehrere Münzen mit bekannter Masse prallen. Durch Kombination verschiedener bekannter Münzen kann man die gestoßene Masse variieren. Wenn man die passende Kombination, sprich Masse, gefunden hat, dann bleibt die unbekannte Münze nach dem Stoß liegen. Ihre Masse entspricht der Masse der Kombination aus bekannten Münzen.

V3

a) Nach dem Stoß rutscht die hintere der drei gestoßenen Münzen mit etwa der gleichen Geschwindigkeit, die die stoßende Münze vor dem Stoß hatte, davon. Die stoßende Münze bleibt liegen.

b) Wenn die stoßende Münze die doppelte Masse hat, sollten die zwei hinteren 20-Cent-Münzen weiterrutschen, während die stoßende Münze liegen bleibt.

Material A – Ein mutiger Lehrer

A1 Der Schüler im Bild schlägt mit dem Hammer kräftig auf die schwere Steinplatte, die auf dem Bauch seines Physiklehrers liegt.

a) Dieser Versuch ist nicht so gefährlich wie er im ersten Moment aussieht. Erkläre mit dem Impuls.

b) Der Physiklehrer möchte diesen Versuch am „Tag der offenen Tür“ zeigen. Wie soll er den Versuch präsentieren und erklären? Schreibe einen Text für ihn.

c) Plane einen Modellversuch, der zeigt, welche Rolle die Masse der Steinplatte spielt. Führe den Versuch durch. Bewerte, ob der Versuch wirklich zeigt, was er zeigen soll. Verbessere, wenn nötig, den Aufbau.

a) Der Impuls bleibt während des Vorgangs erhalten. Der Gesamtimpuls ist bestimmt durch die Masse des Hammers und die Geschwindigkeit, mit der er auf die Platte trifft. Platte und Lehrer haben den Impuls null. Beim Auftreffen wird der Impuls auf die Gesamtmasse der Stoßpartner übertragen.

Die Steinplatte allein hat eine deutlich größere Masse als der Hammer. Sie reagiert deshalb ziemlich träge. Die Geschwindigkeit ist deutlich reduziert.

b) Der Lehrer bittet einen Schüler oder eine Schülerin, ihm bei der folgenden Vorführung zu helfen:

Der Lehrer legt sich auf den Tisch und legt die Steinplatte auf seinen Bauch. Dann soll der Schüler den Hammer nur wenig anheben und vorsichtig auf die Platte schlagen. Der Lehrer stöhnt laut hörbar auf.

Dann soll der Schüler stärker ausholen und kräftig auf die Platt schlagen.

Beim Auftreffen verzieht der Lehrer keine Miene. Der Lehrer steht auf und bedankt sich beim dem Schüler/der Schülerin.

c) Es gibt sicher unterschiedliche Vorschläge. Eine Möglichkeit:

Statt des Lehrers nimmt man einen mit Wasser gefüllten Luftballon (nicht zu voll). Darauf legt man eine Platte mit verschiedenen Massen (aus Stein, Holz bzw. Styropor). Dann lässt man ein geeignetes Massestück aus immer derselben Höhe über der Platte fallen. Man beobachtet, wie sich der Luftballon verhält.

Material B – Vorhersagen mit dem Impuls

B1 Ein Auto (1,0 t) steht an einer roten Ampel. Der Fahrer eines Lieferwagens (2,5 t) ist kurz unaufmerksam, sodass der Lieferwagen ungebremst mit 54 km/h von hinten auf das Auto auffährt. Die beiden Fahrzeuge verkeilen sich ineinander und bewegen sich zusammen weiter.

a) Berechne die Geschwindigkeit der beiden Fahrzeuge kurz nach dem Zusammenstoß.

b) Beurteile, ob dieser Zusammenstoß gefährlicher für den Autofahrer oder den Lieferwagenfahrer ist.

a) Gegeben: Die Massen der beiden stoßenden Fahrzeuge und die Geschwindigkeiten der Fahrzeuge vor dem Aufprall: Auto: $m = 1{,}5\ \text{t} = 1500\ \text{kg}$ mit $v = 0\ \text{m/s}$, Lieferwagen: $m = 2{,}5\ \text{t} = 2500\ \text{kg}$ mit $v = 54\ \text{km/h} = 15\ \text{m/s}$

Der Gesamtimpuls bleibt erhalten. Vor dem Stoß beträgt er: $p = 2500\,\text{kg} \cdot 15\,\text{m/s} = 37\,500\,\text{kg} \cdot \text{m/s}$.
Nach dem Zusammenstoß ist die Gesamtmasse beider Fahrzeuge m = 4000 kg, die Geschwindigkeit ist dann:

$$v = \frac{p}{m} = \frac{37\,500\,\text{kg} \cdot \text{m/s}}{4000\,\text{kg}} = 9{,}375\,\frac{\text{m}}{\text{s}} \approx 34\,\frac{\text{km}}{\text{h}}.$$

b) Die Geschwindigkeitsänderung ist in derselben kurzen Zeit des Aufpralls für den Lieferwagenfahrer geringer als für den Autofahrer. Das ist für den Autofahrer gefährlicher. Andererseits sitzt der Lieferwagenfahrer vorn hinter einer sehr kurzen Knautschzone. Anders beim Autofahrer: Der Aufprall geschieht am Heck, also vergleichsweise weit weg vom Fahrer. In dieser Hinsicht ist der Lieferwagenfahrer stärker gefährdet.

B2 Bei einem Fahrbahnexperiment stößt ein grüner Wagen mit 0,15 m/s auf einen stehenden roten Wagen. Stahlfedern sorgen dafür, dass die Wagen sich getrennt weiterbewegen. Die Masse des grünen Wagens ist doppelt so groß wie die des roten Wagens. Nach dem Stoß ist der grüne Wagen 0,05 m/s schnell. Wie schnell ist der rote Wagen?
Gegeben: roter Wagen vor dem Stoß: m, $v = 0\,\text{m/s}$; grüner Wagen vor dem Stoß: $2\,m$, $v = 0{,}15\,\text{m/s}$; grüner Wagen nach dem Stoß: $2\,m$, $v = 0{,}05\,\text{m/s}$
Gesucht: Geschwindigkeit des roten Wagens nach dem Stoß
Der Gesamtimpuls vor und nach dem Stoß ist gleich. Daraus folgt für unsere Wagen:

$$2\,m \cdot 0{,}15\,\frac{\text{m}}{\text{s}} + m \cdot 0\,\frac{\text{m}}{\text{s}} = 2\,m \cdot 0{,}05\,\frac{\text{m}}{\text{s}} + m \cdot v_{\text{rot}}.$$

Division mit m ergibt:

$$2 \cdot 0{,}15\,\frac{\text{m}}{\text{s}} = 2 \cdot 0{,}05\,\frac{\text{m}}{\text{s}} + v_{\text{rot}}.$$

Auflösen nach v_{rot} liefert:

$$0{,}2\,\frac{\text{m}}{\text{s}} = v_{\text{rot}}.$$

Der rote Wagen hat die Geschwindigkeit $0{,}2\,\frac{\text{m}}{\text{s}}$.

Impuls und Fortbewegung

Seite 167 (Vertiefung)

1a) Erkläre die Sandfontäne in ▹Bild 05 mithilfe des Impulses.
b) Beschreibe andere Fortbewegungsarten entsprechend.
a) Der Impuls des Motorradfahrers nimmt nach links zu. Dazu muss der Sand nach rechts weggeschleudert werden. Der Impulspfeil des Sandes zeigt nach rechts entgegen der Richtung des Impulspfeils des Motorradfahrers.

b) Schwimmen: Der Impuls des Schwimmers nimmt in einer Richtung zu, gleichzeitig nimmt der Impuls des weggeschobenen Wassers in entgegengesetzter Richtung zu.
Fahrrad fahren: Der Impuls des Radfahrers nimmt in einer Richtung zu, gleichzeitig nimmt der Impuls der Erde in entgegengesetzter Richtung zu – wegen der riesigen Erdmasse ist die Geschwindigkeitsänderung der Erde praktisch null.

Seite 168 (Vertiefung)

1a) Von welchen Größen hängt es ab, wie schnell der Impuls der Rakete zunimmt?
b) Die Ariane 5 wiegt anfangs 730 t. Berechne die Geschwindigkeitsänderung, die beim Start maximal möglich ist.
a) Die Impulsänderung der Rakete hängt von der Masse des ausgestoßenen Gases und von der Geschwindigkeit, mit der das Gas ausgestoßen wird, ab. Die Impulsänderung des Gases ist genauso groß wie die Impulsänderung der Rakete, allerdings in entgegengesetzter Richtung.
b) Gegeben: Masse und Geschwindigkeit des Gases:
$m = 7\,\text{t} = 7000\,\text{kg}$, $v = 2500\,\text{m/s}$,
Masse der Rakete: $730\,\text{t} = 730\,000\,\text{kg}$
Gesucht: größte Geschwindigkeitsänderung beim Start
Impuls des Gases:
$p = 7000\,\text{kg} \cdot 2500\,\text{m/s} = 17\,500\,000\,\text{kg} \cdot \text{m/s}$.
Daraus ergibt sich für die Geschwindigkeit der Rakete:

$$v = \frac{17\,500\,000\,\text{kg} \cdot \text{m/s}}{730\,000\,\text{kg}} \approx 24\,\frac{\text{m}}{\text{s}}.$$

In 1 s kann die Geschwindigkeitsänderung der Rakete höchstens 24 m/s betragen.

Seite 169 (Vertiefung – Material)

Versuche – Eine selbstgebaute Rakete

V1
Schüleraktivität

V2
Schüleraktivität

Material A – Fortbewegung in Technik und Natur

A1 Flugzeuge haben meist Propeller oder Düsen als Antrieb.
a) Vergleiche die beiden Antriebsarten. Sammle dabei Unterschiede und Gemeinsamkeiten.
b) Raumfahrzeuge können diese Antriebsarten im Weltraum nicht nutzen. Begründe.
a) Sowohl Propeller- als auch ein Düsenantrieb funktionieren nach dem Rückstoßprinzip. Beim Propellerantrieb wird Luft nach hinten beschleunigt, sodass das Flugzeug eine Impulsänderung nach vorn erfährt. Dabei werden sehr

große Luftmassen um eine relative kleine Geschwindigkeitsdifferenz beschleunigt.
Beim Düsenantrieb wird ebenfalls Luft nach hinten beschleunigt, sodass das Flugzeug eine Impulsänderung nach vorn erfährt. Hierbei werden vergleichsweise kleine Luftmassen auf sehr große Geschwindigkeiten beschleunigt. Dazu wird im Triebwerk mit der Luft ein Kraftstoff verbrannt. Es entsteht ein heißes Gas unter hohem Druck, dass in der Düse entspannt und so sehr stark beschleunigt wird.
b) Der Propellerantrieb funktioniert im Weltraum nicht, weil es dort weder Luft noch ein anderes Gas gibt, dass nach hinten gedrückt werden kann.
Der Düsenantrieb funktioniert ebenfalls wegen fehlender Luft nicht. Deshalb muss eine Rakete den nötigen Brennstoff mit sich führen, den sie dann nach hinten aus der Düse ausstoßen kann.

A2 Tiere bewegen sich auf sehr verschiedene Arten fort. Informiere dich darüber für eines der folgenden Tiere: Tintenfisch, Schlange, Kaulquappe, Pinguin. Erkläre die jeweilige Fortbewegungsart mit dem Impuls.
Tintenfische: Ihre Fortbewegungsart folgt dem Rückstoßantrieb. Hierbei wird das Volumen der sogenannten Mantelhöhle verringert. Dadurch wird das Wasser durch eine Art Trichter nach außen gepresst und der Körper in die entgegengesetzte Richtung gestoßen. Durch Verändern der Stellung des Trichters kann die Fortbewegungsrichtung variiert werden.
Schlange: Die häufigste Fortbewegungsart ist das Schlängeln. Dabei drückt sich die Schlange mit ihren kräftigen Muskeln von verschiedenen Gegenständen, wie Steinen und Ästen auf dem Boden schräg nach vorne ab. Weil sie sich immer von beiden Seiten nach vorne drückt, entsteht eine gerichtete Vorwärtsbewegung.
Kaulquappe: Kaulquappen besitzen einen mächtigen Schwanz, der zur Fortbewegung im Wasser dient. Durch schlängelnde Bewegungen des Schwanzes wird Wasser nach schräg hinten gedrückt, was eine entsprechende Bewegung entgegengesetzt nach vorn hervorruft. Das Hin- und Herschlängeln führt zu einer Geradeausbewegung.
Pinguin: Als Antrieb für das Schwimmen im Wasser fungieren die steifen Flossen, die von einer kräftigen Rücken- und Brustmuskulatur bewegt wie bei einem fliegenden Vogel auf und ab schlagen. Im Prinzip wird auch hierbei Wasser nach hinten gedrückt, sodass der Körper eine Impulsänderung nach vorn erfährt.

Material B – Eine Geschichte von Baron Münchhausen

B1a) Münchhausen war für seine Lügengeschichten bekannt. Zeige, dass er beim ersten Sprung und bei seiner „Rettung" gelogen hat. Begründe physikalisch.
b) Wie hätte Münchhausen aus dem Morast kommen können? Gib mehrere Möglichkeiten an und erkläre jeweils.
a) Das Umkehren mitten im Sprung in der Luft bedeutet eine Impulsänderung. Diese Impulsänderung kann aber nur dann erfolgen, wenn gleichzeitig ein anderer Körper seinen Impuls in entgegengesetzte Richtung ändert. Beim Absprung vom Boden war die Erde dieser andere Körper. In der Luft fehlt dieser andere Körper, deshalb kann die Geschichte so nicht stimmen.
Das Gleiche gilt auch für seine eigene Rettung: Auch da fehlt der zweite Körper, dessen Impuls sich in gleicher weise entgegengesetzt gerichtet ändert.
b) Er hätte sich an einem starken Ast vom Pferd auf festen Boden retten können. Anschließend hätte er versuchen können, mit anderen Personen und einem Seil das Pferd aus dem Morast zu ziehen. Die Impulsänderung des eigenen Körpers sowie des Pferdes wären jeweils einhergegangen mit einer Impulsänderung der Erde.
Vielleicht hätte er sich auch schwimmend auf festen Boden retten können. Dabei hätte er den Morast mit Händen und Füßen nach hinten gedrückt, während sich sein Körper nach vorn bewegt.

2 Kräfte

Kräfte ändern Bewegungen

Seite 171

1 Ein Volleyball wird geschlagen, bleibt aber im Netz hängen. Beschreibe die Kräfte, die auf den Ball ausgeübt werden.

Die Hand übt eine Kraft auf den Ball aus, sodass er losfliegt. Das Netz bremst den Ball ab, es übt eine Kraft gegen seine Bewegungsrichtung aus. Während der ganzen Zeit übt die Erde eine Kraft auf den Ball aus und zieht diesen nach unten. Deshalb fällt er vom Netz nach unten auf den Boden.

2 Erstelle jeweils eine Zeichnung mit Kraft- und Geschwindigkeitspfeilen wie im ▹Bild 04B für die Beispiele aus dem Abschnitt „Woher kommt die Kraft?".

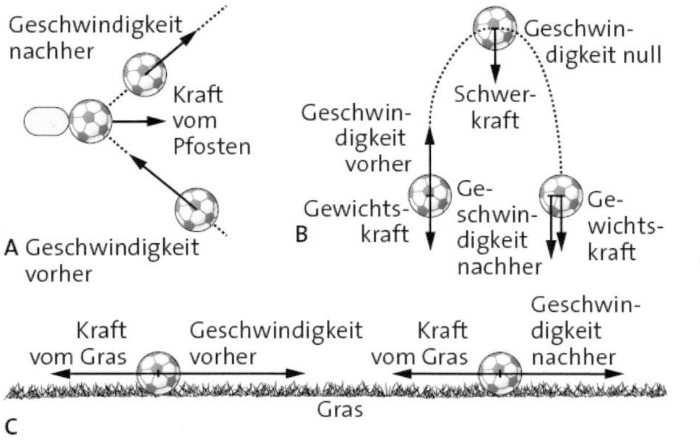

Seite 173

1 Lena meint: „In der Stadt braucht man keinen Sicherheitsgurt. Bei einem Unfall kann man sich da mit den Armen vorne abstützen." Stimmt das? Begründe deine Antwort.

Das stimmt nicht. Das ist genau so, als würde man einen Kopfsprung vom 3-m-Brett auf Beton machen und denken, man könnte sich unten allein mit den ausgestreckten Armen abfangen. Das ist unmöglich.

Seite 174-175 (Material)

Versuche – Geschwindigkeitsänderung durch einen Luftstrom

Hinweis: V1-V3 sollen anknüpfungsfähige Vorerfahrungen bereitstellen und eignen sich daher – auch als Heimversuche – zur Vorbereitung des Themas.

V1 Beschleunigen und Bremsen

a) –

b) Die Luft strömt dem Ball entgegen und bremst ihn zunächst ab, um ihn dann in entgegengesetzte Richtung zu beschleunigen. Der Geschwindigkeitspfeil „nachher" zeigt in die entgegengesetzte Richtung wie „vorher".

V2 Ablenken

a) Die Luft strömt senkrecht von der Seite auf den Ball. Der Geschwindigkeitspfeil ändert seine Richtung in die Richtung des Luftstroms. Der Ball rollt schräg nach oben weiter.

b) Damit der Ball seine Bewegungsrichtung um 90° ändert, muss der Winkel zwischen horizontaler Bewegungsrichtung und auftreffendem Luftstrom 45° betragen.

V3 Eigene Versuche

Weitere Einflüsse:
- Stärke des Luftstroms; Haartrockner haben häufig zwei Schaltstufen mit unterschiedlich starken Luftströmungen. Die Versuche kann man dann jeweils mit einer Schaltstufe durchführen.
- Breite des Luftstroms; die Austrittsöffnung des Haartrockners ist recht groß, der Einwirkungsbereich auf den Ball ist deshalb ebenfalls groß. Er lässt sich aber einengen durch geeignete „Blenden".
- …

Versuche – Kräfte nachweisen mit dem Smartphone

V4 Kennenlernen der App

a) Schüleraktivität

b) Die Wasserblase (der bewegliche helle Fleck) befindet sich immer auf der Seite, die bergauf zeigt.

V5 Kräfte nachweisen

a) Die Wasserblase befindet sich immer in der Richtung, in die die Kraft zeigt.

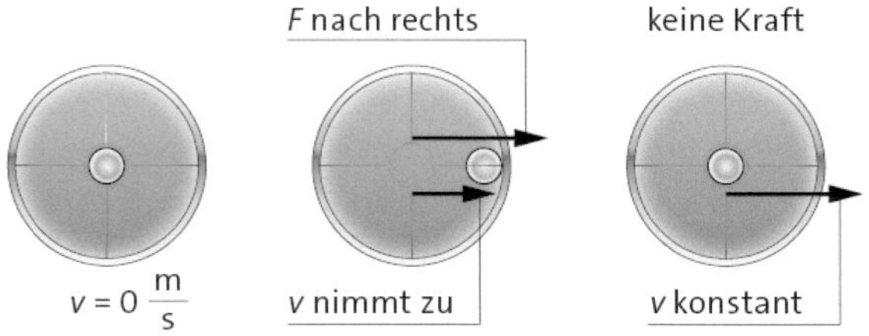

b) Abbremsen:

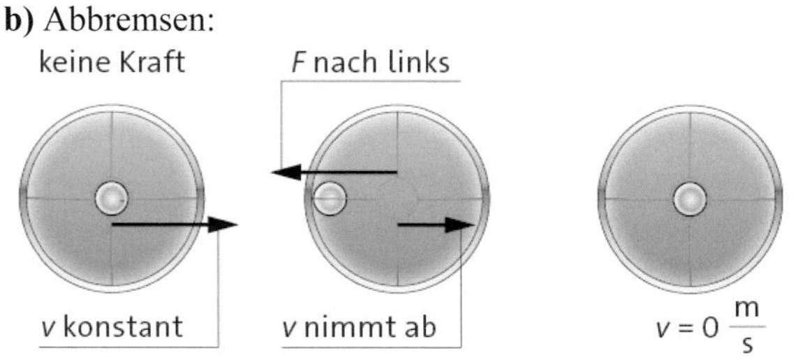

Kurve:

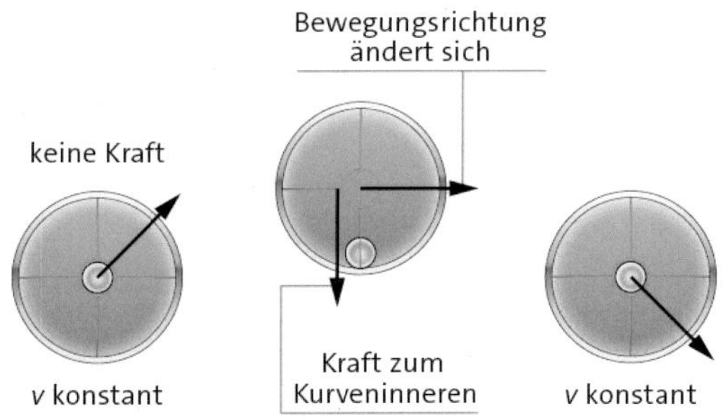

Material A – Beim Kugelstoßen

Hinweis: Die Methode „think-pair-share" ist beim Thematisieren von typischen Fehlvorstellungen so wie hier sinnvoll.

A1 Luca, Marie, Lisa und Alex verwenden jeweils das Wort „Kraft". Im Alltag kann man alle Sätze so sagen, aber nur bei zweien wird „Kraft" so verwendet, wie es in der Physik sinnvoll ist.

a) Überlege, wer das Wort „Kraft" physikalisch korrekt verwendet. Begründe.

b) Auch die anderen beiden haben sich dabei etwas gedacht, als sie das Wort „Kraft" verwendet haben. Wie kann man die Sätze so abändern, dass sie physikalisch sinnvoll sind? Überlege dir dabei, welche physikalischen Größen eine Rolle spielen.

a) Luca und Lisa verwenden das Wort „Kraft" physikalisch korrekt. Kraft wird stets von einem Körper auf einen anderen Körper ausgeübt. Ein Körper kann im physikalischen Sinn keine Kraft haben.

b) Marie meint eher die Größe Energie. Davon muss sie einiges aufwenden, um Kraft auf die Kugel ausüben zu können und ihr Energie mitzugeben.

Alex: Auch er meint die Energie. Die Kugel hat danach viel Bewegungsenergie bekommen und kann deswegen weit fliegen.

Material B – Geschwindigkeitsänderungen beim Sport

B1 In den folgenden Situationen werden Kräfte ausgeübt:

1. **Ein Torwart faustet einen scharf geschossenen Ball über das Tor.**
2. **Ein Kugelstoßer stößt eine Kugel.**
3. **Eine Rallye-Fahrerin bremst ihr Auto vor einer scharfen Kurve.**
4. **Eine Volleyballspielerin schmettert den Ball an der Abwehr vorbei (▹Bild 02).**
5. **Eine Bogenschützin schießt einen Pfeil schräg nach oben.**
6. **Ein Eishockeyspieler passt den Puck über Bande zu einem Mitspieler.**

a) Benenne für jede Situation den Körper, der eine Kraft ausübt und denjenigen, auf den sie ausgeübt wird.

b) Beschreibe für jede Situation, woran man erkennt, dass eine Kraft ausgeübt wird.

c) Stelle jede Situation mit Geschwindigkeits- und Kraftpfeilen dar.

a)

1. Die Faust des Torhüters übt eine Kraft auf den Ball aus.
2. Die Hand des Kugelstoßers übt eine Kraft auf die Kugel aus.
3. Die Bremsbeläge üben – ausgelöst durch das Bremspedal – eine Kraft auf die Bremsscheiben aus.
4. Die Hand der Volleyballspielerin übt eine Kraft auf den Ball aus.
5. Die gespannte Sehne übt eine Kraft auf den Pfeil aus.
6. Der Hockeyschläger übt eine Kraft auf den Puck aus.

b)

1. Die Bewegungsrichtung des Balles ändert sich.
2. Die Kugel wird beschleunigt.
3. Die Bremsscheiben und damit die Räder drehen sich langsamer.
4. Die Bewegungsrichtung des Balles ändert sich und der Ball wird beschleunigt.
5. Der Pfeil wird beschleunigt.
6. Der Puck ändert die Bewegungsrichtung.

c)

1.

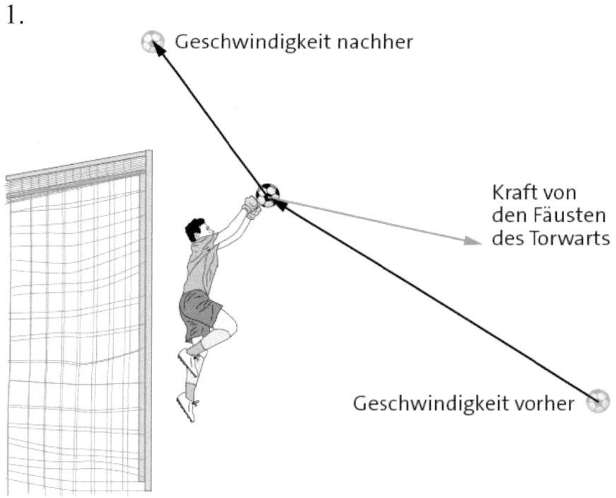

2.

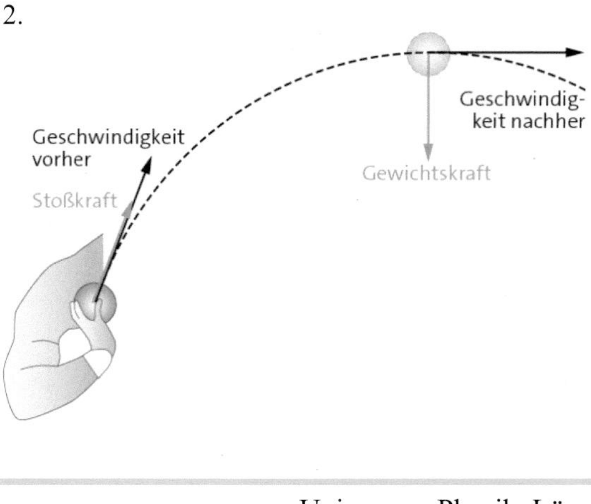

3.

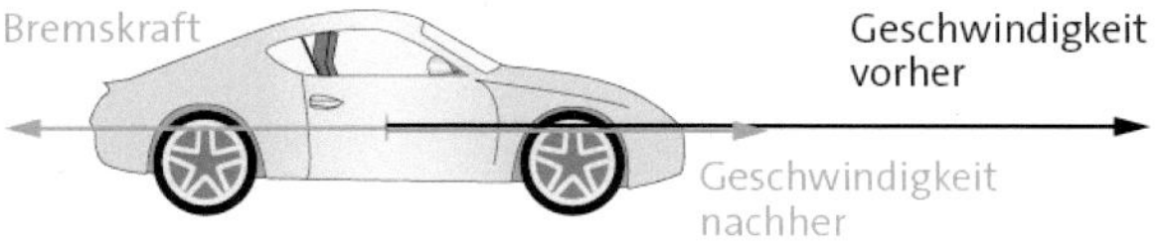

4.

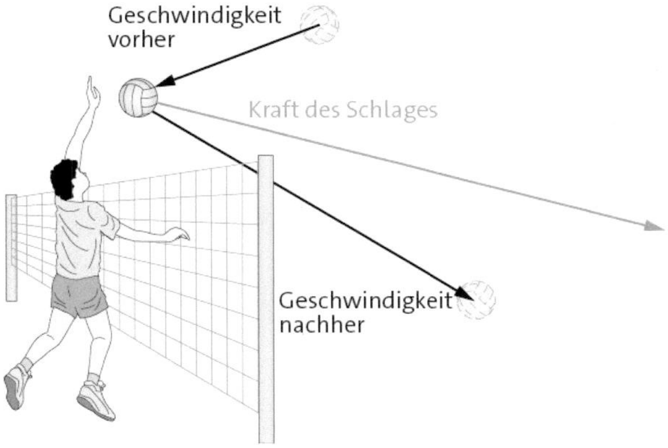

5. wie 2.

6.

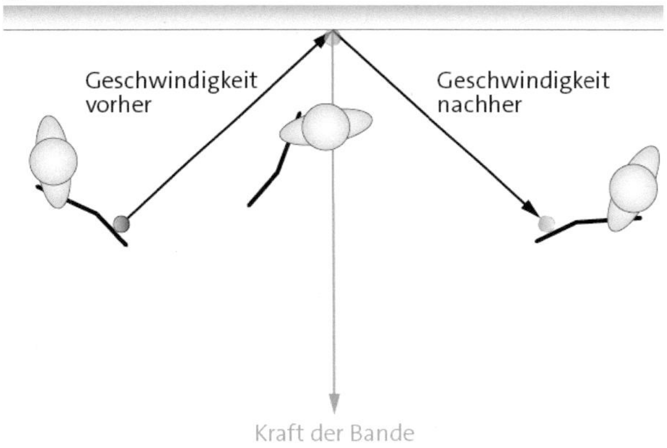

Material C – Punktspuren und Kräfte

C1 ▹Bild 03 zeigt Punktspuren von Bewegungen verschiedener Körper.

a) Man erkennt an einer Punktspur, ob eine Kraft auf einen Körper ausgeübt wurde oder nicht. Bei welchen Punktspuren ist dies der Fall? Begründe deine Entscheidung.

b) Übernimm die Punktspuren in dein Heft. Markiere die Punkte, an denen eine Kraft ausgeübt wurde.

c) Zeichne passende Geschwindigkeits- und Kraftpfeile ein.

a) Wenn sich die Bewegungsrichtung ändert, dann wurde eine Kraft ausgeübt. Das ist bei der grünen und der schwarzen Punktspur der Fall. Wenn sich der Geschwindigkeitsbetrag ändert, dann wurde eine Kraft ausgeübt. Das ist der Fall, wenn sich der Abstand der Punkte ändert, also bei der blauen und der braunen Punktspur.

Bei der roten Punktspur ändert sich weder der Punktabstand noch die Bewegungsrichtung. Es wurde also keine Kraft ausgeübt.

b), c)

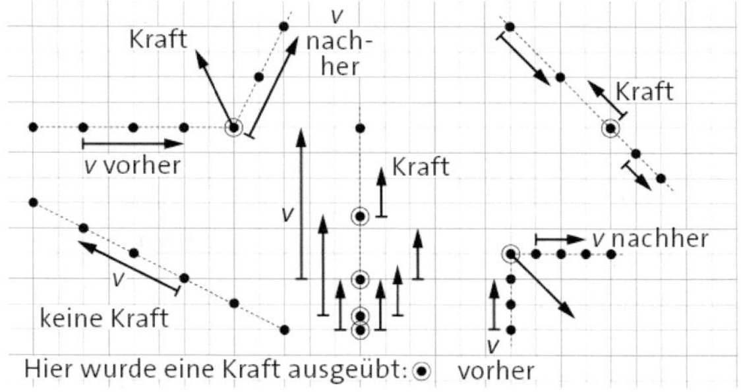

Das Wechselwirkungsprinzip

Seite 177

1 Beim Elfmeter trifft der Ball auf den Pfosten. Der Ball prallt dadurch zurück. Erkläre, welcher Körper auf welchen anderen Körper jeweils eine Kraft ausübt. Erstelle eine Zeichnung für den Moment des Aufpralls.

Der Ball übt beim Aufprall eine Kraft auf den Pfosten aus. Gleichzeitig übt der Pfosten eine Kraft auf den Ball aus. Dadurch wird der Ball eingedrückt, bevor er vom Pfosten zurückprallt.

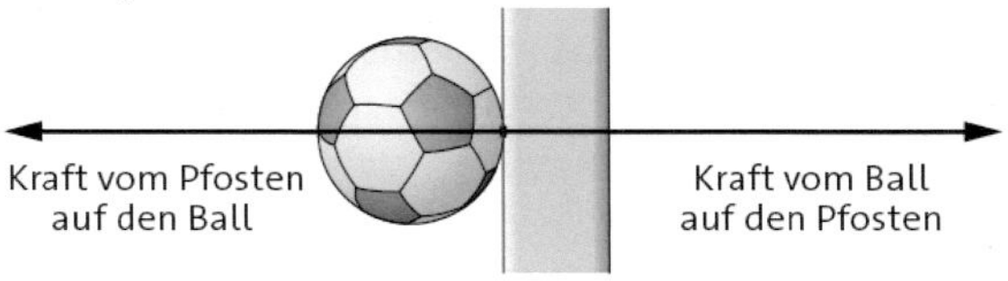

2 Bei einem Fahrbahnversuch rollt ein roter Wagen auf einen grünen Wagen doppelter Masse. Der grüne Wagen wird dabei in Bewegung gesetzt, der rote rollt nach dem Zusammenstoß wieder zurück.

a) Erstelle eine Zeichnung ähnlich wie im ▹Bild 03.

b) Erkläre, welcher Wagen auf welchen Wagen eine Kraft ausübt und welche Wirkung die Kräfte jeweils haben.

a)

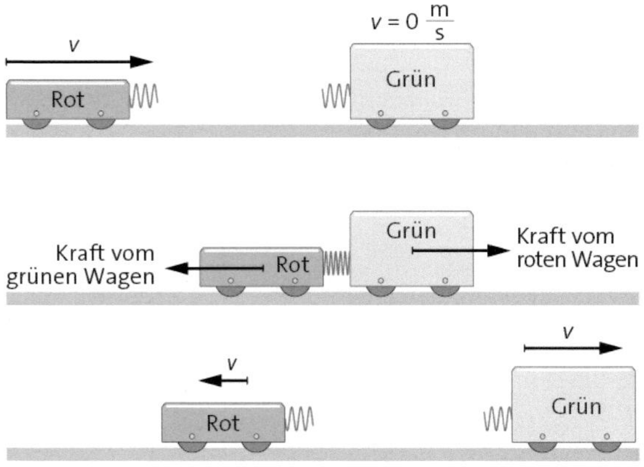

b) Der rote Wagen übt eine Kraft auf den stehenden grünen Wagen nach rechts aus. Dadurch wird der grüne Wagen in Bewegung gesetzt. Gleichzeitig übt der grüne Wagen eine gleichgroße, aber entgegengesetzte Kraft auf den roten Wagen aus. Diese Kraft bremst den roten Wagen ab und beschleunigt ihn in die entgegengesetzte Richtung.

Seite 178

1 Erstelle eine Zeichnung wie im ▹Bild 02 für das Bremsen des Autos.

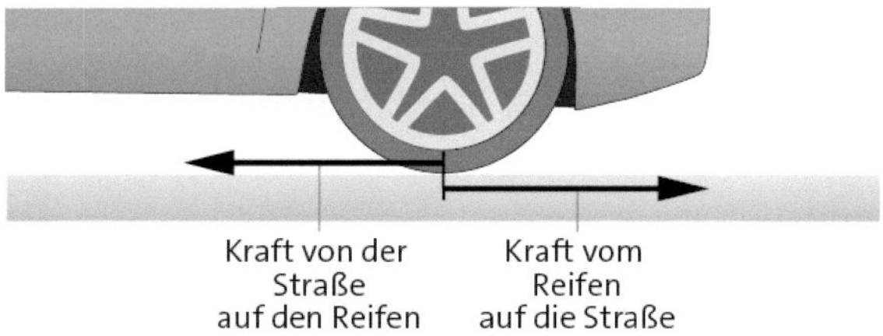

2 Bei Glatteis drehen die Reifen durch. Die Reifen können keine Kraft auf die Straße ausüben. Erkläre, warum das Auto nicht beschleunigen und nicht bremsen kann.
Weil die Kraft der Reifen auf die Straße fehlt, kann die Straße keine Kraft in Bewegungsrichtung auf die Reifen ausüben. Das Auto kann nicht beschleunigen.
Beim Bremsen fehlt die Kraft der Reifen auf die Staße in Bewegungsrichtung des Autos. Deshalb fehlt die Kraft der Straße auf die Reifen gegen die Bewegungsrichtung. Das Auto kann nicht bremsen.

Seite 179 (Material)

Versuche – Zusammenstoß und Rückstoß

V1 Modellautos
a) Beim Zusammenstoß wird Auto ① abgebremst und bleibt fast stehen. Das vorher stehende Auto ② wird fast auf die gleiche Geschwindigkeit beschleunigt wie Auto ①.
b)

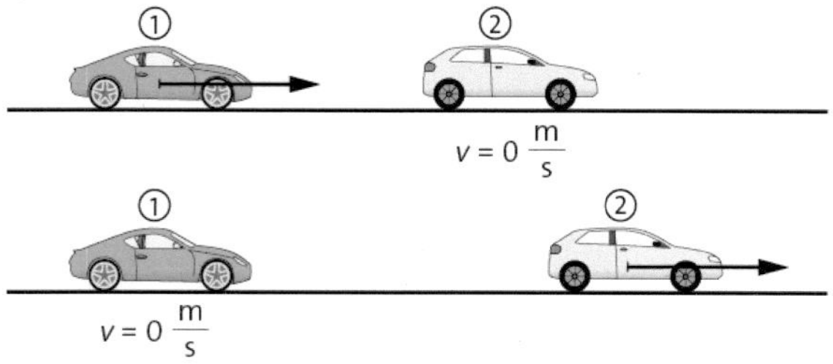

c) Bei beiden Autos ändert sich die Geschwindigkeit. Auto ① übt eine Kraft auf Auto ② aus und beschleunigt es dadurch. Auto ② übt eine Kraft auf Auto ① aus und bremst es ab.

d)

Die Kraft von Auto ① auf Auto ② zeigt nach rechts, weil der Geschwindigkeitspfeil von Auto ② dadurch nach rechts zeigt. Die Kraft von Auto ② auf Auto ① zeigt nach links, weil der Geschwindigkeitspfeil von Auto ① dadurch kleiner wird und „verschwindet".

V2 Auf dem Skateboard
a) Durch das Werfen fängt das Skateboard an, sich in die entgegengesetzte Richtung zu bewegen. Je größer die Wurfgeschwindigkeit, desto stärker bewegt sich das Skateboard.
b) Wenn man den Ball wirft, übt man auf ihn eine Kraft nach rechts aus. Aufgrund des Wechselwirkungsprinzips übt daher der Ball gleichzeitig auf den Werfer eine Kraft nach links aus. Dadurch wird er beschleunigt.

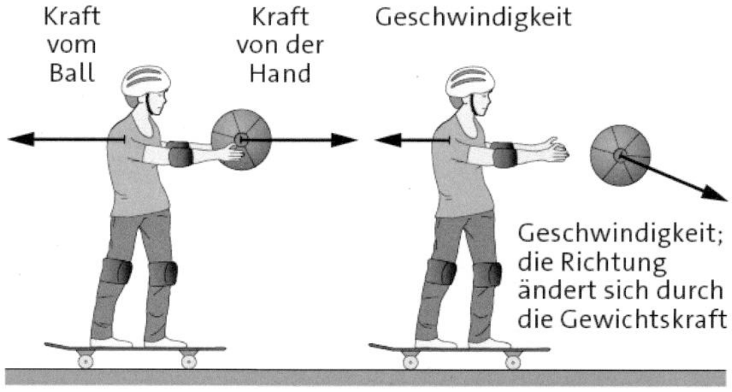

c) Bei gleicher Wurfgeschwindigkeit ist die Geschwindigkeit des Skateboards nicht so groß wie bei a).
Wenn man den Ball nach schräg oben wirft, dann übt der Ball auf den Werfer eine Kraft in die entgegensetzte Richtung nach schräg unten aus. Dadurch drückt das Skateboard stärker gegen den Boden, wird aber nicht mehr so stark nach links beschleunigt.
d) *Mögliche Vermutung:* Wenn man den leichteren Ball mit der gleichen Geschwindigkeit wirft, wird das Skateboard nicht so stark beschleunigt. Die Kraft auf den Ball ist dann wegen der kleineren Masse auch kleiner und daher auch die Kraft vom Ball auf den Werfer.

Material A – Wechselwirkungen im Alltag

A1 Die ▹Bilder 06A–D zeigen Wechselwirkungen zwischen Körpern.
a) Nenne jeweils die beiden Körper, die Kräfte aufeinander ausüben.
b) Beschreibe bei jedem Bild, woran man erkennt, dass auf beide Körper Kräfte ausgeübt werden.
a)
A Rakete und Antriebsgase
B Kopf und Ball
C Startblock und Fuß
D Magnet und Eisennagel

b)

A Der Geschwindigkeitsbetrag der Rakete und der Antriebsgase nimmt jeweils zu.

B Der Ball ändert seine Bewegungsrichtung. Der Junge spürt einen leichten „Schlag“ vom Ball auf der Stirn.

C Die Sprinterin beschleunigt. Wenn der Startblock nicht ordentlich befestigt ist, wird er nach hinten geschleudert. Bei beiden ändert sich also der Geschwindigkeitsbetrag.

D Der Nagel fängt an, sich Richtung Magnet zu bewegen. Die Hand spürt, wie der Magnet Richtung Nagel gezogen wird.

A2 Sophie sagt: „Der Magnet zieht den Eisennagel an. Aber dass der Nagel den Magneten anzieht, glaube ich nicht! Woher soll da die Kraft kommen?“

a) Plane einen Versuch, der zeigt, dass der Nagel tatsächlich eine Kraft auf den Magneten ausübt.

b) Schreibe eine Erklärung für Sophie, die den Versuch nutzt.

a) Beispiel: Wenn man den Magneten und den Nagel jeweils auf einen Wagen legt, dann bewegen sich beide Wagen aufeinander zu.

b) Der Wagen mit dem Nagel fängt an sich zu bewegen, weil der Magnet den Nagel anzieht – so wie du es gesagt hast. Aber der Wagen mit dem Magneten fängt auch an, sich auf den Nagel zuzubewegen. Wenn du recht hättest und der Nagel den Magneten nicht anzöge, dann dürfte sich der Magnetwagen nicht bewegen. Er tut es aber, also zieht der Nagel auch den Magnet an.

Damit der Nagel eine Kraft auf den Magneten ausüben kann, muss die Kraft nirgendwo „herkommen“. Es kommt nur darauf an, dass sich der Geschwindigkeitspfeil des Magneten ändert, weil der Nagel an ihm zieht.

Wenn mehrere Kräfte im Spiel sind

Seite 181

1 Konstruiere für folgende Situationen die resultierende Kraft und erkläre, wie sich die Geschwindigkeit ändert.

a) ▹Bild 02A und B

b) Du beschleunigst (bremst) mit dem Rad.

a)

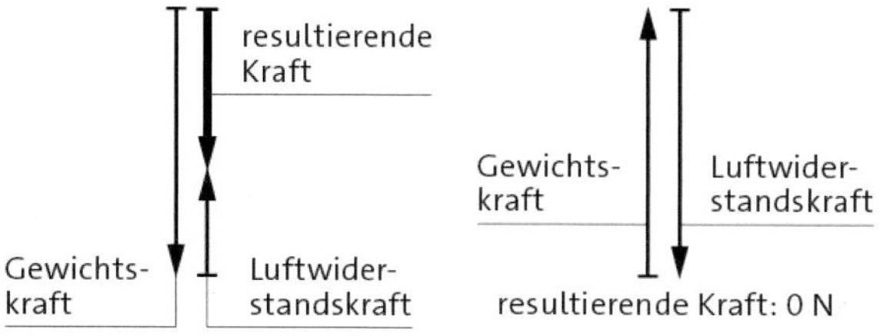

Bild 02A: Die resultierende Kraft zeigt nach unten, in Bewegungsrichtung. Also nimmt der Geschwindigkeitsbetrag zu.

Bild 02B: Die resultierende Kraft ist 0 N. Der Springer ist im Kräftegleichgewicht. Die Geschwindigkeit ändert sich nicht.

b)

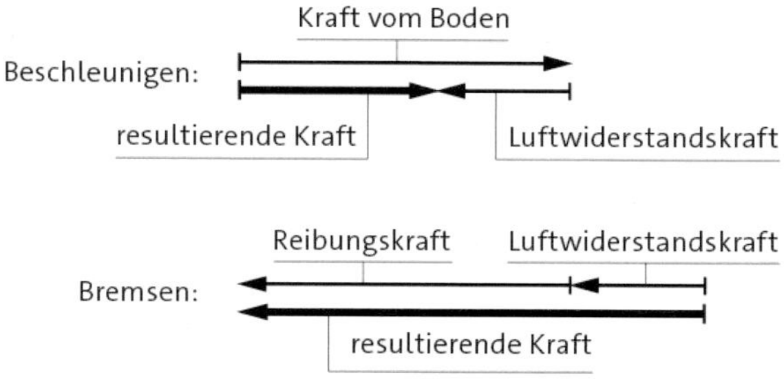

Beschleunigen: Die resultierende Kraft zeigt in Bewegungsrichtung. Der Geschwindigkeitsbetrag nimmt zu.

Bremsen: Die resultierende Kraft zeigt gegen die Bewegungsrichtung. Der Geschwindigkeitsbetrag nimmt ab.

Seite 182

1 Im ▹Bild 02A entfernt man einen der Kraftmesser und zieht mit den beiden anderen mit der gleichen Kraft.

a) Bestimme jeweils die resultierende Kraft.

b) Beschreibe jeweils, wie sich der Wagen bewegt.

a)

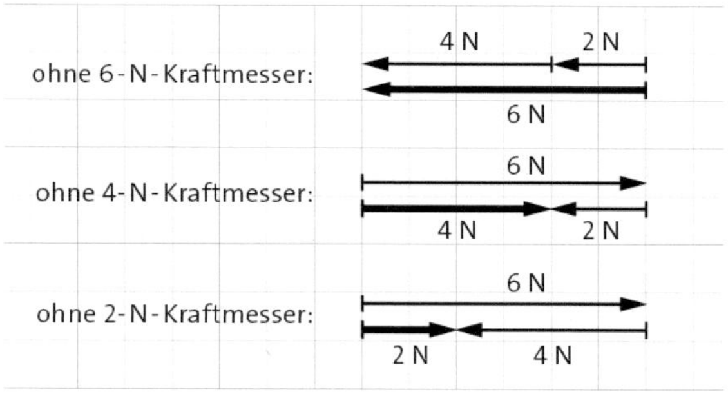

b) Wagen ist anfangs in Ruhe:

ohne 6-N-Kraftmesser: sehr starke Beschleunigung nach links

ohne 4-N-Kraftmesser: starke Beschleunigung nach rechts

ohne 2-N-Kraftmesser: Beschleunigung nach rechts

Wagen bewegt sich anfangs nach rechts:

ohne 6-N-Kraftmesser: Geschwindigkeitsbetrag nimmt sehr schnell ab

ohne 4-N-Kraftmesser: Geschwindigkeitsbetrag nimmt schnell weiter zu

ohne 2-N-Kraftmesser: Geschwindigkeitsbetrag nimmt weiter zu

Wagen bewegt sich anfangs nach links:
ohne 6-N-Kraftmesser: Geschwindigkeitsbetrag nimmt sehr schnell weiter zu
ohne 4-N-Kraftmesser: Geschwindigkeitsbetrag nimmt schnell ab
ohne 2-N-Kraftmesser: Geschwindigkeitsbetrag nimmt ab

Seite 183 (Material)

Versuche – Kraft messen mit dem Federkraftmesser

V1 Wie verformt sich Holz?

Hinweis: Zur Sicherheit: Schutzbrille, Hinweis auf die Bruchgefahr. Ein Schaschlik-Spieß (20 cm) kann erfahrungsgemäß ab etwa 7 N durchbrechen, kann aber u. U. 10 N aushalten.

a)

F in N	*d* in cm	Beobachtung
0	0	–
1	0,3	keine Verbiegung
2	0,7	keine Verbiegung
3	1,1	keine Verbiegung
4	1,4	keine Verbiegung
5	1,9	2 mm verbogen
6	2,5	3 mm verbogen
7	2,9	5 mm verbogen
8	-	Bruch!

b)

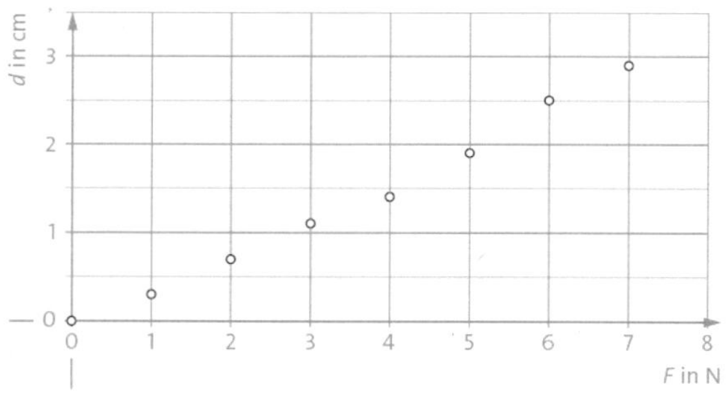

Je größer die Kraft ist, desto größer ist die Durchbiegung. Bis 4 N steigt die Durchbiegung proportional zur Kraft an: je 1 N etwa 3,5 mm. Danach steigt sie stärker an: je 1 N etwa 5 mm.
Hinweis: Ab 5 N bleibt der Spieß auch verbogen. Das könnte ein Grund für das stärkere Ansteigen sein.

V2 Reibungskraft beim Fahrradreifen

Hinweis: Herstellung: Fahrradmantel in 8 Stücke schneiden, mit einem Cutter o. Ä. Löcher zum Befestigen von Kabelbindern, Schnur o. Ä. in die Stücke stechen.

Besonders realitätsnah ist die Messung auf Straßenbelag (Pausenhof) und bei einem Vergleich von trockenem und nassem Untergrund.

a) Wenn sich die Geschwindigkeit des Reifens nicht ändert, ist er im Kräftegleichgewicht. Angezeigte Kraft und Reibungskraft sind also entgegengesetzt gerichtet und haben den gleichen Kraftbetrag.
b) Die Reibungskraft hängt nicht von der Geschwindigkeit ab.
c) Beispiele (Gesamtmasse 0,50 kg):
auf Experimentiertisch: ca. 2 N
auf trockenem Asphalt: ca. 4 N
auf nassem Asphalt: ca. 2,5 N
d) auf trockenem Asphalt

m in kg	0,20	0,30	0,40	0,50	0,60	0,70
F in N	1,5	2,5	3,2	4,0	5,0	5,5

Je größer die Gesamtmasse ist, desto größer ist die Reibungskraft. Die Reibungskraft ist proportional zur Masse.
e)

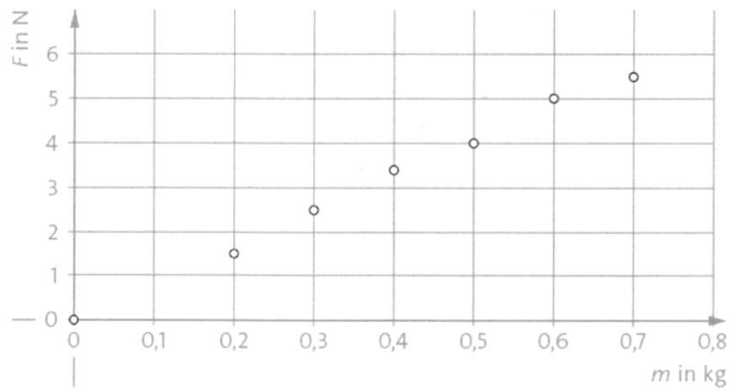

Die „Beladung“ ist ein Teil der Gesamtmasse. Am Diagramm sieht man: Je größer die „Beladung“ ist, desto größer ist die Reibungskraft. Die Reibungskraft ist aber nicht proportional zur „Beladung“, da man ja schon ohne „Beladung“ den Reifen ziehen muss.

Material A – Schiff und Schlepper

A1 Eva, Tim und Semih unterhalten sich über ▹Bild 04. Ein kleiner Schlepper zieht an einem großen Schiff nach rechts. Das Schiff selbst hat seinen Motor abgeschaltet. Was meinst du? Schreibe zu jeder Aussage einen kurzen Kommentar.
Eva: Der Schlepper zieht am Heck (Rückseite) des Schiffs. Das Schiff und der Schlepper bewegen sich deswegen höchstwahrscheinlich nach links. Dafür spricht auch, dass man vorne beim Schlepper keine Bugwelle sieht. Durch den Schlepper wird das Schiff abgebremst, damit es z. B. nicht zu schnell in den Hafen fährt.
Tim: Die Beschreibung stimmt höchstwahrscheinlich. Aber dass das Schiff nach links fährt, ist nicht zwangsläufig so: Es könnte auch in eine andere Richtung fahren und durch den Schlepper gedreht werden.

Semih: Es ist richtig, dass die Reibung das Schiff abbremst, aber durch die große Masse des Schiffs ist der Bremsweg so zu lang. Deswegen zieht der Schlepper zusätzlich nach rechts. Die Reibungskraft und die Kraft des Schleppers zeigen in die gleiche Richtung, sodass die resultierende Kraft für das Bremsen besonders groß ist.

Material B – Kräftegleichgewicht

B1 Im Alltag befindest du dich häufiger im Kräftegleichgewicht. Entscheide, ob das in folgenden Situationen der Fall ist. Begründe:
- **Du sitzt auf einer still stehenden Schaukel.**
- **Du schaukelst.**
- **Du fährst mit dem Fahrrad gleichmäßig im Kreis.**
- **Du fährst mit dem Fahrrad gleichmäßig geradeaus.**
- **Du wirst von zwei Freunden hochgehoben.**

Sitzen auf einer still stehenden Schaukel: Kräftegleichgewicht, da die Geschwindigkeit sich nicht ändert.
Schaukeln: kein Kräftegleichgewicht, da sich die Geschwindigkeit ständig ändert.
Mit dem Fahrrad gleichmäßig im Kreis fahren: kein Kräftegleichgewicht, da sich die Geschwindigkeit ändert. Hier bleibt der Geschwindigkeitsbetrag gleich, aber die Bewegungsrichtung ändert sich ständig.
Mit dem Fahrrad gleichmäßig geradeaus fahren: Kräftegleichgewicht, da die Geschwindigkeit gleich bleibt.
Von Freunden hochgehoben: Nicht eindeutig. Wenn sich während des Hochhebens die Geschwindigkeit nicht ändert oder du oben angelangt bist, dann herrscht zu diesen Zeitpunkten Kräftegleichgewicht. Wenn die Freunde beim Hochheben beschleunigen, abbremsen oder die Richtung ändern, dann besteht kein Kräftegleichgewicht.

Die Gewichtskraft

Seite 185

1 Berechne die Gewichtskraft auf dich selbst auf der Erd- und auf der Mondoberfläche.
Individuelle Körpermasse, etwa $m = 48\,\text{kg}$

Gegeben: Ortsfaktor auf der Erde: $g = 9{,}8\,\frac{\text{N}}{\text{kg}}$, auf dem Mond: $g = 1{,}6\,\frac{\text{N}}{\text{kg}}$

Gesucht: Gewichtskraft F_G.
Auf der Erde:

$$F_\text{G} = m \cdot g = 48\,\text{kg} \cdot 9{,}8\,\frac{\text{N}}{\text{kg}} = 470\,\text{N}.$$

Auf dem Mond:

$$F_\text{G} = m \cdot g = 48\,\text{kg} \cdot 1{,}6\,\frac{\text{N}}{\text{kg}} = 77\,\text{N}.$$

Seite 187 (Material)

Material A – Masse und Schwerkraft

A1 ▹Bild 03A zeigt den prinzipiellen Aufbau einer Personenwaage: Wenn sich jemand auf die Waage stellt, dann wird eine Feder verformt. An der Skala liest man ab, wie groß die Verformung ist.
a) Du hast gelernt, dass man mit der Verformung der Feder eine Kraft messen kann. Warum kann man mit einer Personenwaage trotzdem eine Masse messen?
b) Stelle dir vor, du würdest dich auf dem Mond auf die Waage stellen. Berechne, was sie anzeigen würde.
c) Die Masse eines Körpers kann man auch mit einer Balkenwaage bestimmen. Was würde eine Balkenwaage anzeigen, wenn du sie auf dem Mond benutzen würdest? Erkläre.

a) Die Personenwaage misst die Gewichtskraft. Da die Gewichtskraft proportional zur Masse ist, kann man (bei bekanntem Ortsfaktor) die Masse berechnen. Die Anzeige einer Personenwaage ist entsprechend geeicht.
b) Eine übliche Waage ist für die Erde geeicht. Sie würde auf dem Mond eine zu geringe Masse anzeigen:
Die Gewichtskraft beträgt bei 48 kg auf dem Mond $48\,\text{kg} \cdot 1{,}6\,\text{N/kg} = 77\,\text{N}$. Die Anzeige geht von einem Ortsfaktor von 9,8 N/kg aus. Sie zeigt daher die Masse $77\,\text{N}/9{,}8\,\text{N/kg} = 7{,}9\,\text{kg}$ an.
c) Eine Balkenwaage vergleicht die Massen von Körpern durch die Gewichtskräfte, die auf sie ausgeübt werden. So kann man die Masse eines Körpers bestimmen, indem man sie mit bekannten Massen von Normkörpern ins Gleichgewicht bringt. Da auf beide Seiten wegen des kleineren Ortsfaktors dieselbe geringere Gewichtskraft ausgeübt wird, zeigt die Waage auf dem Mond den korrekten Wert an.

A2 Die Plane des Lastwagens in ▹Bild 03B wird mit einem Seil befestigt, das durch „Zurrpunkte" gezogen wird. Diese dürfen nur bis zu einer gewissen Grenze belastet werden. Dafür gibt es ein entsprechendes Hinweisschild.
Auf dem Schild werden 400 daN und 400 kg gleichgesetzt (1 daN = 10 N). Eigentlich ist das falsch. Trotzdem ist es an dieser Stelle praktisch. Erkläre.
N ist eine Krafteinheit und kg eine Masseneinheit. Kraft und Masse sind unterschiedliche Größen. Deswegen ist es falsch, beides gleichzusetzen.
Die höchste zulässige Kraft auf die Zurrpunkte ist mit 400 daN angegeben. Das entspricht $400 \cdot 10\,\text{N} = 4000\,\text{N}$.
Auf der Erde wirkt eine Gewichtskraft von 4000 N auf einen Körper der Masse 400 kg, wenn man für den Ortsfaktor grob 10 N/kg setzt. Im Alltag können sich die meisten Leute eher vorstellen, wie groß die Gewichtskraft ist, die mit 400 kg auf der Erdoberfläche verbunden ist als eine Kraft von 4000 N. Deshalb ist die Angabe sinnvoll.

Material B – Schwerelos ist nicht masselos!

B1 Nina meint: „Auf der ISS ist ja alles schwerelos. Deswegen können die Astronauten dort auch mit einem Medizinball Kopfbälle machen.“
Erkläre ihr, warum das keine gute Idee ist.
Der Medizinball hat auf der ISS dieselbe Masse wie auf der Erde. Wenn man mit dem Kopf seine Geschwindigkeit ändern möchte, dann treten genau so große Kräfte wie auf der Erde auf.

B2a) In der ISS kann man weder eine normale Personenwaage noch eine Balkenwaage dazu benutzen, um die Masse eines Körpers zu bestimmen. Erläutere.
b) Informiere dich: Wie wiegen sich Astronauten tatsächlich?
a) In der ISS wird auf alle Körper ausschließlich die Gewichtskraft ausgeübt. Die Federn in der Personenwaage sind nicht mit festem Boden, z. B. der Erde, verbunden. Nur dadurch könnten die Federn im Kräftegleichgewicht sein und zusammengedrückt werden. Bei der Balkenwaage ist es im Prinzip genauso.
b) Auf der Raumstation befindet sich ein Sitz der zwischen Federn frei schwingend aufgehängt ist. Man versetzt den Sitz in Schwingung. Die Frequenz der Schwingung hängt von der Masse ab. Dabei ist $f \sim 1/m^2$. Man vergleicht die Schwingungszeiten des Sitzes mit und ohne Astronaut und bestimmt daraus die Masse.

Material C – Ortsfaktoren

C1 Auf der Erde ist der Ortsfaktor nicht überall gleich (▹Tabelle 04). Eine Personenwaage zeigt deshalb nicht an jedem Ort die gleiche Masse an.
a) Wo auf der Erde wiegst du am wenigsten, wo am meisten?
b) Wie genau muss eine Personenwaage messen, um diesen Unterschied festzustellen?
a) Die Personenwaage misst eigentlich die Gewichtskraft. Man wiegt daher dort am wenigsten, wo der Ortsfaktor g am kleinsten ist. Das ist am Äquator der Fall. Am meisten wiegt man dort, wo g am größten ist, also an Nord- und Südpol.
b) Die Masse einer Person sei 48,0 kg.

Dann gilt am Äquator: $F_G = 48{,}0\,\text{kg} \cdot 9{,}78\,\frac{\text{N}}{\text{kg}} = 469\,\text{N}$

und am Nordpol: $F_G = 48{,}0\,\text{kg} \cdot 9{,}83\,\frac{\text{N}}{\text{kg}} = 472\,\text{N}$.

Die Waage müsste also auf 3 N genau anzeigen. Das entspricht in Mitteleuropa einer Masse von etwa 0,3 kg.

C2 ▹Bild 04 zeigt, wie sich der Ortsfaktor mit der Entfernung zum Erdmittelpunkt ändert. Als Einheit für die Entfernung dient der Radius der Erde (R = 6370 km).
a) Auf welchen Anteil nimmt der Ortsfaktor ab, wenn diese Entfernung verdoppelt wird? Belege an mehreren Beispielen aus dem Diagramm.
b) Boris sagt: „Die ISS schwebt so weit über dem Erdboden, dass der Ortsfaktor praktisch 0 N/kg ist. Deswegen ist man dort schwerelos.“ Nimm Stellung.
a) Der Ortsfaktor nimmt auf ein Viertel ab, wenn man den Abstand verdoppelt.

Abstand	$R \to 2\,R$	$1{,}5\,R \to 3\,R$	$2{,}5\,R \to 5\,R$
g in N/kg	$10 \to 2{,}5$	$4{,}4 \to 1{,}1$	$1{,}6 \to 0{,}4$

b) Die ISS umkreist die Erde in einer Höhe von 350 km über dem Erdboden. Das ist nur etwa 1/20 mehr als der Erdradius. Der Ortsfaktor ist daher kaum kleiner als am Erdboden (8,8 N/kg, vgl. S. 185, Tabelle 04). In der ISS ist man schwerelos, weil nur die Gewichtskraft auf einen Körper ausgeübt wird.

Kräfte und Verformungen

Seite 189

1 Zur Kraftmessung setzt man Federkraftmesser ein. Begründe, warum man keine Gummibänder dafür verwendet.
Bei einem Kraftmesser ist die Verlängerung der Schraubenfeder proportional zur Kraft. Man kann für den Federkraftmesser eine lineare Skala anfertigen. Bei einem Gummiband ist die Verlängerung nicht proportional zur Kraft. Es gibt somit keine lineare Skala. Somit ist das Gummiband nicht als Kraftmesser geeignet.

Seite 190

1 Ein wichtiger Bestandteil eines Kraftmessers ist die Schraubenfeder. Es gibt Kraftmesser für verschiedene Messbereiche. Erläutere, wodurch sich Federkraftmesser für einen Messbereich bis 1 N und einen Bereich bis 10 N voneinander unterscheiden.
Die Schraubenfedern von einem 1-N-Federkraftmesser müssen sehr weich sein. Sie haben eine kleine Federkonstante. Solche Federn bestehen meistens aus sehr feinem Draht. 10-N-Federkraftmesser enthalten harte Federn mit einer großen Federkonstante. Sie bestehen aus dickerem Draht.

2 An eine Feder mit D = 8 N/m wird eine Masse von 500 g gehängt. Berechne die Verlängerung der Feder.
Gegeben: Federkonstante D = 8 N/m, Masse m = 0,5 kg
Gesucht: Verlängerung der Feder s
Es ist $F = D \cdot s$, also gilt für s mit $F = m \cdot g$

$$s = \frac{F}{D} = \frac{m \cdot g}{D} = \frac{0{,}5\,\text{kg} \cdot 9{,}8\,\frac{\text{N}}{\text{kg}}}{8\,\frac{\text{N}}{\text{m}}} = 0{,}6\,\text{m}.$$

3 Bestimme aus dem *s*-*F*-Diagramm die Federkonstante für Feder 2.

Die Federkonstante entspricht dem Kehrwert der Steigung im *s*-*F*-Diagramm. Da es sich um eine Ursprungsgerade handelt, reicht es aus, für einen Punkt auf der Ausgleichsgeraden den Quotienten aus *s* und *F* zu berechnen.

Beispiel: $\frac{s}{F} = \frac{0{,}4\ \text{m}}{5\ \text{N}} = 0{,}08\ \frac{\text{m}}{\text{N}} = \frac{1}{D}$, also ist

$D = \frac{1}{0{,}08\ \frac{\text{m}}{\text{N}}} = 12{,}5\ \frac{\text{N}}{\text{m}}$.

Seite 191 (Material)

Versuche – Kraftmesser selbst gebaut

V1 Herstellen von Schraubenfedern

a) Als Material eignet sich z. B. einfacher Blumendraht. Er kann um einen Stift oder eine Papprolle gewickelt werden. Diese selbst hergestellte Schraubenfeder ist umso weicher, je größer der Durchmesser der Schraubenwindungen ist. Man sollte auf eine ordentliche Wicklung achten.

b) Die Federn lassen sich in einem begrenzten Bereich elastisch ausdehnen. Die Feder mit dem kleineren Windungsdurchmesser ist härter. Man braucht mehr Kraft, um sie genauso weit zu verlängern wie die Feder mit dem größeren Windungsdurchmesser.

V2 Untersuchen der Elastizität

a) Der Bereich, in dem sich die selbst gebastelte Feder elastisch verhält, ist nicht sehr groß. Bei einem Durchmesser von 1 cm ist die Feder für Kräfte bis ca. 2 N elastisch verformbar.

Mögliche Messergebnisse:

Harte Feder (Windungsdurchmesser 1 cm)

***m* in kg**	0,020	0,050	0,100	0,150	0,200
***s* in m**	0,004	0,01	0,02	0,03	0,04
***F* in N**	0,196	0,49	0,98	1,47	1,96

Weiche Feder (Windungsdurchmesser 3,5 cm)

***m* in kg**	0,002	0,005	0,010	0,020	0,030
***s* in m**	0,008	0,02	0,04	0,08	0,11
***F* in N**	0,02	0,049	0,98	0,196	0,294

b) Beispiele für *s*-*F*-Diagramme:

Für beide Federn gilt das HOOKE'sche Gesetz in einem begrenzten Messbereich. Sollte die Feder überdehnt worden sein, dann kann man sie nochmals über den Stift oder die Papprolle ziehen und die Windungen nachziehen.

c) Beispiel:

$\frac{s}{F} = \frac{0{,}05\ \text{m}}{0{,}49\ \text{N}} = 0{,}102\ \frac{\text{m}}{\text{N}} = \frac{1}{D}$, also ist

$D = \frac{1}{0{,}102\ \frac{\text{m}}{\text{N}}} = 9{,}8\ \frac{\text{N}}{\text{m}}$.

Die harte Feder ist für einen Messbereich von 0 N bis 2 N geeignet. Sie hat die Federkonstante $D = 9{,}8$ N/m.

d) Hierbei kommt es darauf an, dass die Schülerinnen und Schüler eine geeignete Anordnung der Skalenmarkierungen finden und den passenden Messbereich auswählen.

e) Hier können sich die Schülerinnen und Schüler z. B. an der Bauweise der Kraftmesser aus der Physiksammlung orientieren. Sie können die Skala auch auf die Papprolle bzw. den Stift kleben und die Feder darüber ziehen.

f) Beim Testen sollten die Schülerinnen und Schüler den Messbereich beachten, für den ihr Kraftmesser geeignet ist.

Material A – Federn im Alltag

A1 Der Sessel wiegt 10 kg. Berechne die Verlängerung der Feder.

Gegeben: Federkonstante $D = 5000$ N/m, Masse $m = 10$ kg

Gesucht: Verlängerung *s*

Aus $F = D \cdot s = m \cdot g$ folgt für *s*:

$$s = \frac{m \cdot g}{D} = \frac{10\ \text{kg} \cdot 9{,}8\ \frac{\text{N}}{\text{kg}}}{5000\ \frac{\text{N}}{\text{m}}} = 0{,}02\ \text{m}.$$

A2 Um bequem zu sitzen, sollte der Sessel mindestens 25 cm über dem Boden sein, wenn Murat im Sessel sitzt. Murat wiegt 45 kg. Hat der Vater die Seillänge richtig gewählt? Begründe deine Antwort.

Mit dem HOOKE'schen Gesetz $F = D \cdot s$ folgt:

$$s = \frac{F}{D} = \frac{m \cdot g}{D} = \frac{45\ \text{kg} \cdot 9{,}8\ \frac{\text{N}}{\text{kg}}}{5000\ \frac{\text{N}}{\text{m}}} = 0{,}088\ \text{m}.$$

Da die Feder um 8,8 cm verlängert wird, hängt der Sessel nur noch 21,2 cm über dem Boden. Der Vater hat das Seil zu lang gewählt, da die bequeme Sitzhöhe bei 25 cm liegt.

Material B – Diagramme interpretieren

B1a) Ordne die Messergebnisse den verschiedenen Körpern zu.

b) Bestimme für die beiden Federn die Federkonstanten.

a) Die blauen Messpunkte gehören zur weichen Feder, die grünen zum Gummiband und die roten zur harten Feder.

b) Die Federkonstante entspricht dem Kehrwert der Steigung der Ausgleichsgeraden. Man muss also zunächst jeweils eine Ausgleichsgerade durch den Ursprung legen. Dann wählt man einen geeigneten Punkt auf der Ausgleichsgeraden und bestimmt den Quotienten aus *s* und *F*.

Beispiel für die weiche Feder:

$\frac{s}{F} = \frac{1{,}0\ \text{m}}{6\ \text{N}} = \frac{1\ \text{m}}{6\ \text{N}} = \frac{1}{D}$, also $D = 6\ \frac{\text{N}}{\text{m}}$.

Beispiel für die harte Feder:

$\frac{s}{F} = \frac{0{,}2\ \text{m}}{3\ \text{N}} = 0{,}067\ \frac{\text{m}}{\text{N}} = \frac{1}{D}$, also $D = 15\ \frac{\text{N}}{\text{m}}$.

B2 Im ▹Bild 05 ist ein *F*-*s*-Diagramm dargestellt.
a) Beschreibe den Verlauf des Schaubilds.
b) Vermute, welcher Vorgang durch das Diagramm dargestellt wird. Begründe deine Antwort.
c) Finde heraus, wofür solche Messungen sinnvoll sein könnten.
a) Dargestellt ist die Kraft F in Abhängigkeit von der Verlängerung s. Bei geringer Verlängerung steigt die Kraft zunächst wenig an. Zwischen 0,5 mm und 4 mm Verlängerung nimmt die Kraft gleichmäßig zu. Dann nimmt die Kraft nur noch wenig zu, bis sie bei einer Verlängerung von 4,9 mm schlagartig auf Null absinkt.
b) In diesem Diagramm könnte dargestellt sein, welche Kräfte auf einen Körper bei der Dehnung wirken, bis er reißt oder bricht. Es wird damit ermittelt, welche Kräfte der Körper aushält.
c) Solche Untersuchungen werden bei Materialtests eingesetzt, wenn man die Bruchfestigkeit oder die Reißfestigkeit eines Körpers untersucht.

3 Kraft und Energie

Mechanische Energieübertragung

Seite 193

1 Wir ziehen bei dem Versuch statt des Wagens einen Holzklotz hoch. $F \cdot \Delta s$ ist nun bei den verschiedenen Steigungen nicht mehr konstant. Erkläre.
Wenn man den Versuch mit einem Holzklotz durchführt, spielt die Reibungskraft eine Rolle. Man misst deswegen eine größere Kraft. Je steiler die Rampe ist, desto kleiner wird die Reibungskraft, umgekehrt wie die mit dem Wagen gemessene Kraft. Deshalb ist $\Delta E = F \cdot \Delta s$ nicht für jede Steigung gleich.

2 Vergleiche den vereinfachten Versuchsaufbau mit dem Radfahrer auf der Passstraße. Erstelle eine Liste mit Gemeinsamkeiten und Unterschieden.
Vergleich Radfahrer – Versuch:
Gemeinsamkeiten:
- Überwinden einer Höhendifferenz,
- Energieaufwand mithilfe von Kraft,
- Reibung beim Rollen.

Unterschiede:
- Gerade Strecken beim Versuch, kurvige Passfahrt.
- Rollwagen wird gezogen, Radfahrer fährt selbst.
- Im Versuch Reibung vernachlässigbar klein, beim Radfahren eher nicht vernachlässigbar.
- Die übertragene Energie steckt beim Radfahrer nicht vollständig in der Zunahme der Lageenergie.
- Konstante Steigung im Versuch, beim Radfahrer eher variable Steigung im Verlauf der Strecke.

Seite 195

1 Du sollst mit einem Schraubenschlüssel eine Schraubenmutter festdrehen (▹Bild 06). Wo greifst du ihn am besten an? Begründe mit der „Goldenen Regel".
Man fasst den Schraubenschlüssel am besten außen an. Nach der Goldenen Regel ist bei diesem Vorgang das Produkt aus $F \cdot \Delta s$ gleich. Wenn man außen mit einer bestimmten Kraft den Schlüssel dreht, dann dreht sich die Schraube nur einen Bruchteil des Weges weit, aber sie wird mit einer entsprechend größeren Kraft gedreht.

2a) In ▹Bild 01 hebt der Kran eine Last 10 m hoch. Begründe, warum dafür vom Stahlseil 40 m aufgerollt werden müssen.
b) Die Last wiegt 10 t. Bestimme die Kraft, mit der ein Motor am Stahlseil dafür ziehen muss.
a) Der Kranhaken hängt an vier Seilstücken. Insgesamt wird der Kranhaken 10 m hoch bewegt, also muss jedes Seilstück um 10 m kürzer werden. Folglich müssen von dem Seil insgesamt 40 m aufgerollt werden.
b) Gegeben: Masse der Last: $m = 10\,\text{t} = 10\,000\,\text{kg}$, Höhenunterschied der Last: $\Delta s = 10\,\text{m}$, Länge des aufgewickelten Seils: $\Delta s = 40\,\text{m}$
Gesucht: Kraft F, die der Motor aufbringen muss
Aus der Masse m der Last berechnet man die Schwerkraft zu $F = m \cdot g \approx 100\,000\,\text{N}$.
$F \cdot \Delta s$ bleibt gleich, also muss gelten:
$100\,000\,\text{N} \cdot 10\,\text{m} = F \cdot 40\,\text{m}$, F in N.
Also ist $F = \dfrac{100\,000\,\text{N}}{4} = 25\,000\,\text{N}$.

Seite 196

1 Berechne die Lageenergie des Autos für die Höhe $h = 0{,}9$ m.
Gegeben: Masse $m = 0{,}1$ kg, Höhe $h = 0{,}9$ m
Gesucht: Lageenergie E_{Lage} des Autos
$E_{\text{Lage}} = m \cdot g \cdot h = 0{,}1\ \text{kg} \cdot 9{,}8\ \text{N/kg} \cdot 0{,}9\ \text{m} = 0{,}882\ \text{Nm}$
Die Lageenergie des Autos beträgt etwa 0,88 J.

Seite 197 (Material)

Versuche – Die Fahrrad-Gangschaltung

V1 Wie verhalten sich die Strecken?

a) $r = 0{,}25\,\text{m}$, d. h. $u = 1{,}57\,\text{m}$.

b)

Gang	A	B	C
Δs in m	3,3	4,2	5,8

V2 Wie verhalten sich die Kräfte?

a)

Gang	A	B	C
Kraft auf Pedal in N	70	70	70
Kraft auf Rad in N	35	30	20

b)

Gang	A	B	C
ΔE in J	110	110	110
Kraft auf Rad in N (berechnet)	33	26	19

Aufgrund der Reibung und weil nicht am äußeren Rand des Rades gemessen wurde, ergeben sich Abweichungen: Da die Kraft auf das Rad dadurch „zu groß“ ist, sind die berechneten Werte kleiner als die gemessenen.

Material A – Wie viel Energie brauchst du zum Gehen?

A1a) Anja (38 kg) misst, dass bei ihr diese Höhe durchschnittlich 3 cm beträgt. Berechne die Energie, die sie für einen Schritt braucht.
b) Mit einem Schritt legt Anja 80 cm zurück. Bestimme, wie viel Energie sie für eine Strecke von 1,0 km braucht.

a) Gegeben: Masse von Anja: $m = 38\,\text{kg}$, Höhenunterschied: $h = 3\,\text{cm} = 0{,}03\,\text{m}$
Gesucht: Energie pro Schritt: ΔE

$\Delta E = m \cdot g \cdot h = 38{,}0\,\text{kg} \cdot 9{,}8\,\frac{\text{N}}{\text{kg}} \cdot 0{,}03\,\text{m} \approx 10\,\text{Nm}$, also
$\Delta E = 10\,\text{J}$.

b) Gegeben: Weglänge pro Schritt: $80\,\text{cm} = 0{,}8\,\text{m}$, Länge der gesamten Strecke: $\Delta s = 1{,}0\,\text{km} = 1000\,\text{m}$
Gesucht: die für die Strecke von 1 km benötigte Energie ΔE.
Aus der Schrittweite und der Länge der Gesamtstrecke ermittelt man zunächst die Zahl n der Schritte für 1 km:

$$n = \frac{1000\,\text{m}}{0{,}8\,\text{m}} = 1250.$$

Daraus kann man die benötigte Gesamtenergie ΔE berechnen:
$\Delta E = 1250 \cdot 10\,\text{J} = 12\,500\,\text{J}$.

A2a) Führe die Messung selbst durch.
b) Berechne die Energie, die du beim Gehen in einer Stunde brauchst.

a) Hier ergeben sich unterschiedliche Messergebnisse für den Höhenunterschied beim Gehen.
b) Hier muss zunächst ermittelt werden, wie viele Schritte man beim Gehen in einer Stunde macht. Dazu misst man die Zeit, die man z. B. für 10 Schritte benötigt. Daraus kann dann die Zahl der Schritte errechnet werden.
Aus dem Messergebnis von a) errechnet man nach $\Delta E = m \cdot g \cdot h$ die Energie für einen Schritt. Diesen Wert multipliziert man mit dem errechneten Wert für die Zahl der Schritte während einer Stunde.

Seite 199

1 Es ist wichtig, die Energie beim Autofahren effizient zu nutzen. Dabei kann die Konstruktion des Autos entscheidend sein, aber auch die Fahrweise. Stelle zwei Checklisten zusammen: eine für den Kauf eines energieeffizienten Autos und eine für möglichst energieeffizientes Fahren.

Checkliste für Kauf:
- geringer Kraftstoffverbrauch,
- bei Einsatz des Autos auf Autobahnen und Landstraßen: geringer c_W-Wert,
- geringe Rollreibung,
- Hybrid-Antrieb.

Checkliste für effizientes Fahren:
- häufiges Anhalten und Anfahren vermeiden,
- vorausschauend fahren,
- beim Bremsen Motorbremse nutzen,
- hohe Geschwindigkeiten vermeiden,
- keine unnötigen Lasten transportieren.

2a) Der Anteil am Benzin, der für die Geschwindigkeitsänderung verbraucht wird, ist unterschiedlich groß (▹Bild 04). Begründe.
b) Ein Auto verbraucht in der Stadt 7,0 ℓ, auf Landstraßen 4,0 ℓ und auf der Autobahn 7,0 ℓ Kraftstoff. Berechne, wie vielen Litern die einzelnen Anteile entsprechen. (Z. B.: Verbrauchsanteil durch die Rollreibung in der Stadt: 2,1 ℓ.) Erstelle ein Diagramm ähnlich wie ▹Bild 04 und vergleiche.

In der Stadt muss man häufig anhalten und wieder anfahren. Dabei wird der Impuls des Fahrzeugs geändert. Das geschieht in der Stadt viel häufiger als auf Landstraßen und Autobahnen. Auf Autobahnen ist der Anteil am niedrigsten, weil man dort nur bei Stau anhalten muss.

b)

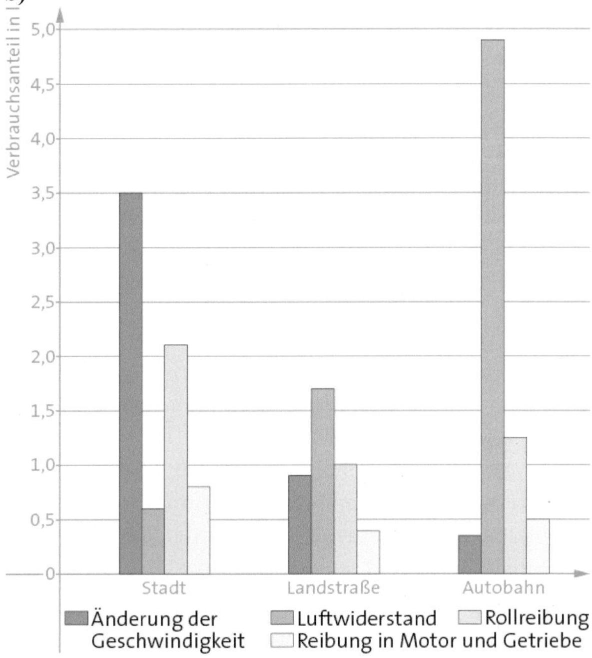

Man erkennt an dem Diagramm mit den absoluten Verbrauchswerten, dass Stadt- und Autobahnfahrten besonders viel Benzin benötigen. Bei den Stadtfahrten ist der hohe Verbrauch auf die ständigen Geschwindigkeitsänderungen und den relativ hohen Einfluss der Rollreibung zurückzuführen. Bei Autobahnfahrten spielt der Luftwiderstand mit Abstand die größte Verbrauchsrolle, was an der hohen Geschwindigkeit liegt, mit der dort gefahren wird. Der Vorteil der absoluten Werte liegt darin, dass die Unterschiede noch deutlicher zu sehen sind. So ist das Verhältnis der absoluten Verbrauchswerte von Luftwiderstand auf der Autobahn zu Luftwiderstand auf der Landstraße in der absoluten Darstellung deutlich größer als in der relativen.

Seite 201

1a) Auf das Ende des oberen Griffes der Zange im ▹Bild 04 wird eine Kraft von 40 N nach unten ausgeübt. Bestimme das Drehmoment.
b) Bei der Gangschaltung (▹Bild 06) wird der höchste Gang eingelegt (Radius des vorderen Zahnrads 0,08 m und des hinteres Zahnrads 0,02 m). Auf das Pedal wird eine Kraft von 500 N ausgeübt. Bestimme die Kraft, die das Hinterrad auf die Straße ausübt.

a) Gegeben: Kraft $F = 40$ N, Kraftarm $r = 0{,}16$ m
Gesucht: Drehmoment M
$M = F \cdot r = 40\ \text{N} \cdot 0{,}16\ \text{m} = 6{,}4\ \text{Nm}.$

b) Gegeben: Radius des Kettenblatts: $r = 0{,}08$ m, Radius des hinteren Zahnrads: $r = 0{,}02$ m, Kraft auf das Pedal: $F = 500$ N
Gesucht: Die Kraft, die das Hinterrad auf die Straße ausübt
Drehmoment durch das Pedal:
$M = F \cdot r = 500\ \text{N} \cdot 0{,}2\ \text{m} = 100\ \text{Nm}.$
Kraft, die das Zahnrad auf die Kette ausübt:
$$F = \frac{M}{r} = \frac{100\ \text{Nm}}{0{,}08\ \text{m}} = 1250\ \text{N}.$$
Drehmoment am Hinterrad:
$M = F \cdot r = 1250\ \text{N} \cdot 0{,}02\ \text{m} = 25\ \text{Nm}.$
Kraft, die das Hinterrad auf die Straße ausübt:
$$F = \frac{M}{r} = \frac{25\ \text{Nm}}{0{,}7\ \text{m}} = 36\ \text{N}.$$

Die mechanische Leistung

Seite 203

1 Noah (50 kg) und Jule (45 kg) wohnen im gleichen Haus. Noah im vierten, Jule im dritten Stock. Jedes Stockwerk hat eine Höhe von 2,8 m. Vom Erdgeschoss aus benötigt Noah über die Treppen 50 s nach Hause und Jule 40 s. Vergleiche die mechanischen Leistungen von Noah und Jule.

Gegeben: Masse Noah: $m = 50$ kg, Masse Jule: $m = 45$ kg, Stockwerk Noah: 4. Stock, Stockwerk Jule: 3. Stock, Höhe eines Stockwerks: $h = 2{,}8$ m, Zeitspanne für Noah: 50 s, Zeitspanne für Jule: 40 s
Gesucht: mechanische Leistungen P_{mech} von Noah und Jule.
Berechnung von Noahs Leistung:
$$P_{\text{mech}} = \frac{\Delta E_{\text{mech}}}{\Delta t} = \frac{m \cdot g \cdot h}{\Delta t}$$
$$= 50\ \text{kg} \cdot 9{,}8\ \frac{\text{N}}{\text{kg}} \cdot 4 \cdot \frac{2{,}8\ \text{m}}{50\ \text{s}} \approx 110\ \text{W}.$$
Berechnung von Jules Leistung:
$$P_{\text{mech}} = \frac{\Delta E_{\text{mech}}}{\Delta t} = \frac{m \cdot g \cdot h}{\Delta t}$$
$$= 45\ \text{kg} \cdot 9{,}8\ \frac{\text{N}}{\text{kg}} \cdot 3 \cdot \frac{2{,}8\ \text{m}}{40\ \text{s}} \approx 93\ \text{W}.$$
Noahs mechanische Leistung ist etwas größer als Jules.

2 Ein Elektromotor zieht einen Körper der Masse 1,0 kg an einem Faden hoch (▹Bild 03). Dafür werden in 4,0 s elektrisch 10 J auf ihn übertragen.
a) Wie hoch kann der Motor den Körper ziehen?
b) In Wirklichkeit zieht er den Körper um 60 cm nach oben. Berechne damit und mit dem Ergebnis aus a) den Wirkungsgrad des Motors.

a) Gegeben: Masse des Körpers: $m = 1{,}0$ kg, Dauer der Energieübertragung: $\Delta t = 4{,}0$ s, übertragene Energie: $\Delta E_{\text{mech}} = 10$ J
Gesucht: Höhenunterschied des Körpers: h.
Aus $\Delta E_{\text{mech}} = m \cdot g \cdot h$ folgt für die Höhe :
$$h = \frac{\Delta E_{\text{mech}}}{m \cdot g} = \frac{10\ \text{J}}{1{,}0\ \text{kg} \cdot 9{,}8\ \frac{\text{N}}{\text{kg}}} \approx 1{,}0\ \text{m}.$$

b) Gegeben: real erreichter Höhenunterschied: $h = 60\,\text{cm} = 0{,}6\,\text{m}$

$$\Delta E_{\text{mech}} = m \cdot g \cdot h = 1{,}0\,\text{kg} \cdot 9{,}8\,\frac{\text{N}}{\text{kg}} \cdot 0{,}6\,\text{m} \approx 5{,}9\,\text{J}.$$

Der Wirkungsgrad des Motors ergibt sich aus:

$$\eta = \frac{5{,}9\ \text{J}}{10\ \text{J}} = 0{,}59.$$

Seite 204

1 Der Motor eines Rennwagens und der Motor eines Traktors erbringen etwa die gleiche mechanische Leistung. Ein Traktor fährt trotzdem nicht so schnell wie ein Rennwagen. Dafür kann ein Rennwagen keinen Pflug ziehen. Erkläre.

Die mechanische Leistung ist gegeben durch das Produkt aus Kraft und Geschwindigkeit. Bei gleicher Leistung kann ein Traktor eine große Last mit einer großen Kraft ziehen. Dafür ist die erzielte Geschwindigkeit gering. Beim Rennwagen soll es genau anders herum sein. Er soll schnell fahren. Das geht auf Kosten der Kraft, mit der er eine Last ziehen könnte.

2 Noah (50 kg) joggt jeden Tag eine halbe Stunde (▹Bild 02). Berechne, wie viel Energie er dabei insgesamt auf die Umgebung überträgt. Verwende ▹Tabelle 04 auf S. 203.

S. 203, Tabelle 04 kann man entnehmen, dass beim Joggen eine mechanische Leistung von etwa 150 W erbracht wird. Da nur ¼ der aufgenommenen Energie hierbei mechanisch umgesetzt wird, ist die „Eingangsleistung“ 600 W. Diese Leistung ergibt sich zusätzlich zum Grundbedarf von 60 W.

Gegeben: Leistung: $P = 600\,\text{W} + 60\,\text{W} = 660\,\text{W}$, also 660 J/s, die Zeit, während der die Leistung erbracht wird: $\Delta t = 0{,}5\,\text{h} = 1800\,\text{s}$

Gesucht: die dabei abgegebene Energie: ΔE.

$$\Delta E = P \cdot \Delta t = 660\ \frac{\text{J}}{\text{s}} \cdot 1800\,\text{s} = 1\,200\,000\,\text{J} \approx 1200\,\text{kJ}.$$

Seite 205 (Material)

Versuche – Welche mechanische Leistung kannst du erbringen?

V1 Höchstleistung

a) – c) Schüleraktivität

d) Gegeben (Bsp.): Masse: 50 kg; Höhe der Sitzfläche: 0,50 m; 20-mal auf die Sitzfläche in 30 s

Gesucht: die mechanische Leistung.

$$P_{\text{mech}} = \frac{\Delta E_{\text{mech}}}{\Delta t} = \frac{(20 \cdot 50\,\text{kg} \cdot 9{,}8\,\frac{\text{N}}{\text{kg}} \cdot 0{,}50\,\text{m})}{30\,\text{s}} \approx 160\,\text{W}.$$

Mögliche Gründe für Unterschiede:

Von a) zu b): Die Last auf dem Rücken spürt man während der kurzen Zeitspanne kaum. Deswegen ist die Leistung etwas größer. (Das muss nicht sein!)

Von a) zu c): Eine Schultasche mit einer Masse von 5 kg wäre 10-mal leichter und müsste deswegen 10-mal so oft auf die Sitzfläche gestellt werden. Das ist nicht möglich. Deswegen ist die Leistung kleiner.

Wenn die Versuche direkt hintereinander durchgeführt werden, spielt die Ermüdung natürlich eine Rolle.

V2 Leistung und Herzfrequenz

a) Der Ruhepuls ist individuell verschieden und liegt etwa bei 70 Schlägen pro Minute.

b) Schüleraktivität

c) Beim Treppen laufen lässt sich die Leistung berechnen, die anderen Werte stehen in Tabelle 04 auf S. 203.

Im Allgemeinen gilt: Je höher die mechanische Leistung, desto höher die Herzfrequenz. Das gilt aber nicht streng, da der „Wirkungsgrad“ (vgl. V1) nicht immer gleich ist und die Herzfrequenz sich z. B. auch durch Aufregung ändert.

Material A – Der Wirkungsgrad bei einem Elektromotor

A1 In einem Versuch sollen Körper verschiedener Masse mit einem Elektromotor um 1,0 m hochgezogen werden.

a) ▹Bild 04 stellt den Wirkungsgrad dieses Elektromotors in Abhängigkeit von der Masse dar. Erkläre anhand des Diagramms, für welchen Bereich dir der Motor besonders geeignet erscheint.

b) Um einen Körper mit 1,25 kg hochzuziehen, benötigt der Motor 6,1 s. Bestimme Nutz- und Eingangsleistung hierbei. Berechne auch die benötigte Energie.

a) Das η-m-Diagramm liefert ein breites Maximum für Massen zwischen 0,75 kg und 1,25 kg. Der Wirkungsgrad η liegt dort bei 0,92. Für Massen zwischen 0,75 kg und 1,25 kg ist der Motor offenbar besonders geeignet.

b) Gegeben: Körpermasse: $m = 1{,}25\,\text{kg}$, Höhe: $h = 1{,}0\,\text{m}$, zum Hochziehen benötigte Zeitspanne: $\Delta t = 6{,}1\,\text{s}$, Wirkungsgrad: $\eta = 0{,}92$

Gesucht: Nutz- und Eingangsleistung: P_{nutz}, P_{ein}, benötigte elektrische Energie: ΔE

Zunächst berechnet man die Zunahme der Lageenergie ΔE des Massestücks:

$$\Delta E = m \cdot g \cdot h = 1{,}25\,\text{kg} \cdot 9{,}8\,\text{N/kg} \cdot 1\,\text{m} = 12{,}25\,\text{J}.$$

$$P_{\text{nutz}} = \frac{\Delta E}{\Delta t} = \frac{12{,}25\,\text{J}}{6{,}1\,\text{s}} = 2{,}0\,\text{W}.$$

$$P_{\text{ein}} = \frac{P_{\text{nutz}}}{\eta} = \frac{2{,}0\ \text{W}}{0{,}92} = 2{,}17\,\text{W}.$$

$$\Delta E = P_{\text{ein}} \cdot 6{,}1\,\text{s} = 2{,}17\ \frac{\text{J}}{\text{s}} \cdot 6{,}1\,\text{s} = 13{,}2\,\text{J}.$$

Material B – Training auf dem Fahrrad-Ergometer

B1 Bei einem Fahrrad-Ergometer wird die mechanische Leistung schrittweise gesteigert (▹Bild 05).

a) Bestimme die in den ersten drei Minuten übertragene Energie mithilfe des Digramms. Bestimme die insgesamt übertragene Energie.

b) Ein Pedal legt bei einer Umdrehung 1,0 m zurück. Im Trainingsprogramm tritt ein Sportler so, dass er dafür immer 1,0 s benötigt. Daher ändert sich die Kraft, mit der er auf die Pedale drückt. Erkläre mithilfe des Diagramms. Bestimme jeweils die Kraft.

a) In den ersten drei Minuten beträgt die mechanische Leistung $P_{mech} = 50\,W$. Die Zeitspanne, während der die Leistung erbracht wird, ist $\Delta t = 3\,min = 180\,s$. Die in dieser Zeit übertragene Energie ist folglich:

$\Delta E_{mech} = P_{mech} \cdot \Delta t = 50\,J/s \cdot 180\,s = 9000\,J$.

In den nächsten drei Minuten ist die Leistung 100 W. Die in dieser Zeit übertragene Energie ist somit 18 000 J.

In den nächsten drei Minuten beträgt die übertragene Energie 27 000 J.

In den letzten drei Minuten ist übertragene Energie 36 000 J.

Für die insgesamt in 12 Minuten Trainingszeit übertragene Energie summiert man alle vier Teilbeträge auf:

$E_{mech} = 9000\,J + 18\,000\,J + 27\,000\,J + 36\,000\,J = 90\,000\,J$.

b) Der Sportler tritt gleichmäßig in die Pedale. Die Geschwindigkeit, mit der er tritt, ist immer gleich: 1,0 m (eine Umdrehung) in 1,0 s, also $v = 1{,}0\,m/s$. Das Diagramm zeigt, dass die Leistung jeweils nach drei Minuten gesteigert wird. Da die Leistung durch das Produkt aus Kraft F und Geschwindigkeit v gegeben ist, muss die Kraft dabei größer werden. Die Geschwindigkeit bleibt ja konstant.

Es gilt $P_{mech} = F \cdot v$. Mit $v = 1{,}0\,m/s$ gilt dann in den Zeitabschnitten:

$$0 - 3\,min: F = \frac{P_{mech}}{v} = \frac{50\,\frac{J}{s}}{1{,}0\,\frac{m}{s}} = 50\,\frac{Nm}{m} = 50\,N,$$

$3 - 6\,min: F = 100\,N$,

$6 - 9\,min: F = 150\,N$,

$9 - 12\,min: F = 200\,N$.

Seite 206

1a) Gib jeweils eine Messvorschrift für das Volumen und die Geschwindigkeit an.

b) Erstelle eine Versuchsskizze, aus der die Messvorschrift für das Volumen und die Geschwindigkeit deutlich wird.

a) Volumen:

Wenn der Körper eine größere Dichte als Wasser hat, dann kann man sein Volumen mit der Verdrängungsmethode bestimmen: Man taucht ihn in einen Messzylinder, der teilweise mit Wasser gefüllt ist. Durch das Eintauchen steigt der Wasserstand. An der Skala des Messzylinders kann man ablesen, wie groß die Volumenänderung (z. B. in mℓ) durch das Eintauchen ist. Diese Änderung entspricht dem Volumen des Körpers.

Geschwindigkeit:

Man misst, wie groß die Zeitspanne Δt ist, die ein Körper braucht, um eine bestimmte Strecke Δs zurückzulegen. Wenn man sich sicher ist, dass sich der Geschwindigkeitspfeil in dieser Zeitspanne nicht geändert hat, dann gilt für die Geschwindigkeit in m/s:

$v = \Delta s / \Delta t$.

b) Volumen:

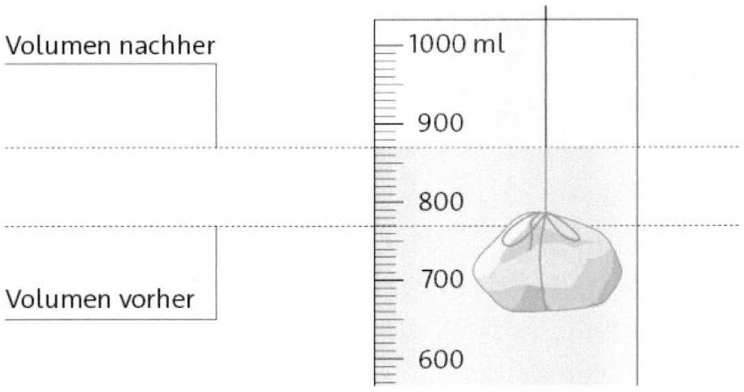

Geschwindigkeit:

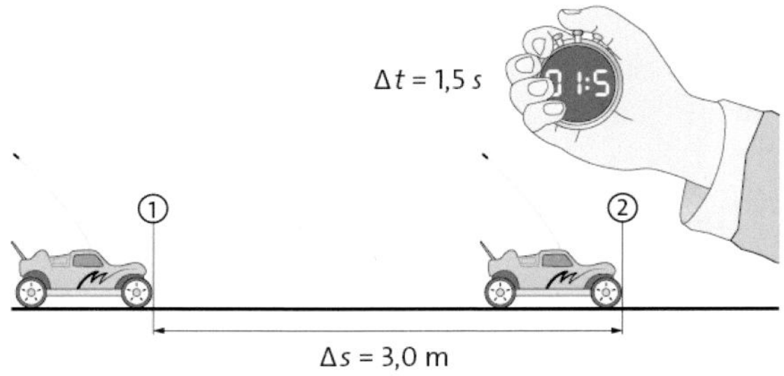

2 Stelle dir vor: Deine Klasse fährt im Bus durch den Urwald. An einer Brücke über eine tiefe Schlucht steht ein Verkehrsschild mit einer rot durchgestrichenen „5“.

a) Was könnte dieses Schild bedeuten?

b) Würdest du über die Brücke fahren? Begründe.

a) Beispiele für mögliche Bedeutungen:

- Maximal zugelassene Masse: 5 t
- Höchstgeschwindigkeit: 5 km/h
- Mindestgeschwindigkeit: 5 mph (miles per hour)
- Hier endet der Verwaltungsbezirk 5.
- Nicht zugelassen für Fahrzeuge der Kategorie 5 (Eigenschaften unklar).
- Keine Bedeutung: Es ist veraltet oder ein Spaßvogel hat sich einen Scherz erlaubt.

b) Individuelle Lösung. Ein Bezug auf den Zustand der Brücke und darauf, wie dringlich die Überquerung ist, wäre sinnvoll.

3 Gib eine Erklärung für die Beobachtung von ARISTOTELES nach heutiger Sicht.

Aus der alltäglichen Erfahrung heraus hören Bewegungen von alleine auf. Dies liegt daran, dass Bewegungen im Normalfall nicht ohne Reibung ablaufen. Wenn die Geschwindigkeit eines Körpers dann gleich bleiben soll, muss er im Kräftegleichgewicht sein und man muss ständig eine Kraft auf ihn ausüben.

4 Früher nannte man die Bewegungsenergie noch „lebendige Kraft“. Erkläre, warum es sinnvoll ist, diesen Begriff nicht mehr zu verwenden.

Wenn man den Begriff „lebendige Kraft“ verwendet, dann kann man schon durch die Sprache die physikalischen Größen Kraft und Bewegungsenergie leicht verwechseln. Ein Körper kann Bewegungsenergie, Lageenergie etc. haben. Mithilfe von Kraft kann Energie auf einen Körper übertragen werden. Ein Körper kann aber keine „Kraft haben“. Ein Körper kann eine Kraft auf einen anderen Körper ausüben.

Magnetismus und Elektrizität

Didaktische Hinweise

Aufbau des Kapitels

Das Kapitel Magnetismus und Elektrizität spannt den Bogen von Phänomenen und Modellvorstellungen zum Magnetismus und zum elektrischen Strom über die Größen des elektrischen Stromkreises bis zur Energieübertragung im Stromkreis.

Magnetismus

Aus dem Fach Biologie, Naturphänomene und Technik bringen die Schülerinnen und Schüler praktische Erfahrungen und einfache Kenntnisse über Magnete mit. Diese Kompetenzen werden nun aufgegriffen und fortgeführt. Der Magnetismus gilt als einfaches Thema; bei genauerer Betrachtung stellt man allerdings eine Vielzahl von Phänomenen fest, die aus Schülersicht nicht einfach zu verstehen sind. Für Schülerinnen und Schüler ungewohnt ist die Tatsache, dass Magnete Kräfte über große Entfernungen ausüben. Vielfach herrscht die falsche Vorstellung vor, dass Magnete alle metallischen Körper anziehen. Außerdem ist unverständlich, warum es zwischen Magneten Anziehung und Abstoßung gibt, zwischen einem Magneten und einem eisenhaltigen Körper jedoch nur Anziehung. Eine wohlüberlegte didaktische Reduktion ist für ein tragfähiges Verständnis daher unerlässlich. Hier greift das Modell der Elementarmagnete. Es erklärt auf einer einfachen Ebene die Phänomene der Magnetisierung und Entmagnetisierung sowie der magnetischen Influenz.

Magnetfeld

Die oben erwähnte Wirkung von Magneten über große Entfernungen hinweg führt rasch zum magnetischen Feld. Ein durchdachtes Konzept zum Magnetfeld ermöglicht den Schülerinnen und Schülern die Erfassung des Feldbegriffs. Der entscheidende Vorteil des Feldmodells ist die lokale Betrachtungsweise: Die Ausrichtung einer Magnetnadel an einem beliebigen Punkt ist allein durch den Verlauf der Feldlinie durch diesen Punkt bestimmt. Dagegen kann man die Ausrichtung der Nadel durch Anziehung und Abstoßung zwischen ungleichnamigen bzw. gleichnamigen Polen nicht einfach vorhersagen. Konsequenterweise legen wir die Richtung der magnetischen Feldlinie über die Ausrichtung der Magnetnadel fest und nicht über ihren Verlauf vom Nordpol eines Dauermagneten zu seinem Südpol. Diese Festlegung lässt sich problemlos auf geschlossene Feldlinien beim Elektromagnetismus übertragen.

Elektrizität

Auch in der Elektrizitätslehre stellen die Phänomene die Ausgangspunkte zur Entwicklung von geeigneten Modellvorstellungen dar. Die zentralen didaktischen Konzepte, die dabei entwickelt werden müssen, sind das Modell vom geschlossenen Stromkreis, die Vorstellung von der Spannung als Antrieb und dem Widerstand als Hemmung für den elektrischen Strom sowie das Modell von der Energieübertragung im elektrischen Stromkreis. Elektrostatische Betrachtungen sind für das Verständnis der Vorgänge im elektrischen Stromkreis nicht erforderlich und werden daher erst im Band 9/10 behandelt.

Alltagsvorstellungen

Die Elektrizitätslehre ist in hohem Maße von den Präkonzepten der Schülerinnen und Schüler betroffen. Untersuchungen haben gezeigt, dass die Präkonzepte mit den zu lernenden Konzepten häufig nicht übereinstimmen oder dazu sogar im Widerspruch stehen. Für den Physikunterricht besonders hinderlich ist die Verbrauchsvorstellung: Häufig denken Kinder, dass das elektrische Gerät den Strom verbraucht. Diese gewissermaßen natürliche Vorstellung („Essen wird verbraucht“, „Benzin wird verbraucht“) wird auf den elektrischen Strom übertragen. Die Vorstellung wird durch die Alltagssprache weiter gefördert („Stromverbrauch“) sowie durch die tagtägliche Erfahrung mit Elektrogeräten, die mit nur einem Kabel angeschlossen werden. Nach eigenen praktischen Erfahrungen mit einem Stromkreis aus Batterie und Lampe entwickeln Kinder ihre Vorstellung weiter. Häufig denken sie nun, dass die Lampe einen Teil des Stroms verbraucht und der Rest zur Batterie zurückfließt. Alternativ entwickeln Kinder auch die sogenannte Zweiführungsvorstellung, wonach vom Pluspol der Batterie „Plusstrom“ und vom Minuspol der Batterie „Minusstrom“ zur Lampe fließt. Typisch für Schülerinnen und Schüler ist eine lokale Sichtweise auf den elektrischen Stromkreis. Dazu gehört z. B. eine Art von Stauvorstellung, wonach die Ladung durch eine Engstelle langsamer fließt und sich daher vor der Engstelle staut. Häufig ist die Vorstellung, wonach sich der elektrische Strom an einer Verzweigung halbiert, unabhängig von den Widerständen in den Zweigen des Stromkreises.

Folgerungen für den Unterricht

Der Unterricht zur Elektrizitätslehre muss sich an den zu erwartenden Lernschwierigkeiten orientieren. Dazu gehört insbesondere ein Unterrichtsgang, der die zugrunde liegenden Strukturen möglichst gut verdeutlicht. In diesem Zusammenhang ist die Wahl eines geeigneten Modells sehr wichtig. Zur Veranschaulichung der Vorgänge im elektrischen Stromkreis verwenden wir den Wasserstromkreis als Analogiemodell. Dabei legen wir Wert darauf, dass das Modell nicht einfach nur mitgeteilt, sondern auf der Grundlage von experimentellen Indizien entwickelt wird. In der gesamten Elektrizitätslehre ist eine bewusste Sprechweise unabdingbar, um etwaige falsche Schülervorstellungen nicht durch irreführende Begriffe wie Stromquelle, Spannungsquelle, Verbraucher etc. zu bestärken. Bei Demonstrationsversuchen empfehlen wir ferner, für die Leitungen zum Plus- und Minuspol keine unterschiedlich farbigen Kabel zu verwenden, um die Zweiführungsvorstellung nicht zu unterstützen.

Stromrichtung

Die Festlegung der Stromrichtung ist wie die Festlegung des Ladungsvorzeichens willkürlich und nur historisch zu verstehen. Die konventionelle oder technische Stromrichtung entspricht der Fließrichtung der (positiven) Ladung. Die Bewegung der Ladungsträger hängt aber vom Vorzeichen ihrer Ladung ab: Positive Ladungsträger, also positive Ionen in Flüssigkeiten und Gasen sowie Defektelektronen in Halbleitern, bewegen sich gemäß der konventionellen Stromrichtung. Negative Ladungsträger, also negative Ionen und insbesondere Elektronen in Metallen, bewegen sich entgegengesetzt zur konventionellen Stromrichtung. In vielen realen Stromkreisen wird die Ladung von unterschiedlichen Ladungsträgern transportiert (z. B. von positiven und negativen Ionen innerhalb einer Batterie, von Elektronen und Defektelektronen in einer LED und von Elektronen in metallischen Leitungen) und somit gibt es keine einheitliche Bewegungsrichtung der Ladungsträger. Aus diesem Grund haben wir uns für die konventionelle Stromrichtung entschieden. Dies hat zudem den Vorteil, dass die Ladung im Äußeren des Stromkreises stets von Stellen hohen zu Stellen niedrigen Potenzials fließt. Der Potenzialunterschied kann als Antrieb im elektrischen Stromkreis gedeutet werden.

Stromstärke, Spannung und Widerstand

Die physikalischen Größen Stromstärke und Spannung werden anhand des Wassermodells unter Ausnutzung von Analogien eingeführt. Die Festlegung der Stromstärke erfolgt als Quotient aus geflossener Ladungsmenge ΔQ und zugehöriger Zeitspanne Δt. Sie knüpft an die ähnlich gebildete Gleichung für die Leistung aus übertragener Energiemenge ΔE und zugehöriger Zeitspanne Δt an. Die elektrische Spannung wird als Potenzialunterschied nur qualitativ eingeführt. Wichtig ist der korrekte Umgang mit Ampere- und Voltmeter. Da Schülerinnen und Schüler Messgeräte immer wieder falsch anschließen und bedienen, haben wir jeweils eine Methodenseite zur Messung von Stromstärke und Spannung berücksichtigt. Die genaue Bedienung der Messgeräte muss dabei sicherlich noch an die in der Schule vorhandenen Geräte angepasst werden. Der elektrische Widerstand ergibt sich aus der Beobachtung, dass die Stromstärke bei unterschiedlichen Geräten trotz gleicher Spannung i. Allg. unterschiedlich ist. Der Widerstand wird als die Größe eingeführt, die den elektrischen Strom hemmt. Erst die Spannung und der Widerstand bestimmmen zusammen die elektrische Stromstärke. Bei diesem didaktischen Konzept muss man darauf achten, nicht ungewollt Fehlvorstellungen der Mechanik zu bestärken, insbesondere die Vorstellung, dass Körper ohne Antrieb von alleine zur Ruhe kommen. Daher ist es wichtig, darauf hinzuweisen, dass Leitungen und elektrische Geräte den Fluss der Ladung ständig hemmen und deshalb ständig ein Antrieb im elektrischen Stromkreis erforderlich ist. Der Bildungsplan verlangt nur eine qualitative Betrachtung des elektrischen Widerstands. Zur quantitativen Behandlung bietet das Buch eine Vertiefungsseite an.

Elektrisches Potenzial

Um die Vorgänge bei Reihen- und Parallelschaltungen besser verstehen zu können, bietet sich das elektrische Potenzial an. Mit der Methode des Einfärbens können die Schülerinnen und Schüler auch komplexere Schaltungen untersuchen und auch planen. Zur Veranschaulichung des Potenzials eignet sich neben der schon eingeführten Druckanalogie auch die Höhenanalogie. Dabei können die Höhen leicht mit Legosteinen dargestellt werden.

Elektrische Energieübertragung

Nicht zuletzt ist die elektrische Energieübertragung ein unverzichtbarer Aspekt der Elektrizitätslehre. Er greift die Verbrauchsvorstellung der Schülerinnen und Schüler auf und deutet sie in eine physikalisch tragfähige Vorstellung um. Daher ist es wichtig, die elektrische Energieübertragung von Anfang an und immer wieder zu thematisieren. Mit der Gleichung zur elektrischen Leistung verlangt der Bildungsplan auch eine quantitative Betrachtung der Energieübertragung im elektrischen Stromkreis. Das Buch greift diesen Aspekt gegen Ende des Kapitels auf und führt die Leistung anhand von Versuchen mit einem Generator ein. Damit schließt die formale Betrachtung der Elektrizitätslehre. Im Anschluss erfolgt eine Betrachtung der elektrischen Energiequellen. Dabei nutzen wir aus, dass viele elektrische Energiequellen eine Entsprechung unter den elektrischen Geräten haben, wobei in der Energiequelle genau der umgekehrte Vorgang abläuft wie im zugehörigen Gerät (z. B. Generator und Motor, Solarzelle und LED usw.). Der letzte Abschnitt rundet das Kapitel mit der elektrischen Energieversorgung im technischen Maßstab ab.

Experimentelle Hinweise

S. 236: Dass der Strom wirklich im Kreis fließt, kann man mit einem drehbaren Stromkreis und einem Kompass als Stromanzeiger demonstrieren. Als Quelle dient ein 6-V-Bleiakku. Statt einer Lampe wird ein offener Glühdraht eingebaut (CrNi, 0,2 mm, 10 cm). Da die Ausrichtung der Kompassnadel auch vom Erdmagnetfeld abhängt, muss der Stromkreis unter dem Kompass durchgedreht werden.

Seite 213 (Kannst du es noch?)

1 Nenne mindestens sechs verschiedene Gegenstände, die von einem Magneten angezogen werden.
Schere, Münzen (1-Cent, 2-Cent und 5-Cent), Schraube, Nagel, Büroklammer, Türgriff, Türrahmen, Heizkörper, Kühlschranktür, Tafel, …

2 Du tauchst einen Magneten in eine Schachtel mit Nägeln. Anschließend nimmst du den Magneten wieder heraus. Beschreibe, was geschieht.
An den Enden des Magneten bleiben viele Nägel hängen. Manche ordnen sich so an, dass sie einen Bogen von einem Ende des Magneten zum anderen bilden. In der Mitte des Magneten bleiben keine Nägel haften.

3 Erkläre anhand der Polregel die Anordnungen A, B, und C der Magnete in dem folgenden ▹Bild 04.
Gleichnamige Pole stoßen sich ab, weshalb die Magnete im Bild A übereinander schweben. Sie sind so angeordnet, dass sich gleiche Pole gegenüberliegen.
Im linken Reagenzglas im Bild B liegen sich gleiche Pole gegenüber, sodass der obere Magnet schwebt. Im rechten Reagenzglas liegen sich Nord- und Südpol gegenüber, die Magnete ziehen sich an. Im Bild C sind zwei Magnete so aufgehängt, dass gleiche Pole nebeneinanderliegen, sie stoßen sich ab. Der rechte Magnet ist gegenüber dem mittleren so angeordnet, dass ungleichnamige Pole nebeneinanderliegen, sodass sich der mittlere und der rechte Magnet anziehen.

4 Bei der Mülltrennung werden starke Magnete eingesetzt. Gib an, welche Art von Müll mit einem Magneten aussortiert werden kann. Begründe deine Antwort.
Mit einem Magneten können ferromagnetische Materialien aussortiert werden. Dazu gehören zum Beispiel Dosen, Kronkorken oder Schrottteile vom Auto.

5 Julia sagt: „Also, wenn ich meinen Nagel an den Magneten annähere, dann zieht er den Magneten an." Franziska entgegnet: „Das kann nicht sein! Ein Magnet kann einen Nagel anziehen, weil der aus Eisen ist, aber nicht umgekehrt." Was denkst du? Nimm Stellung zu den Aussagen von Julia und Franziska.
Ein Magnet und ein ferromagnetischer Gegenstand ziehen sich gegenseitig an. Deshalb hat Julia recht. Franziskas Aussage stimmt insofern, dass der Magnet den Nagel anzieht, weil er aus Eisen ist. Aber sie hat unrecht damit, dass es umgekehrt nicht geht.

6 Stelle dir vor, du hast einen Stabmagneten und einen Eisenstab. Beide sehen genau gleich aus. Überlege dir, wie du ohne weitere Hilfsmittel herausfinden kannst, welcher der beiden Stäbe der Magnet ist. Begründe dein Vorgehen.
Die magnetische Wirkung ist bei einem Magneten an den Polen am stärksten und in der Mitte sehr schwach. Andererseits zieht ein Magnetpol einen Eisenstab überall am Eisenstab gleich stark an. Man muss also das Ende eines Stabes am anderen Stab entlangführen. Wenn die Anziehung überall gleich ist, dann ist der Stab, mit dessen Ende der andere Stab untersucht wurde, der Magnet. Ist die Anziehung an den Enden größer als in der Mitte, dann ist der untersuchte Stab der Magnet.

7 Tim und Simon haben beide einen Elektromagneten gebaut. Tim hat seine Spule um eine Eisenschraube gewickelt, Simon hat sie um einen Filzstift gewickelt. Die Anzahl der Windungen ist bei beiden gleich. Was meinst du, welcher Elektromagnet funktioniert besser? Begründe deine Antwort.
Der Elektromagnet von Tim funktioniert besser. Durch die Eisenschraube wird die magnetische Wirkung der stromdurchflossenen Spule verstärkt. Durch den Filzstift geschieht dieses nicht.

8 Du näherst einen Elektromagneten an einen drehbar gelagerten Stabmagneten an. Beschreibe, welche unterschiedlichen Beobachtungen du machen könntest. Wovon hängt es ab, was du beobachtest? Erkläre.
Der Magnet kann angezogen oder abgestoßen werden. Er dreht sich entweder zum Elektromagneten hin oder von ihm weg. Der Elektromagnet hat genau wie der Stabmagnet einen Nord- und einen Südpol. Wenn sich zwei gleichnamige Pole gegenüberliegen, dann stoßen sie sich ab, andernfalls ziehen sie sich an.

9 Für einen Schrottkran wird ein starker Elektromagnet verwendet. Überlege, welchen Vorteil der Elektromagnet gegenüber einem herkömmlichen Magneten hat. Begründe deine Antwort.
Ein Elektromagnet kann ein- und ausgeschaltet werden. Der Schrottkran kann bei eingeschaltetem Magneten den Schrott anheben und an einem anderen Ort durch Abschalten des Magneten wieder ablegen. Es können außerdem sehr starke Elektromagnete gebaut werden, die auch sehr schwere Schrottteile anheben können.

10 Für jedes elektrische Gerät benötigt man eine passende Energiequelle. Erläutere diese Aussage anhand eines Beispiels.
Wenn man eine 4-V-Glühlampe an eine 1,5-V-Batterie anschließt, dann glimmt sie nur leicht. Schließt man sie an eine 9-V-Batterie an, dann brennt die Glühlampe durch. Eine 4,5-V-Batterie passt am besten zu dieser Glühlampe.

11 Elektrischer Strom kann auch gefährlich sein. Nenne zwei Beispiele und beschreibe jeweils, worin die Gefahr besteht.

Wenn man eine Batterie kurzschließt, indem man beide Pole direkt miteinander verbindet, dann fließt ein starker Strom. Die Batterie heizt sich auf und wird zerstört.

Elektrischer Strom ist für den Menschen gefährlich. Man sollte nie direkt in die Anschlüsse einer Steckdose fassen, denn dann wird der Stromkreis geschlossen und es fließt ein starker Strom durch den Körper, der zu einem Herzstillstand führen kann.

12 Welche Materialien leiten den elektrischen Strom und welche nicht? Lege eine Tabelle an.

Ein Lösungsbeispiel:

Material	leitet den Strom	leitet den Strom nicht
Kunststoff		X
Aluminiumfolie	X	
Glas		X
Holz		X
Eisen	X	
Kupfer	X	

13 Kennst du einen Versuchsaufbau, mit dem man testen kann, ob ein Gegenstand den elektrischen Strom leitet?

a) Skizziere einen möglichen Versuchsaufbau.

b) Beschreibe, wie der Versuch durchgeführt werden muss.

c) Du möchtest untersuchen, welche Flüssigkeiten den elektrischen Strom leiten. Wie musst du den Versuchsaufbau verändern? Beschreibe.

a)

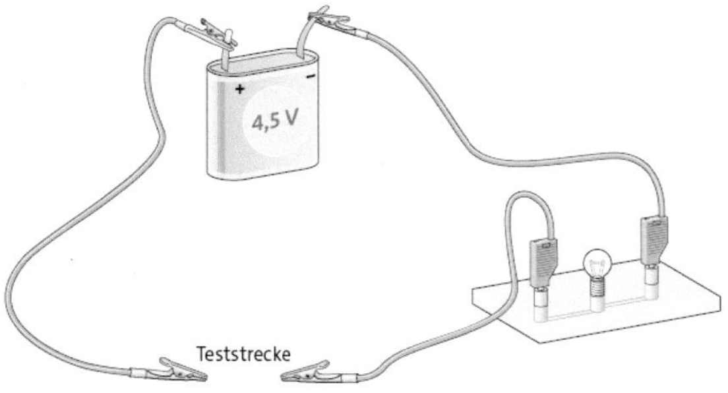

b) Ein Gegenstand wird mit den Krokodilklemmen in die Teststrecke eingebaut, sodass der Stromkreis geschlossen ist. Wenn die Lampe leuchtet, dann leitet der Gegenstand elektrischen Strom.

c) Die Flüssigkeit wird in ein Glas gefüllt. Man schneidet ein Stück Pappe aus, das auf das Glas gelegt werden kann. An die Krokodilklemmen werden zwei Nägel befestigt. Diese werden so durch die Pappe gesteckt, dass sie sich nicht berühren. Man legt die Pappe mit den Nägeln so auf das Glas, dass die Nägel in die Flüssigkeit eintauchen. Damit man auch schwach leitende Flüssigkeiten untersuchen kann, sollte man die Glühlampe durch eine Leuchtdiode ersetzen. Dabei muss man auf die Polung achten (langes Bein an Plus, kurzes Bein an Minus).

14 Zeichne jeweils einen Schaltplan:

a) In einer Schaltung werden zwei Lampen in Reihe mit einem Schalter und einer Batterie geschaltet.

b) Zwei Lampen werden parallel zu einer Batterie geschaltet.

a)

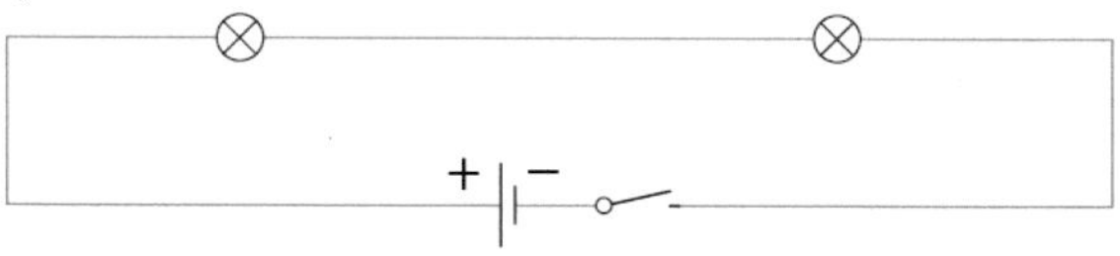

b)

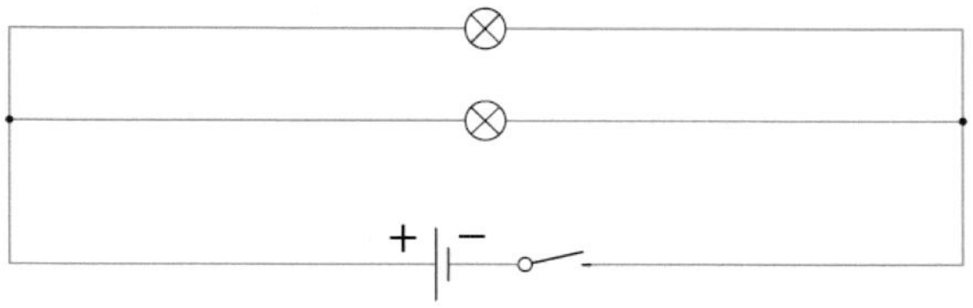

15 ▹Bild 05 zeigt einen Schaltplan mit Schaltern. Benenne die Schalter, die geschlossen sein müssen, damit die Lampe leuchtet. Begründe.

Der Stromkreis muss geschlossen sein, damit die Lampe leuchtet. Dazu muss auf jeden Fall Schalter S4 geschlossen sein. Zusätzlich muss einer der drei Schalter S1, S2 und S3 geschlossen sein.

16 Dir stehen Pappe, Aluminiumfolie, Kabel und Tesafilm zur Verfügung. Beschreibe, wie du aus diesem Material einen Tastschalter bauen kannst.

Man schneidet einen etwa 8 cm langen und 2 cm breiten Streifen aus der Pappe heraus. Um jedes Ende klebt man einen etwa 2 cm breiten Streifen Aluminiumfolie. Dann knickt man den Pappstreifen in der Mitte. An den Außenseiten der Enden schiebt man jeweils ein am Ende abisoliertes Kabel unter die Aluminiumfolie und klebt das Kabel mit Klebestreifen fest. Wenn man die Enden aufeinanderdrückt, so dass sich die Alufolien berühren, dann ist der Schalter geschlossen.

1 Magnetismus

Magnete

Seite 215

1 Magnete gibt es in vielen verschiedenen Formen: z. B. Ringmagnete, Scheibenmagnete, Stabmagnete, Hufeisenmagnete. Auch die Kompassnadel ist ein Magnet. Untersuche, wo bei diesen Magneten die Bereiche stärkster Wirkung liegen.
Die Bereiche stärkster Wirkung liegen bei Stabmagneten und Hufeisenmagneten jeweils an den Enden, beim Nord- bzw. Südpol.
Ringmagnete und Scheibenmagnete können auf zwei Arten magnetisiert sein: Wenn jeweils ein Pol an der Ober- bzw. Unterseite liegt, dann ist dort die Wirkung am stärksten. Wenn jeweils eine Hälfte der Kreisscheibe ein Pol des Magneten ist, dann ist die Wirkung seitlich an den Polen am stärksten.

2 Untersuche, ob man mit einem Magneten Münzen sortieren kann.
Es gibt magnetisierbare und nicht magnetisierbare Münzen. Bei den Euro-Münzen sind die 1-, 2- und 5-Cent-Stücke magnetisierbar. Zumindest diese Münzen könnte man mit einem Magneten von den anderen Euro-Münzen trennen.
Vorschlag für den Bau eines Münzsortierers: Es sind verschiedene Bauweisen möglich. Wenn man z. B. die Münzen über einen Pappstreifen, unter dessen rechter Hälfte ein Magnet befestigt ist, heruntergleiten lässt, werden die magnetisierbaren Münzen nach rechts abgelenkt. Wichtig ist dabei, dass der Pappstreifen schräg genug ist, damit die Münze zwar abgelenkt, aber nicht vom Magneten festgehalten wird. Auch die Stärke des Magneten beeinflusst die notwendige Schräglage. Das Ganze kann in einen Schuhkarton eingebaut werden. Die Münzen werden oben durch einen Schlitz eingeworfen. Unten werden sie in 2 verschiedenen Behältern aufgefangen. Im rechten die 1-, 2- und 5-Cent-Münzen, im linken die übrigen.

Seite 216

1 Erkläre mit dem Modell der Elementarmagnete, warum die Büroklammer durch Erhitzen oder Erschüttern entmagnetisiert werden kann.
Durch die Zufuhr von Wärme oder durch Erschütterung können sich die Elementarmagnete bewegen. Dabei gehen sie aus dem geordneten magnetisierten Zustand wieder in einen ungeordneten Zustand über.

Seite 217 (Material)

Versuche – Magnetismus

V1
Die Schüler erhalten einen Stabmagneten und können damit ihre Umgebung erkunden. Sie erkennen dabei, dass viele metallische Gegenstände magnetisierbar sind, aber nicht alle. Sie müssen einen ferromagnetischen Stoff wie z. B. Eisen enthalten.

V2
Der Magnet bewegt sich bei ausreichend kleinem Abstand auf den Nagel zu. Der Nagel wird durch Influenz magnetisiert. Dadurch ziehen sich die unterschiedlichen Pole an.

V3
Durch nicht magnetisierbare Körper wirkt der Magnet hindurch, solange sie nicht zu dick sind. Durch magnetisierbare Körper wirkt der Magnet nicht hindurch.

V4
Der Stabmagnet hat an den Enden die stärkste magnetische Wirkung. In der Mitte ist die Wirkung am schwächsten. Wenn man den Eisenstab an die Mitte des Stabmagneten hält, dann wird er kaum angezogen. An den Enden des Stabmagneten wird der Eisenstab sehr stark angezogen. Wenn man den Magneten mit einem Pol an die Mitte des Eisenstabes hält, dann ist die Anziehung genauso stark wie an den Enden des Eisenstabes.

V5
Gleichnamige Magnetpole stoßen sich ab. Damit die Stäbe schweben, müssen sie mit gleichen Polen über-einander liegen. Wegen der Abstoßung drehen sich die Magnete aber auch. Diese Drehung muss verhindert werden. Das kann man z. B. mit vier Stäben von denen jeweils zwei rechts und links neben den Magneten befestigt werden. Dafür eignen sich z. B. Styroporplatten und Holzspieße.

V6
Eine Nadel, ein Nagel oder eine aufgebogene Büroklammer kann mit einem Stabmagneten magnetisiert werden. Mithilfe einer Tiegelzange kann man den magnetisierten Gegenstand in eine Kerzenflamme oder eine Bunsenbrennerflamme halten. Die Magnetisierung kann man mit einer Magnetnadel überprüfen.

V7
Anstelle eines Nagels kann man auch eine magnetisierbare Stativstange verwenden.
Durch die Erschütterung werden die Elementarmagnete bewegt. Sie richten sich im Erdmagnetfeld in Nord-Süd-

Richtung aus. Je öfter man auf den Nagel oder die Stativstange schlägt, desto mehr Elementarmagnete richten sich aus und desto stärker wird die Magnetisierung.
Wenn man den magnetisierten Nagel in Ost-West-Richtung hält und auf das Ende des Nagels schlägt, dann bewegen sich die Elementarmagnete und richten sich im Erdmagnetfeld senkrecht zur Längsachse des Nagels aus. Die Magnetisierung des Nagels nimmt ab.

Material A – Elementarmagnete

A1 Erkläre mit dem Modell der Elementarmagnete, dass es keinen magnetischen Einzelpol geben kann.
Nach dem Modell der Elementarmagnete sind diese selbst nicht mehr teilbar. Folglich kann es keinen magnetischen Einzelpol geben.

A2 Es gibt viele verschiedene Möglichkeiten zur Magnetisierung eines ferromagnetischen Gegenstandes. Die Magnetisierung ohne Berührung bezeichnet man als magnetische Influenz. Nur so lange sich der Magnet in der Nähe des Gegenstands befindet, richten sich die Elementarmagnete nach dem Magneten aus. Sobald er entfernt wird, liegen die Elementarmagnete wieder ungeordnet vor.
Erkläre den in ▹Bild 04 dargestellten Versuch.
Unabhängig vom Pol des Magneten entfernen sich die frei aufgehängten Nägel voneinander. Durch Influenz werden die beiden Nägel in gleicher Weise magnetisiert. Dadurch liegen gleichnamige Pole nebeneinander, die sich abstoßen.

Das magnetische Feld

Seite 219

1 Erläutere, an welcher Stelle der Stabmagnet im Sand vergraben sein muss, damit sich die Spuren in ▹Bild 05 ergeben.
Dort, wo die Spuren zusammenlaufen, befindet sich der Stabmagnet. Die Spuren verlaufen in einem Bogen von einem Magnetpol zum andern. Im Bild befindet sich der Stabmagnet etwas oberhalb der Bildmitte. Seine Längsrichtung verläuft etwa von links oben nach rechts unten.

Seite 220

1 Was musst du beim Zeichnen von Feldlinienbildern beachten? Erkläre, warum sich Feldlinien nicht kreuzen können.
Beim Zeichnen von Feldlinien muss man beachten, dass sie sich nicht kreuzen. Wenn man die Richtung markiert, muss man beachten, dass sie vom Nordpol zum Südpol weist. Dort, wo die Wirkung des Magneten am größten ist, liegen die Feldlinien dichter beieinander.
Eine Feldlinie zeigt in die Richtung, in die der magnetische Nordpol einer Magnetnadel auf dieser Feldlinie zeigt. Wenn sich zwei Feldlinien in einem Punkt kreuzen würden, dann wäre die Richtung, in die eine Magnetnadel in diesem Punkt zeigen würde, nicht eindeutig.

Seite 221 (Material)

Versuche – Erkunden von Magnetfeldern mit Eisenfeilspänen

V1 Zwei Stabmagnete
a, b) Die Feldlinien laufen zwischen den Magneten geradlinig von pol zu Pol. Am Rand verlaufen sie in einem Bogen.

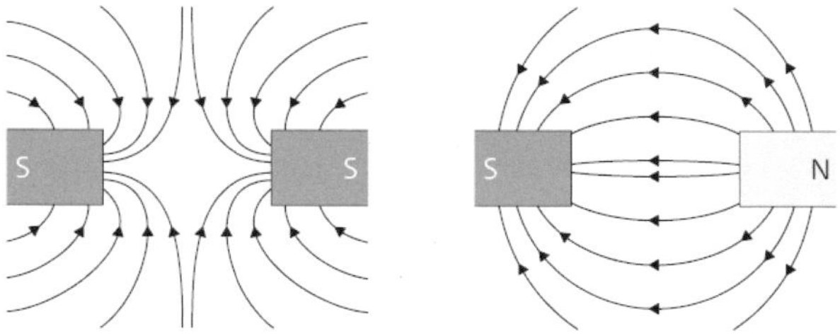

c) Zwischen den abstoßenden Polen sieht es so aus, als würden sich die Feldlinien verdrängen. Sie drängen sich nach oben und unten weg.
Zwischen den anziehenden Polen bilden die Feldlinien sozusagen Brücken. In der Mitte verlaufen die Feldlinien gerade zwischen den Polen. Es sieht aus wie eine Verbindung.

V2 Vier Stabmagnete

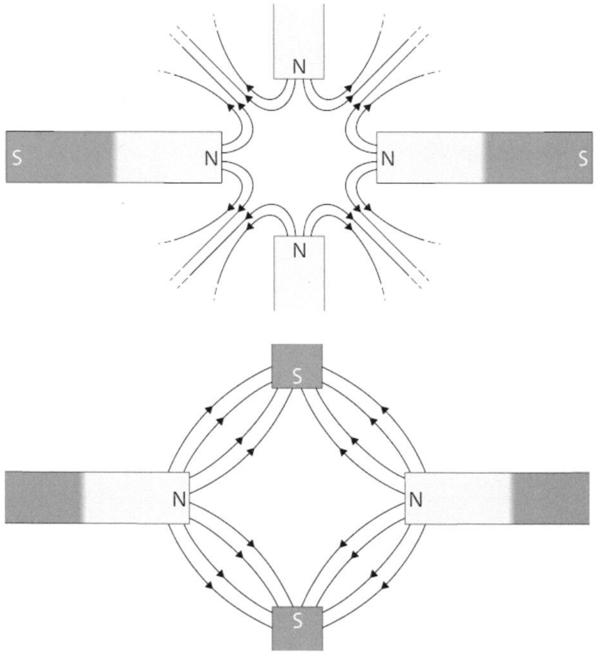

V3 Stabmagnet und Eisennagel
Durch Influenz wird der Nagel magnetisiert. Der Eisennagel hat an der Spitze, die dem Südpol des Magneten gegenüberliegt, einen Nordpol. Stabmagnet und Eisennagel ziehen sich an.

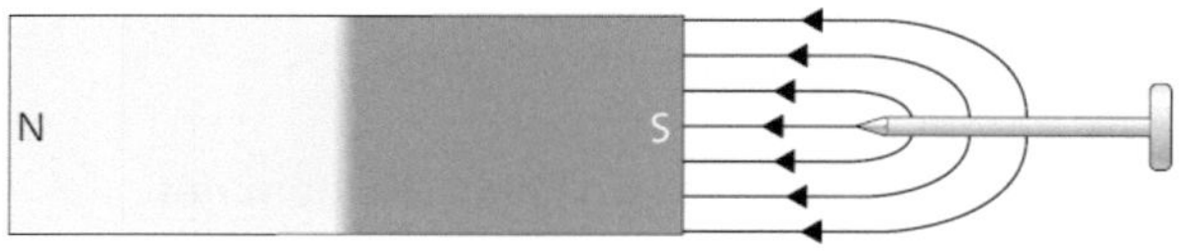

Material A – Magnetfelder

A1a) ▹Bild A zeigt Eisenfeilspäne auf einer Glasscheibe, die über einem Hufeisenmagneten liegt. Zeichne das zugehörige Feldlinienbild. Überlege dir dabei, wie die Feldlinien gerichtet sind.
b) ▹Bild B zeigt Eisenfeilspäne auf einem Blatt Papier über einem Ringmagneten. Beschreibe die Struktur des Feldes und gib eine Begründung für diese Anordnung an.
a)

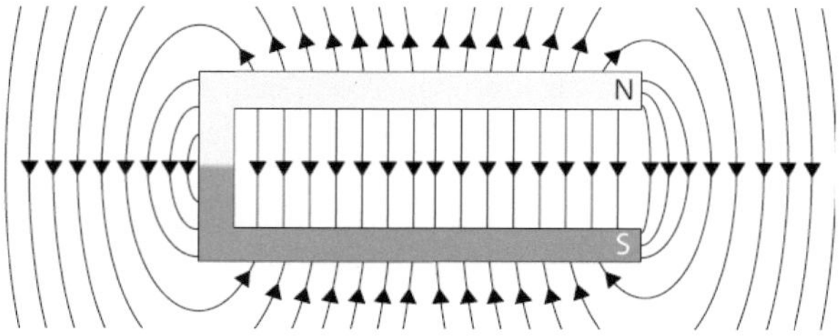

b) *Beschreibung:* Man erkennt sehr deutlich die Form des Magneten. Die Eisenfeilspäne liegen sehr dicht am äußeren und inneren Rand des Magneten. Die Späne ordnen sich auf Linien an, die senkrecht von der Oberfläche des Magneten fortlaufen. Im Feldlinienmodell bedeutet das, dass die Feldlinien senkrecht von der Oberfläche nach außen bzw. nach innen verlaufen. In der Mitte liegt keine erkennbare Ordnung der Eisenfeilspäne vor.
Begründung: Der Ringmagnet ist so magnetisiert, dass seine untere Hälfte der eine Pol ist, seine obere Hälfte der andere. Die Feldlinien verlaufen bogenförmig von der einen Ringhälfte zur anderen. In der Ebene des Papiers ordnen sich die Späne entlang der Feldlinien an.

A2 Lege ein Blatt Transparentpapier über das Bild unten und zeichne an den vorgegebenen Markierungen ein, wie sich kleine Magnetnadeln im Feld des Stabmagneten dort jeweils ausrichten würden.

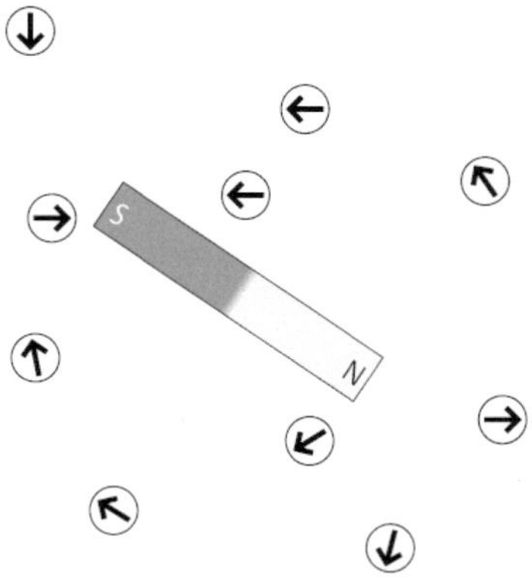

Seite 223

1 Halte eine Magnetnadel zunächst oben und dann unten an einen Heizkörper oder einen Türrahmen aus Metall. Erkläre deine Beobachtung mithilfe der Feldlinien des Erdmagnetfeldes.
Der magnetische Nordpol der Magnetnadel zeigt am oberen Teil des Türrahmens oder Heizkörpers zum Rahmen hin und unten vom Rahmen weg. In unseren Breiten treffen die Feldlinien des Erdmagnetfelds schräg mit einer Inklination von 63° – 69° auf die Erdoberfläche. Die Elementarmagnete in dem Türrahmen oder dem Heizkörper richten sich mit der Zeit entlang der Feldlinien des Erdmagnetfelds aus. Dadurch hat der Türrahmen oder der Heizkörper oben einen magnetischen Südpol und unten einen magnetischen Nordpol.

2 Elektrischer Strom

Elektrischer Stromkreis

Seite 225

1 Nenne die wesentlichen Bauteile einer Dynamo-Taschenlampe. Beschreibe Vorteile und Nachteile dieser Lampe gegenüber einer Batterie-Taschenlampe.
Die wesentlichen Bauteile sind: Hebel, Zahnrad, Dynamo und Glühlampe.
Vorteil: Man kann die Dynamo-Lampe jederzeit verwenden, ohne dass man eine Batterie braucht. Die Batterie ist irgendwann „leer“, das heißt, sie enthält dann nicht mehr genügend Energie und muss gegen eine neue ausgetauscht werden.
Nachteil: Man muss ständig den Hebel auf und ab bewegen, damit die Lampe leuchtet. Das ist auf Dauer sehr anstrengend. Man muss den Hebel gleichmäßig bewegen, damit die Lampe mit der gleichen Helligkeit leuchtet. Bei einer Batterie-Lampe ist die Helligkeit über eine sehr lange Zeit automatisch konstant.

2 Welche elektrische Energiequelle haben dein Handy, dein Taschenrechner, deine Fahrradbeleuchtung?
Mögliche Antworten:

Gerät	Energiequelle
Handy	Akku
Taschenrechner	Batterie Solarzelle
Fahrradbeleuchtung	Dynamo Akku Batterie

Seite 227

1 Wasser lässt sich nicht eindeutig Leitern oder Nichtleitern zuordnen. Erkläre.
Hochreines Wasser ist ein Nichtleiter. Jedoch sind immer Stoffe im Wasser gelöst, die dafür sorgen, dass das Wasser den elektrischen Strom leitet. Je nachdem, wie groß die Menge dieser Stoffe im Wasser ist, leitet es mehr oder weniger gut.

2 Warum ist es gefährlich, wenn der Föhn am Badewannenrand liegt? Ist die elektrische Armbanduhr auch gefährlich?
Wenn ein mit dem Stromnetz verbundener Föhn ins Badewasser fällt, dann kann ein lebensgefährlich starker Strom durch den menschlichen Körper fließen.
Bei einer elektrischen Armbanduhr besteht deshalb keine Gefahr, weil die Spannung der Batterie sehr viel kleiner ist als die Spannung der Steckdose. Dadurch kann nur ein sehr schwacher kaum spürbarer Strom fließen.

3 Stelle dir vor, Luft wäre ein Leiter. Welche Konsequenzen hätte das im Alltag?
Die Hochspannungsleitungen müssten alle isoliert werden. Ansonsten würde der Strom nicht nur durch die Leitungen, sondern auch durch die Luft fließen.
Schalter zur Unterbrechung von Stromkreisen würden nicht mehr funktionieren.
Die Steckdosen dürften nicht mehr offen bleiben. Sie müssten von der Luft isoliert werden.
Die Luft müsste generell von allen elektrischen Geräten und Energiequellen ferngehalten werden, damit es nicht zu Kurzschlüssen und Fehlströmen kommt.

Seite 228

1 Nenne die Vorteile einer Schaltskizze gegenüber einer Zeichnung oder einem Foto. Hat sie auch Nachteile? Welche?
Vorteil: Eine Schaltskizze ist übersichtlich und einfach zu zeichnen. Sie zeigt, wie elektrische Energiequelle, elektrische Geräte und Schalter miteinander verbunden sind.
Nachteil: Eine Schaltskizze zeigt nicht, wie die Geräte genau aussehen. Um einen Stromkreis nach einer Schaltskizze aufzubauen, muss man die Symbole kennen.

Seite 229 (Material)

Versuche – Aufbau eines Stromkreises

V1

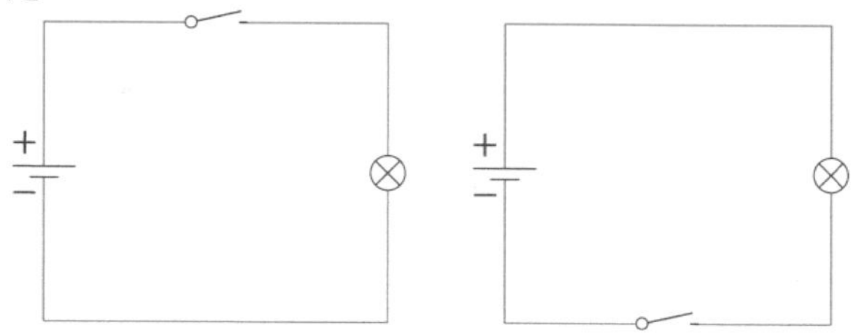

V2
Schüleraktivität

V3
Die Heckenschere darf nur laufen, wenn beide Schalter gedrückt werden. Dafür sind beide Hände nötig. Dies soll verhindern, dass bei laufender Heckenschere eine Hand in die Nähe der Scherblätter kommt und verletzt werden kann.

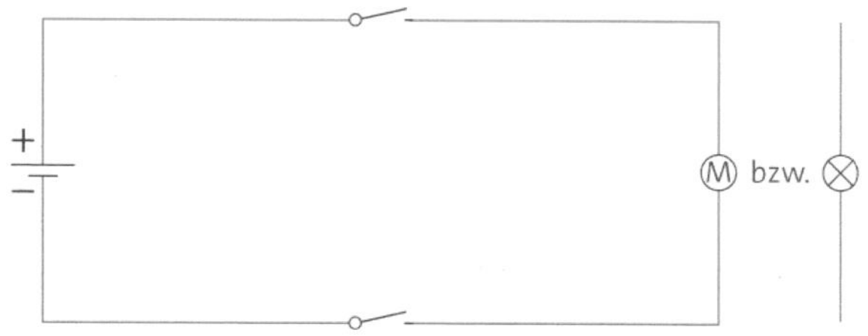

V4

Versuche – Ungefährliche Ströme durch den menschlichen Körper

V1
a) Schüleraktivität
b) Wenn man fester zudrückt, dann leuchtet die LED heller auf als bei schwachem Zudrücken.
c) Mit feuchten Händen wird der Strom besser geleitet. Das erkennt man daran, dass die LED heller leuchtet als beim Versuch mit trockenen Händen.

Material A – Schaltpläne

A1 Beschreibe, was geschieht, wenn man einen der beiden Schalter in dieser Schaltung betätigt. Warum heißt sie wohl Wechselschaltung?

Wenn man den Schalter S_1 betätigt, dann ist der Stromkreis geschlossen und die Lampe leuchtet.
Das Gleiche gilt, wenn man den Schalter S_2 betätigt.
Die Schaltung heißt Wechselschaltung, weil man die Lampe im Wechsel zwischen den Schaltern S_1 und S_2 ein- und ausschalten kann: So kann man den Stromkreis z. B. mit S_1 schließen und mit S_2 wieder öffnen. Man kann den Stromkreis aber auch mit S_2 schließen und mit S_1 wieder öffnen.

A2 Beschreibe, was geschieht, wenn in den Schaltungen eine der drei Lampen aus der Fassung geschraubt wird.

In A: Wenn eine der drei Lampen herausgeschraubt wird, dann ist der Stromkreis unterbrochen und alle Lampen erlöschen.
In B: Wenn die einzelne Lampe links herausgedreht wird, dann leuchten die anderen Lampen weiter. Der Stromkreis, in dem diese beiden Lampen sich befinden, ist weiterhin geschlossen. Wenn man eine der beiden Lampen rechts herausdreht, dann erlischt die andere dieser beiden Lampen, da der Stromkreis unterbrochen ist. Die Lampe links befindet sich weiterhin in einem geschlossenen Stromkreis und leuchtet weiter.

A3 Max und Anna haben eine Schaltung aufgebaut. Was meinst du dazu? Zeichne die zugehörige Schaltskizze und erläutere.

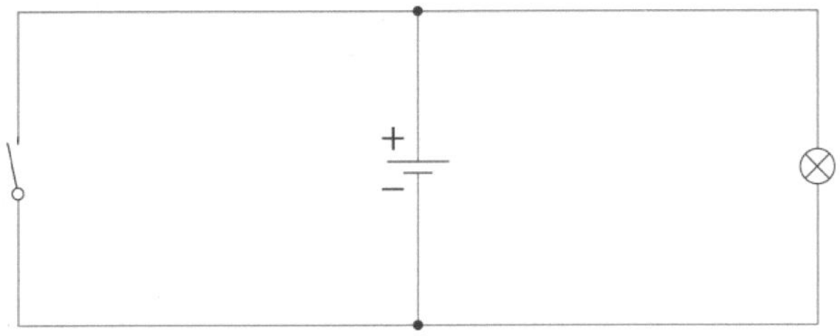

Anhand der Schaltskizze erkennt man: Solange der Schalter offen ist, fließt der Strom durch die Lampe. Die Lampe leuchtet also. Wenn der Schalter geschlossen wird, dann sind die beiden Anschlüsse der Batterie kurzgeschlossen. Es fließt praktisch der gesamte Strom durch den kurzgeschlossenen Stromkreis. Leitungen und Batterie können dabei sehr warm und zerstört werden. Durch die Lampe fließt praktisch kein Strom mehr. Sie leuchtet also nicht.

Wirkungen des elektrischen Stroms

Seite 231

1 Nenne möglichst viele Haushaltsgeräte, die die Wärmewirkung des elektrischen Stroms nutzen.

(Glüh-)Lampe,
Heizstrahler,
Kaffeemaschine,
Elektroherd,
Haartrockner,
Bügeleisen (Bimetall-Schalter),
Schmelzdrahtsicherung,
Wasserkocher,
Warmwasserbereiter,
…

2 Glühlampen sollen im Haushalt nicht mehr eingesetzt werden. Erläutere.

Glühlampen sind in eigentlich dazu da, Licht zu erzeugen. Sie nutzen aber nur etwa 5 % der zugeführten Energie zur Erzeugung von Licht. Die restlichen 95 % der zugeführten Energie geben sie durch unsichtbare Wärmestrahlung ab. Für eine bessere Ausnutzung der zugeführten Energie sollen LED-Lampen verwendet werden.

Seite 233

1 Welchen Vorteil hat ein Elektromagnet gegenüber einem Dauermagneten?

Einen Elektromagneten kann man nach Bedarf ein- und ausschalten, indem man den Strom durch die Drahtwicklungen ein- und ausschaltet.

2 Nenne einige Einsatzmöglichkeiten von Elektromagneten.

Schwere Lasten anheben und wieder loslassen,
Elektrische Klingel,
Sicherungsautomat,
Türöffner, -schließer,
…

3 Warum haben wir bei den Untersuchungen zur magnetischen Wirkung keine Eisendrähte verwendet?

Die Kompassnadel würde vom Eisendraht angezogen werden. Dadurch würde die Messung verfälscht werden.

4 Im Versuch nach ▹Bild 04 haben wir den Draht in Nord-Süd-Richtung gespannt. Erkläre, warum man die magnetische Wirkung nicht beobachten kann, wenn der Draht in Ost-West-Richtung verläuft.

Das Magnetfeld eines stromdurchflossenen Drahts versucht die Magnetnadel senkrecht zur Drahtrichtung abzulenken. Gleichzeitig versucht das Erdmagnetfeld die Magnetnadel in Nord-Süd-Richtung auszurichten. Wenn der

Draht in Ost-West-Richtung gespannt ist, dann wird die Magnetnadel nicht abgelenkt, denn wegen des Erdmagnetfelds zeigt die Kompassnadel ohnehin in Nord-Süd-Richtung, also senkrecht zum in Ost-West-Richtung gespannten Draht.
Wenn der Draht dagegen wie im Bild 04 in Nord-Süd-Richtung verläuft, dann versucht das Magnetfeld des Drahtes die Magnetnadel senkrecht zur Drahtrichtung abzulenken, während das Erdmagnetfeld versucht, die Magnetnadel in Nord-Süd-Richtung auszurichten. Beides zusammen bewirkt, dass sich die Magnetnadel schräg zum Draht einstellt.

Seite 235 (Material)

Versuche – Ein einfacher Anzeiger für den elektrischen Strom

V1 Einfacher Stromkreis
a) *Beobachtung:* Wenn der Schalter geschlossen wird, dann leuchtet die Lampe. Die Magnetnadel dreht sich aus der 0°-Position und stellt sich schräg zum Draht.
b) *Beobachtung:* Die Lampe leuchtet genauso hell wie in a). Die Magnetnadel dreht sich genauso weit aus der 0°-Position und stellt sich schräg zum Draht.
c) *Beobachtung:* Die Lampe leuchtet genauso hell wie in a) und b). Die Magnetnadel dreht sich in die entgegengesetzte Richtung wie in a) und b). Die Auslenkung ist aber genauso groß.

V2 Reihenschaltung
a) Schüleraktivität
b) *Beobachtung:* Die Lampen leuchten etwa gleich hell. Sie leuchten aber weniger hell als bei dem Versuch mit nur einer Lampe. Die Magnetnadel dreht sich aus der 0°-Richtung, aber nicht so stark wie in a) und b).
Erklärung: Wir können die Beobachtung erklären, wenn wir annehmen, dass der Strom durch zwei Lampen schwächer ist als durch eine Lampe. Ein schwächerer Strom lässt die Lampen weniger hell leuchten. Bei einem schwächeren Strom ist auch die magnetische Wirkung geringer. Also ist auch der Ausschlag der Magnetnadel geringer.

V3 Parallelschaltung
a) Schüleraktivität
b) Kompassnadel in Position1:
Beobachtung: Die Lampen leuchten gleich hell und etwa so hell wie in V1. In Position 1 von V2 schlägt die Magnetnadel stärker aus als in V1.
Hinweis: Durch die Belastung kann die Spannung der Batterie etwas abnehmen, sodass die Lampen möglicherweise nicht in ihrer normalen Helligkeit leuchten.
Erklärung: Da die Magnetnadel weiter ausschlägt als in V1, muss der Strom an dieser Stelle auch stärker sein. Das liegt wohl daran, dass die beiden Lampen nicht wie in V2 hintereinander, sondern sozusagen nebeneinander angeschlossen sind. In der gemeinsamen Zuleitung ist der Strom besonders stark. Deshalb ist auch die magnetische Wirkung stärker und damit auch der Ausschlag der Magnetnadel.
c) *Beobachtung:* An den Positionen 2 und 3 schlägt die Magnetnadel etwa halb so stark aus wie an Position 1.
Erklärung: Der Strom, der durch die gemeinsame Zuleitung fließt, teilt sich an der Verzweigung auf. Folglich ist der Strom nach der Verzweigung nur halb so stark wie vor der Verzweigung. Deshalb ist auch die magnetische Wirkung und damit der Ausschlag der Magnetnadel an den Positionen 2 und 3 nur halb so groß wie an der Position 1.

Material A – Kochen mit elektrischem Strom

A1 Nenne Gründe, warum der Heizdraht zu einer Wendel gewickelt wurde.
Ein zu einer Wendel gewickelter Draht wird heißer als ein gleich langer und gleich dicker gestreckter Draht.
Durch das Aufwickeln kann man auf gleichem Raum mehr Draht unterbringen. So wird auf gleichem Raum mehr Energie abgestrahlt.

A2 Zeichne eine vereinfachte Schaltskizze wie im ▹Bild 06B für einen Herd mit vier Kochzonen.

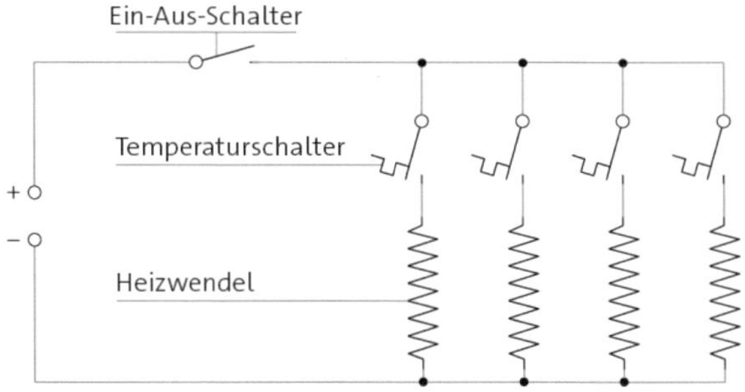

A3 Erkläre, wie mit dem Temperaturschalter die Temperatur geregelt wird. Beachte S. 231.
Zuerst stellt man z. B. mit einem Drehknopf die gewünschte Kochstufe ein (z. B. 6 von 9). Jede Kochstufe entspricht einer bestimmten Temperatur. So lange diese gewünschte Temperatur noch nicht erreicht ist, ist der Temperaturschalter geschlossen und die Heizwendel heizt. Sobald die Wunschtemperatur erreicht ist, öffnet der Temperaturschalter und der Stromkreis ist unterbrochen. Nach kurzer Zeit, wenn die Temperatur wieder gesunken ist, schließt der Temperaturschalter den Stromkreis wieder usw.

Ein Modell für den Stromkreis

Seite 237

1 Finde Beispiele für Kreisläufe. Vergleiche sie mit dem elektrischen Stromkreis.
Wasserkreislauf der Warmwasserheizung:
Antrieb: die Pumpe treibt das Wasser durch den Kreislauf.
Energiequelle: Heizkessel, in dem das Wasser erhitzt wird.
Etwas fließt: Wasser.
Leitung: Rohre, in denen das Wasser fließt.
Gerät: Heizkörper; über den die Energie abgegeben wird.
Blutkreislauf:
Antrieb: das Herz treibt (gemeinsam mit den sich zusammenziehenden Adern) das Blut durch den Kreislauf. Energiequelle: Organe, in denen das Blut mit Sauerstoff und Nährstoffen für den Körper „beladen" wird.
Etwas fließt: Blut.
Leitung: Blutgefäße, in denen das Blut fließt.
Gerät: verschiedene Organe, an die Sauerstoff und Nährstoffe abgegeben werden.

Fahrradkette:
Antrieb: die Pedale treiben über das Kettenblatt (großes Zahnrad) die Kette an; hier wird Energie aufgenommen.
Etwas fließt: Kette.
Leitung: gibt es hier nicht.
Gerät: Ritzel (kleines Zahnrad) des Hinterrads; hier wird die Energie auf das Hinterrad übertragen.

Elektrischer Stromkreis:
Antrieb: elektrische Energiequelle (Batterie, Netzgerät, ...); hier wird Energie aufgenommen.
Etwas fließt: elektrische Ladung.
Leitung: Metalldrähte.
Gerät: elektrisches Gerät (Lampe, Elektromotor, ...); hier wird Energie abgegeben.

2 Im Alltag spricht man oft von „Stromverbrauch". Was meint man damit?
Mit „Stromverbrauch" meint man die Nutzung der durch den elektrischen Stromkreis übertragenen Energie. Der elektrische Strom wird nicht verbraucht. Er fließt ständig im Kreis. Durch den Strom wird aber Energie von der elektrischen Energiequelle auf das elektrische Gerät übertragen. Das elektrische Gerät gibt die übertragene Energie nach außen ab.

Seite 238

1 Fasse mit eigenen Worten zusammen, worin Gemeinsamkeiten und Unterschiede von Wasser- und elektrischem Stromkreis bestehen.

Findest du noch weitere Übereinstimmungen und Unterschiede?
Man vergleicht z. B. einen Wasserstromkreis aus Pumpe, Schläuchen, einem Absperrhahn und einem Wasserrad mit einem elektrischen Stromkreis aus Batterie, Kabeln, einem Schalter und einer Lampe.
Gemeinsamkeiten:
In dem Wasserstromkreis fließt Wasser im Kreis. Im elektrischen Stromkreis fließt elektrische Ladung im Kreis.
Im Wasserstromkreis geht kein Wasser verloren, genauso geht im elektrischen Stromkreis keine Ladung verloren.
Mithilfe des Absperrhahns kann man den Wasserstrom unterbinden. Mithilfe des Schalters kann man den elektrischen Strom unterbinden.
Die Pumpe treibt den Wasserstrom an. Sie braucht dafür Energie. Die Batterie treibt den elektrischen Strom an. Sie braucht dafür ebenfalls Energie. Die Energie wird durch den Wasserstrom von der Pumpe auf das Wasserrad übertragen. Beim elektrischen Stromkreis wird die Energie durch den elektrischen Strom von der Batterie zur Lampe übertragen.
Unterschiede:
Die Schläuche sind hohl. Wenn man den Wasserstromkreis betreiben will, dann muss man erst Wasser einfüllen. Die Leitungen für die elektrische Ladung sind nicht hohl. Die Ladung ist schon von vornherein in den Leitungen drin.
Weitere Gemeinsamkeiten:
Eine starke Pumpe stellt einen starken Antrieb für den Wasserstrom dar. Mit ihrer Hilfe kann man mehr Energie auf das Wasserrad übertragen. Eine starke Batterie stellt einen starken Antrieb für den elektrischen Strom dar. Mit ihrer Hilfe kann man mehr Energie auf die Lampe übertragen.
Weitere Unterschiede:
Das Wasser kann man sehen, die elektrische Ladung nicht. Wasser ist eine Substanz, elektrische Ladung ist keine Substanz.
Um den Wasserstrom zu unterbrechen, muss man den Absperrhahn schließen. Beim elektrischen Stromkreis muss man den Schalter öffnen, um den Strom zu unterbrechen. Wenn man die Schläuche öffnet, dann fließt das Wasser hinaus. Hingegen strömt aus offenen Drahtenden keine Ladung aus.

Seite 239 (Material)

Material A – Elektrizität und Energie

A1 Viele elektrische Geräte haben einen Akkumulator (kurz Akku) als Energiequelle. Was bedeutet es, wenn der Akku „leer" ist? Was geschieht mit dem Akku beim Laden bzw. beim Betrieb des Geräts? Erläutere deine Antwort mithilfe der Energie.

Wenn der Akku leer ist, dann enthält er keine Energie mehr. Beim Laden bekommt der Akku Energie. Beim Betrieb eines Geräts gibt er die Energie an das Gerät ab.

A2 Eine gute Fahrradbeleuchtung hat zwei elektrische Energiequellen, einen Dynamo und einen Akku. Erläutere, welche der beiden Energiequellen bei der Fahrt die Energie liefert und welche im Stand. Erkläre, warum es so wichtig ist, dass die Fahrradbeleuchtung auch im Stand funktioniert.
Bei der Fahrt liefert der Dynamo Energie. Im Stand liefert der Akku Energie. Die Fahrradbeleuchtung im Stand ist wichtig, z. B. wenn man an einer Kreuzung warten muss.

Material B – Reihen- und Parallelschaltung

B1 Beschreibe, wie das Wasser in den beiden Wasserstromkreisen nach ▹Bild 02A bzw. 02B fließt. Was geschieht, wenn man einen der beiden Absperrhähne zudreht?
Im Bild 02A fließt das Wasser durch die Pumpe, durch das erste Wasserrad, durch das zweite Wasserrad und wieder durch die Pumpe im Kreis. Wenn man einen der beiden Hähne zudreht, dann hört das Wasser im ganzen Wasserstromkreis sofort auf zu fließen.
Im Bild 02B fließt das Wasser ebenfalls im Kreis. Bei der Verzweigung teilt sich der Wasserstrom. Ein Teil fließt durch das linke, der andere Teil durch das rechte Wasserrad. Dahinter fließt das Wasser wieder zusammen. Wenn man den Hahn 1 zudreht, dann hört das Wasser im ganzen Wasserstromkreis sofort auf zu fließen. Dreht man den Hahn 2 zu, dann hört das Wasser durch das linke Wasserrad sofort auf zu fließen. Es fließt aber weiterhin Wasser durch das rechte Wasserrad.

B2 ▹Bild 03 zeigt die Schaltpläne der entsprechenden elektrischen Stromkreise. Man nennt sie Reihenschaltung bzw. Parallelschaltung. Erläutere, was geschieht, wenn man einen oder beide Schalter öffnet.
Bild 03A: Wenn man einen der beiden Schalter öffnet, dann hört die elektrische Ladung im ganzen Stromkreis sofort auf zu fließen. Die beiden Lampen hören auf zu leuchten.
Bild 03B: Wenn man den Schalter 1 öffnet, dann hört die elektrische Ladung im ganzen Stromkreis sofort auf zu fließen. Die beiden Lampen hören auf zu leuchten. Öffnet man den Schalter 2, dann hört die elektrische Ladung durch die linke Lampe sofort auf zu fließen und die Lampe leuchtet nicht mehr. Die rechte Lampe leuchtet aber weiterhin. Durch sie fließt weiterhin elektrische Ladung.

B3 Zeichne den Schaltplan für eine Lichterkette aus zehn elektrischen Weihnachtsbaumkerzen. Überlege dir, ob man mithilfe von Schaltern die Kerzen einzeln schalten kann.

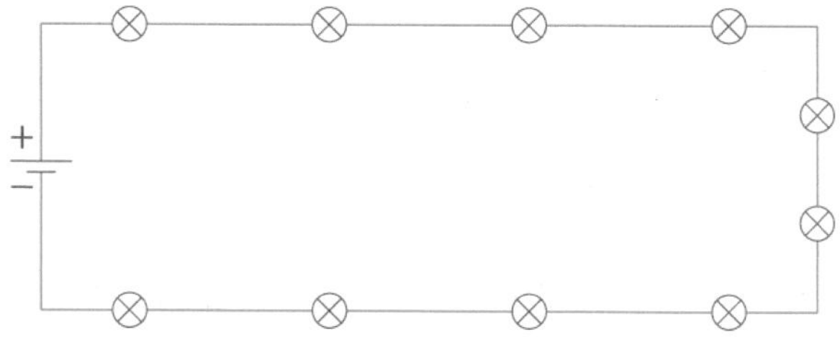

Es gibt keine Möglichkeit mit Schaltern die elektrischen Kerzen einzeln ein- und auszuschalten.

B4 Im Haushalt werden elektrische Geräte in der Regel parallel geschaltet. Begründe, warum eine Reihenschaltung nicht sinnvoll wäre.
Eine Reihenschaltung ist nicht sinnvoll, weil man die Geräte dabei nicht einzeln ein- und ausschalten kann.

B5 Erläutere, wie man ohne Untersuchung der Leitungen prüfen kann, ob zwei Lampen eines Stromkreises parallel oder in Reihe geschaltet sind.
Man dreht eine der beiden Lampen aus der Fassung. Wenn die andere Lampe aufhört zu leuchten, dann ist es eine Reihenschaltung, wenn nicht, dann ist es eine Parallelschaltung.

Material C – Vermischtes

C1 Ein Haushaltskabel enthält mindestens zwei Leitungen. Dabei ist jede Leitung einzeln isoliert. Zusätzlich sind sie noch von einer Hülle aus Kunststoff umgeben. Erkläre, warum beides wichtig ist.
Jede Leitung muss einzeln isoliert sein, damit kein Kurzschluss entsteht. Aus Sicherheitsgründen sind die Leitungen noch von einer Kunststoffhülle umgeben.

C2 Stelle dir vor, du gehst in dein Zimmer, schaltest die Schreibtischlampe ein und sie leuchtet nicht. Überlege dir, welche Ursachen dies haben könnte.
Mögliche Ursachen: Glühlampe defekt, Glühlampe nicht eingeschraubt, Schalter nicht geschlossen, Stecker nicht eingesteckt, Sicherung „rausgeflogen“, Stromausfall.

C3 Gib eine Erklärung dafür, dass die Oberleitung bei der Eisenbahn nur aus einer Leitung bestehen muss, während jedoch der elektrische Stadtbus zwei Oberleitungen benötigt.
Bei der Eisenbahn stellen die Oberleitung und die metallischen Schienen die beiden Leitungen für einen geschlossenen Stromkreis dar. Der Stadtbus hat keine Schienen. Er benötigt deshalb zwei Oberleitungen für einen geschlossenen Stromkreis.

Magnetfelder durch Strom

Seite 243

Versuche – ... mit den einfachsten Motoren der Welt

Hinweise: Bei diesen Versuchen handelt sich um faszinierende Phänomene zum Elektromagnetismus. Die Erklärung ist schwierig und wird nicht erwartet. Die Versuche sind einfach durchzuführen. Als Batterie eignen sich die Typen AA und AAA. Als Draht wird ein nicht eisenhaltiges Material, z. B. Kupfer benötigt. Damit der Schraubenmotor läuft, muss der Draht seitlich an den Magneten gehalten werden. Der „Wow"-Motor funktioniert nur mit starken Neodymmagneten.

V1 Schraubenmotor
a) *Beobachtung:* Magnet und Schraube drehen sich.
b) Hält man den Draht seitlich an den Magneten, so dreht er sich immer. Wenn man den Draht von unten in die Mitte des Magneten hält, dreht er sich nicht.

V2 „Wow"-Motor
a) *Beobachtung:* Der Draht dreht sich.
b) Es gibt zwei Möglichkeiten: 1. Den Magnet umdrehen. 2. Die Batterie drehen (Minuspol auf Magnet).

Material A – Elektrische Ströme und magnetische Felder

A1a) Wie muss man die Drahtenden 1 und 2 in ▹Bild 05A, B anschließen, damit das Magnetfeld die gezeigte Richtung hat?
b) Bei der Spule in ▹Bild 05C ist der Anschluss 1 am Pluspol und der Anschluss 2 am Minuspol angeschlossen. Beschreibe den Feldlinienverlauf.
a) Mit der „Rechte-Hand-Regel" erhält man die Stromrichtung. Wenn die gekrümmten Finger in die Richtung der magnetischen Feldlinien zeigen, dann zeigt der Daumen von 1 nach 2. Die Ladung fließt also von 1 nach 2. Also muss 1 an den Pluspol und 2 an den Minuspol angeschlossen werden.
b) Mit der „Rechte-Hand-Regel" folgt, dass die Ladung von 2 nach 1 fließt. Also muss 2 an den Pluspol und 1 an den Minuspol angeschlossen werden.
c) Die magnetischen Feldlinien verlaufen durch die Drahtwindungen hindurch und im Bogen außerhalb der Spule zurück. Die Richtung erhält man mit der „Rechte-Hand-Regel": Hält man den Daumen entlang des untersten Drahtstücks in Stromrichtung, also von 1 nach 2, so zeigen die gekrümmten Finger, dass die Feldlinien von unten nach oben durch das Spuleninnere verlaufen. Für das oberste Drahtstück zeigen die gekrümmten Finger, dass die Feldlinien von oben nach unten um die Spule herum verlaufen.

A2a) Die Drahtwindungen einer Spule müssen isoliert sein. Begründe.
b) Ein Eisenkern führt zu einer Verstärkung des Magnetfelds. Warum verwendet man nicht einen Kern aus Aluminium oder Kupfer?
c) Wie erhält man einen möglichst starken Elektromagneten? Stelle Vermutungen auf.
a) Wäre das nicht so, dann würde die Ladung nicht den Windungen nach fließen, sondern parallel zur Spulenachse. Das Magnetfeld wäre schwach und der Feldlinienverlauf entspräche nicht dem einer Spule.
b) Um ein Magnetfeld zu verstärken, benötigt man einen ferromagnetischen Stoff. Die meisten Metalle sind nicht ferromagnetisch. Die einzigen ferromagnetischen Metalle in Reinform sind Eisen, Kobalt und Nickel. Darüber hinaus gibt es noch eine Reihe von ferromagnetischen Verbindungen.
c) Einen starken Elektromagneten erhält man durch eine Spule mit Eisenkern und möglichst vielen Windungen sowie einer möglichst großen Stromstärke.

Material B – Magnetfelder schalten Ströme

B1a) Beschreibe die Wirkung des Magneten auf die Kontaktzungen (▹Bild 06B). Zeichne ein Feldlinienbild.
b) Es gibt vier grundlegende Möglichkeiten, den Magneten an den Reed-Schalter zu halten. Beschreibe sie. Bei welchen Positionen schaltet der Reed-Schalter am besten?
a) Bei der Annäherung des Magneten an die Kontaktzungen, werden diese magnetisiert und zwar so, dass sich entgegengesetzte Pole gegenüberstehen. Dadurch ziehen sich die Kontaktzungen gegenseitig an und der Reed-Schalter ist geschlossen.

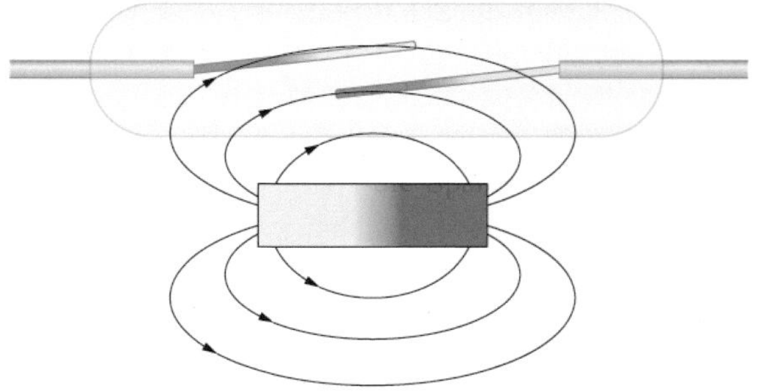

b) 1. Man hält den Magneten parallel zum Reed-Schalter.
2. Man dreht den Magneten und vertauscht so seine Pole. Dann hält man den Magneten wieder parallel zum Reed-Schalter.
3. Man hält den Magneten senkrecht zum Reed-Schalter.
4. Man dreht den Magneten und vertauscht so seine Pole. Dann hält man den Magneten wieder senkrecht zum Reed-Schalter.
In den Positionen 1 und 2 schaltet der Reed-Schalter am besten.

3 Größen des elektrischen Stromkreises

Die elektrische Stromstärke

Seite 247

1 Bei einer Verkehrszählung wurden zwischen 17 Uhr und 17:30 Uhr 954 Fahrzeuge gezählt. Bestimme die Verkehrsstromstärke. Begründe, welche Einheiten sinnvoll sind.
Gesucht ist die Verkehrsstromstärke. Die Stromstärke ist gegeben als Quotient von geflossener Menge und Zeitspanne. Beides ist gegeben.
Geflossene Menge: 954 Autos
Zeitspanne: von 17 Uhr bis 17:30 Uhr, also 30 Minuten
Nennen wir die Verkehrsstromstärke I, dann gilt:

$$I = \frac{954\ \text{Autos}}{30\ \text{min}} = 31{,}8\ \frac{\text{Autos}}{\text{min}} \approx 32\ \frac{\text{Autos}}{\text{min}}$$

Die Einheit Autos/min ist nicht sehr sinnvoll, da die Autos nicht so gleichmäßig fahren. Es kann auch schon mal größere Lücken geben. Deshalb betrachtet man besser einen Zeitraum von einer Stunde. Damit erhält man für I:

$$I = \frac{954\ \text{Autos}}{0{,}5\ \text{h}}\ 1908\ \frac{\text{Autos}}{\text{h}} \approx 1900\ \frac{\text{Autos}}{\text{min}}.$$

2 Berechne, wie lange man die Leuchtdiode aus ▹Tabelle 02 mit dem Akku aus ▹Bild 03 betreiben kann.
Tabelle 2 entnimmt man für die Stromstärke durch die Leuchtdiode (LED): $I = 20\,\text{mA}$.
Gesucht: Betriebsdauer Δt der LED mit einem 1000 mAh-Akku

$$\Delta t = \frac{1000\ \text{mAh}}{20\ \text{mA}} = \frac{1000\ \text{mA} \cdot 1\ \text{h}}{20\ \text{mA}} = 50\,\text{h}$$

Man kann die Leuchtdiode 50 Stunden lang mit dem Akku betreiben.

Seite 249 (Material)

Versuche – Messungen der Stromstärke

V1 Einfacher Stromkreis
Vermutung: Die Stromstärke I_1 vor der Lampe ist gleich groß wie die Stromstärke I_2 nach der Lampe.
Begründung: Beim Wasserstromkreis geht kein Wasser verloren. Durch jede Stelle des Wasserstromkreises fließt pro Sekunde dieselbe Wassermenge. Beim elektrischen Stromkreis geht keine Ladung verloren. Durch jede Stelle des elektrischen Stromkreises fließt pro Sekunde dieselbe Ladungsmenge. Also muss I_1 genauso groß sein wie I_2.
Messung: Das Messgerät zeigt vor und hinter der Lampe denselben Wert für die Stromstärke an.

V2 Reihenschaltung
Vermutung: Die Lampen L_1 und L_2 leuchten gleich hell.
Beobachtung: Die Lampen L_1 und L_2 leuchten tatsächlich gleich hell.
Folgerung: Die Stromstärke ist im gesamten Stromkreis überall gleich groß, also $I_1 = I_2 = I_3$.
Messung: Das Messgerät zeigt an allen drei Stellen denselben Wert für die Stromstärke an.

V3 Parallelschaltung
Vermutung: Die Lampen L_1 und L_2 leuchten gleich hell.
Folgerung: Die Stromstärke in den beiden Teilstücken ist gleich groß, also $I_1 = I_2$.
Messung: Das Messgerät zeigt in beiden Zweigen denselben Wert für die Stromstärke an.
Vermutung: Die Stromstärken I_3 bzw. I_4 sind doppelt so groß wie I_1 oder I_2 in den beiden Teilstücken. Das ist wie beim verzweigten Wasserstromkreis. An der Verzweigung verteilt sich der Wasserstrom, danach fließt er wieder zusammen. Deshalb muss gelten:
$I_3 = I_1 + I_2$ bzw. $I_4 = I_1 + I_2$.
Messung: Die Messung bestätigt die Überlegungen.

Material A – Stromstärke in elektrischen Stromkreisen

A1 In einem einfachen Stromkreis aus einer Batterie und einer Glühlampe wird eine Stromstärke von 0,45 A gemessen. Gib jeweils die Stromstärke durch die Lampe und durch die Batterie an.
Da die Stromstärke im ganzen Stromkreis gleich ist, beträgt die Stromstärke in der Lampe und in der Batterie jeweils 0,45 A.

A2 Es ist $I_1 = 1{,}2\,\text{A}$ und $I_3 = 1{,}8\,\text{A}$. Berechne die Stromstärke I_2.
Gegeben: $I_1 = 1{,}2\,\text{A}$, $I_3 = 1{,}8\,\text{A}$
Gesucht: I_2
Es gilt: $I_1 + I_2 = I_3$. Daraus folgt:
$I_2 = I_3 - I_1 = 1{,}8\,\text{A} - 1{,}2\,\text{A} = 0{,}6\,\text{A}$.

A3 Es ist $I_2 = 0{,}3\,\text{A}$ und $I_5 = 0{,}8\,\text{A}$. Bestimme I_1, I_3 und I_4.
Gegeben: $I_2 = 0{,}3\,\text{A}$, $I_5 = 0{,}8\,\text{A}$
Gesucht: I_1, I_3 und I_4
Es gilt: $I_5 = I_1 = 0{,}8\,\text{A}$ und $I_2 = I_4 = 0{,}3\,\text{A}$,
$I_2 + I_3 = I_5$. Daraus folgt: $I_3 = I_5 - I_2 = 0{,}5\,\text{A}$.

Material B – Wasserströme und Datenströme

B1 Die Wasserstromstärke des Rheins am Rheinfall beträgt etwa 370 m³/s.
a) Wie viel Wasser fließt an einem Tag den Rheinfall hinunter?
b) Das Volumen der Allianz-Arena in München beträgt ca. 1 900 000 m³. Wie lange würde es dauern, bis die Allianz-Arena vom Rhein gefüllt wäre?
c) Durch eine Engstelle muss pro Sekunde genausoviel Wasser fließen wie davor und dahinter. Diskutiere die Fließgeschwindigkeit in, vor und hinter der Engstelle.

a) Gegeben: Wasserstromstärke $I = 370\,\mathrm{m^3/s}$
Gesucht: Geflossene Wassermenge pro Tag
Ein Tag hat $24 \cdot 60 \cdot 60\,\mathrm{s} = 86\,400\,\mathrm{s}$.
Also erhält man die gesuchte Wassermenge aus:
$370\,\mathrm{m^3/s} \cdot 86\,400\,\mathrm{s} = 31\,968\,000\,\mathrm{m^3}$.
Pro Tag fließen also etwa 32 Mio. Kubikmeter Wasser den Rheinfall hinunter.

b) Gegeben: zu füllendes Volumen $\Delta V = 1\,900\,000\,\mathrm{m^3}$
Gesucht: Fülldauer Δt

$I = \frac{\Delta V}{\Delta t}$. Daraus folgt:

$I \cdot \Delta t = \Delta V$ und

$$\Delta t = \frac{\Delta V}{I} = \frac{1\,900\,000\,\mathrm{m^3}}{370\,\frac{\mathrm{m^3}}{\mathrm{s}}} \approx 5100\,\mathrm{s}.$$

Die Fülldauer beträgt etwa 5100 s oder 1 h 25 min.

c) Eine Engstelle ist dadurch gekennzeichnet, dass sie einen kleineren Querschnitt aufweist als die Stellen davor oder dahinter. Wenn die gleiche Menge Wasser je Sekunde vor, in und nach der Engstelle fließen soll, dann muss das Wasser in der Engstelle je Sekunde eine größere Strecke zurücklegen, weil der Querschnitt kleiner ist, als davor oder dahinter. Eine größere Strecke in gleicher Zeit zurücklegen bedeutet aber eine höhere Geschwindigkeit. Die Fließgeschwindigkeit in der Engstelle muss größer sein als davor und dahinter.

B2 Bei einem DSL-Anschluss sei die Datenstromstärke für den Download aus dem Internet 16 Mbit/s. Berechne die Downloadzeit für eine MP3-Datei mit 4,4 MB (8 bit = 1 B (Byte)).

Gegeben: Datenstromstärke $I = 16\,\mathrm{Mbit/s}$, Datenmenge 4,4 MB
Gesucht: Downloadzeit Δt
Aus 1 B = 8 bit folgt
$4{,}4\,\mathrm{MB} = 4\,400\,000 \cdot 8\,\mathrm{bit} = 35\,200\,000\,\mathrm{bit} = 35{,}2\,\mathrm{Mbit}$.

$$\Delta t = \frac{35{,}2\,\mathrm{Mbit}}{16\,\frac{\mathrm{Mbit}}{\mathrm{s}}} = 2{,}2\,\mathrm{s}.$$

Die MP3-Datei ist nach 2,2 s heruntergeladen.

Die elektrische Spannung

Seite 251

1 Erkläre, warum die Lampe in ▹Bild 03 umso heller leuchtet, je größer die Spannung der Energiequelle ist.
Die Spannung stellt den Antrieb im elektrischen Stromkreis dar. Je größer dieser Antrieb ist, desto größer ist auch die Stromstärke. Eine größere Stromstärke führt zu einem helleren Leuchten der Lampe.

2 Erkläre, warum man mit der Influenzmaschine Ladung durch die Luft fließen lassen kann.
Luft ist normalerweise ein Nichtleiter. Wenn aber die Spannung, also der Antrieb für die Ladung, genügend groß ist, dann beginnt auch in Luft die Ladung zu fließen. Mit der Influenzmaschine kann man diese hohen Spannungen erzeugen.

Seite 253 (Material)

Versuche – Messungen der Spannung

V1 Elektrische Quellen
Schüleraktivität

V2 Einfacher Stromkreis
Die Tabelle fasst die Ergebnisse sinnvoll zusammen:

Spannung zwischen	U
A – B	0 V
C – D	
A – C	4,5 V
A – D	
B – C	
B – D	

Die Punkte A und B bzw. C und D haben jeweils das gleiche Potenzial. Zwischen A und D liegt die Spannung 4,5 V, also auch zwischen A und C und zwischen B und C.

V3 Reihenschaltung
Bei der Reihenschaltung gilt: $U_0 = U_1 + U_2$.

V4 Parallelschaltung
Bei der Parallelschaltung gilt: $U_0 = U_1 = U_2$.
Beobachtung: Die Lampen L_1 und L_2 leuchten bei der Parallelschaltung deutlich heller als bei der Reihenschaltung.
Erklärung: Bei der Parallelschaltung ist die Spannung zwischen den Lampenanschlüssen gleich der Batteriespannung. Bei der Reihenschaltung dagegen ist die Spannung zwischen den Lampenanschlüssen gleich der halben Batteriespannung. Größere Spannung bedeutet einen stärkeren Antrieb für die Ladung und damit eine größere Stromstärke. Eine größere Stromstärke führt zu hellerem Leuchten der Lampen.

Material A – Stromstärke und Spannung im Vergleich

A1 Sandra, Juri und Alex diskutieren über die Größen des elektrischen Stromkreises. Schreibe zu jeder Aussage einen kurzen Kommentar. Korrigiere die Aussagen, falls nötig.

Sandra: Die Aussage ist falsch. Elektrische Spannung besteht zum Beispiel zwischen den Anschlüssen einer Batterie.

Juri: Richtig.

Alex: Der erste Satz ist richtig, der zweite Satz ist falsch. Die Spannung ist der Antrieb für die elektrische Ladung im Stromkreis. Ohne Spannung wird die Ladung nicht angetrieben. Also gibt es ohne Spannung keinen Strom. Die Umkehrung gilt aber nicht. Wenn der Stromkreis offen ist, dann gibt es Spannung aber keinen Strom.

A2 Erläutere die Begriffe Stromstärke und Spannung in eigenen Worten.

Stromstärke: Die elektrische Stromstärke gibt an, wie viel elektrische Ladung in einer bestimmten Zeit durch eine Stelle des Leiters fließt. Die Stromstärke hängt davon ab, wie stark der Antrieb für die Ladung ist.

Spannung: Die elektrische Spannung gibt an, wie stark der Antrieb der elektrischen Ladung in einem Stromkreis ist. Die elektrische Spannung ist gleich dem Potenzialunterschied von Plus- und Minuspol der elektrischen Energiequelle.

A3a) Erläutere die Aussagen: Ein Stromstärkemessgerät muss in Reihe zum Gerät geschaltet werden. Ein Spannungsmessgerät muss parallel zur Batterie oder zum Gerät geschaltet werden.

b) Begründe: Ein Stromstärkemessgerät muss den Strom praktisch ungehemmt durchlassen. Ein Spannungsmessgerät darf den Strom praktisch nicht durchlassen.

c) Ein Stromstärkemessgerät wird statt eines Spannungsmessgeräts eingebaut (oder umgekehrt). Beschreibe und erkläre, was geschieht.

a) Um die Stromstärke in einem elektrischen Gerät zu messen, muss die Ladung auch durch das Messgerät fließen. Das tut sie aber nur, wenn das Messgerät in Reihe zum Gerät geschaltet wird.

Wenn man die Spannung an einer Batterie oder an einem Gerät messen will, dann muss das Messgerät parallel angeschlossen werden. Nur so kann man den Potenzialunterschied zwischen den jeweiligen Anschlüssen messen. Eine Schaltung in Reihe macht daher keinen Sinn.

b) Wenn ein Stromstärkemessgerät den Ladungsfluss merklich hemmen würde, dann würde es die zu messende Stromstärke beeinflussen. Man würde eine zu geringe Stromstärke messen.

Wenn ein Spannungsmessgerät merklich Strom durchlassen würde, dann würde sich die Stromstärke im Stromkreis ändern. Das ist besonders dann unerwünscht, wenn man gleichzeitig die Stromstärke messen möchte.

c) Einbau eines Stromstärkemessgeräts statt eines Spannungsmessgeräts: Das Stromstärkemessgerät hemmt den Ladungsfluss praktisch nicht. Dadurch kann ein Kurzschluss entstehen. Die Stromstärke ist dann sehr groß und das Messgerät kann dabei leicht zerstört werden.

Einbau eines Spannungsmessgeräts statt eines Stromstärkemessgeräts: Das Spannungsmessgerät lässt den Strom praktisch nicht durch. Dadurch fließt keine Ladung im Stromkreis und die Lampe o.ä. erlischt. Das Messgerät wird dabei aber nicht zerstört.

A4a) Zeichne Plan A ab und ersetze die Zahlen in den Kreisen sinnvoll durch das Messgerätezeichen A oder V.

b) Verfahre für Plan B wie in a).

a)	b)
① ersetzen durch Ⓐ	① ersetzen durch Ⓐ
② ersetzen durch Ⓥ	② ersetzen durch Ⓐ
③ ersetzen durch Ⓥ	③ ersetzen durch Ⓥ
④ ersetzen durch Ⓐ	④ ersetzen durch Ⓐ
	⑤ ersetzen durch Ⓐ
	⑥ ersetzen durch Ⓥ

Der elektrische Widerstand

Seite 255

1 Begründe, warum die Stromstärke beim Wasserkocher größer ist als bei der Kaffeemaschine.

Die Kaffeemaschine hat einen größeren elektrischen Widerstand als der Wasserkocher. Dadurch wird der elektrische Strom durch die Kaffeemaschine stärker gehemmt. Da beide Geräte mit derselben Spannung von 230 V betrieben werden, bedeutet das, dass die Stromstärke beim Wasserkocher größer ist als bei der Kaffeemaschine.

2 Anstelle des veränderbaren Widerstands im Stromkreis von ▹Bild 02 wird ein Fotowiderstand (▹Tabelle 03C) eingebaut. Beschreibe, wie sich die Stromstärke und die Helligkeit der Lampe bei wechselnder Beleuchtung des Fotowiderstands ändern.

Je stärker der Fotowiderstand beleuchtet wird, desto geringer ist sein Widerstand. Damit wird der Widerstand im gesamten Stromkreis kleiner und die Stromstärke wird größer, sodass die Lampe heller leuchtet.

1 Ein Konstantandraht wird an eine Energiequelle mit einer Spannung von 4 V angeschlossen. Durch den Draht fließt ein Strom der Stärke 62,5 mA.
a) Berechne den Widerstand des Drahts.
b) Wie groß muss die Spannung sein, damit die Stromstärke 250 mA beträgt?

a) Gegeben: $U = 4\,\text{V}$, $I = 62{,}5\,\text{mA} = 0{,}0625\,\text{A}$
Gesucht: R

$$R = \frac{4\,\text{V}}{0{,}0625\,\text{A}} = 64\,\Omega.$$

b) Gegeben: $R = 64\,\Omega$, $I = 250\,\text{mA} = 0{,}25\,\text{A}$
Gesucht: U
$U = R \cdot I = 64\,\Omega \cdot 0{,}25\,\text{A} = 16\,\text{V}.$

2 Bestimme die Stromstärke der beiden Konstantandrähte aus ▹Bild 03 bei einer Spannung von 2,5 V,
a) mithilfe des Diagramms,
b) rechnerisch.

a) Für den dicken Draht ergibt sich bei einer Spannung von 2,5 V eine Stromstärke von etwa 0,6 A. Beim dünnen Draht liest man eine Stromstärke von etwa 0,15 A ab.
b) Dicker Draht:
Gegeben: $R = 4\,\Omega$, $U = 2{,}5\,\text{V}$
Gesucht: I
$I = U/R = 2{,}5\,\text{V}/4\,\Omega = 0{,}63\,\text{A}.$
Dünner Draht:
Gegeben: $R = 16\,\Omega$, $U = 2{,}5\,\text{V}$
Gesucht: I
$I = U/R = 2{,}5\,\text{V}/16\,\Omega = 0{,}16\,\text{A}.$

3 Ein Konstantandraht hat einen Widerstand von 8 Ω. Berechne die Stromstärken wie in ▹Tabelle 02 und zeichne ein Diagramm wie im ▹Bild 03.
Die Stromstärken berechnen sich nach $I = U/R$:

***R* in Ω**	8	8	8	8	8	8
***U* in V**	0	1,0	2,0	3,0	4,0	5,0
***I* in A**	0	0,125	0,25	0,375	0,5	0,625

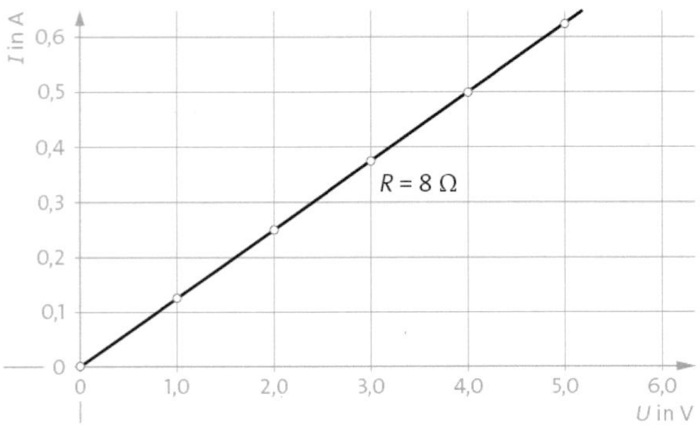

Seite 257 (Material)

Versuche – Zusammenhang von Spannung und Stromstärke …

V1 … bei einer Glühlampe
a) Wenn man am Netzgerät die Nennspannung der Lampe einstellt, dann sollte die Stromstärke etwa gleich der Nennstromstärke sein. Abweichungen von 10 % bis 20 % sind jedoch häufig der Fall.
b) Bei der halben Nennspannung stellt sich nicht die halbe Nennstromstärke ein. Die gemessene Stromstärke ist deutlich größer als die halbe Nennstromstärke.
c) Bei der Glühlampe sind Stromstärke und Spannung offenbar nicht proportional zueinander.

V2 … bei einer Bleistiftmine
a), b) Schüleraktivität
Beispielmessung:

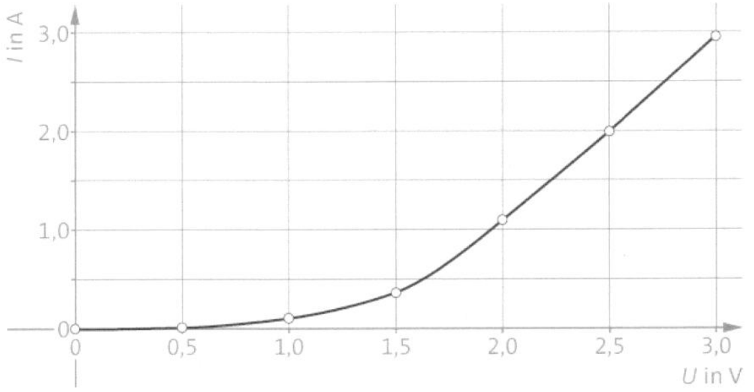

c) Beispielmessung: Die Mine glüht bei $U = 3{,}0$ V und $I \approx 3{,}0$ A. Bei $U = 1{,}5$ V beträgt $I \approx 0{,}4$ A.
Stromstärke und Spannung sind nicht proportional.

Material A – Widerstand

A1a) Eine Glühlampe hat die Aufschrift 4 V/0,2 A. Was bedeutet dies? Eine zweite Glühlampe hat die Aufschrift 4 V/0,4 A. Vergleiche die beiden Lampen.
b) Bei zwei Lampen werden Spannung und Stromstärke gemessen:
Lampe 1: 6,0 V/0,1 A, Lampe 2: 2,0 V/0,1A.
Vergleiche die Widerstände der beiden Lampen.

a) Die Aufschrift gibt die Nennspannung und die zugehörige Nennstromstärke an. Das bedeutet, dass man die Lampe an eine elektrische Energiequelle mit einer Spannung von 4 V anschließen soll. Die Stromstärke durch die Lampe beträgt dann etwa 0,2 A.
Bei der zweiten Lampe ist die Stromstärke bei gleicher Nennspannung doppelt so groß. Daraus folgt, dass der Widerstand der zweiten Lampe halb so groß ist.
b) Bei Lampe 1 ist die Stromstärke erst bei einer dreimal so großen Spannung genauso groß wie bei Lampe 2. Daraus folgt, dass ihr Widerstand dreimal so groß ist wie der von Lampe 2.

A2 Eine Glühlampe und ein Draht werden wie im ▹Bild unten zusammengeschaltet. Die Lampe leuchtet nur schwach. Wenn anstatt des Drahtes 1 ein anderer Draht 2 eingebaut wird, dann leuchtet die Lampe hell. Erläutere, wie sich die Widerstände der beiden Drähte unterscheiden. Vermute, wodurch dieser Unterschied verursacht werden könnte.
Bei gleicher Spannung ist die Stromstärke bei Draht 1 offensichtlich kleiner als bei Draht 2. Folglich ist der Widerstand von Draht 1 größer als der von Draht 2.
Mögliche Ursachen für die größere Stromstärke: Draht 2 ist dicker als Draht 1. Draht 2 ist kürzer als Draht 1. Draht 2 besteht aus einem anderen Material, das den Strom besser leitet als das Material von Draht 1.

A3 Bei den Schaltungen (▹Bild 06A) aus zwei baugleichen Lampen wird an der markierten Stelle ein dünner Draht eingesetzt. Erläutere, wie sich dabei die Helligkeit von L_1 und L_2 ändert.
1) Ein dünner Draht erhöht den Gesamtwiderstand der Reihenschaltung. Die Stromstärker wird daher geringer, L_1 und L_2 leuchten beide dunkler.
2) Wie 1).
3) Der Widerstand in der Leitung mit L_1 wird größer. Die Stromstärke in diesem Teilstück wird geringer und L_1 wird dunkler. Dagegen verändert sich der Widerstand in der Leitung mit L_2 nicht. Die Stromstärke in diesem Teilstück ändert sich also nicht und damit auch nicht die Helligkeit von L_2 (vorausgesetzt, die Spannung der Batterie bleibt gleich).
4) L_1 und L_2 leuchten beide dunkler. Der Gesamtwiderstand wird größer, damit wird die Gesamtstromstärke kleiner – also auch die Stromstärke durch die Lampen L_1 und L_2.

A4 Bei den Schaltungen im ▹Bild 06B werden zwei gleiche Lampen (4 V/0,1 A) auf unterschiedliche Weise zusammengeschaltet. Erläutere, wie sich die Stromstärke verändert.
Schaltung 1: Der dünne Glühdraht einer Lampe hemmt den elektrischen Strom. In Schaltung 1 sind zwei gleiche Lampen in Reihe geschaltet. Die elektrische Ladung muss also nacheinander durch zwei Glühdrähte fließen. Dadurch wird der Strom stärker gehemmt als bei nur einer Lampe. Die Stromstärke ist folglich kleiner als bei nur einer Lampe.
Schaltung 2: Die Lampen sind parallel geschaltet. Die elektrische Ladung hat sozusagen zwei Wege, nämlich durch den Glühdraht der Lampe 1 und durch den Glühdraht der Lampe 2. Auf jedem Weg wird der Strom so stark gehemmt, als ob nur eine Lampe angeschlossen wäre. Insgesamt wird der Strom weniger stark gehemmt als bei nur einer Lampe. Die Stromstärke vor der Verzweigung ist also größer als bei nur einer Lampe.

Schaltungen verstehen und planen

Seite 260

1 Erläutere, warum im Haushalt die Parallelschaltung verwendet wird (zwei Gründe). Beschreibe, wie sich die Gesamtstromstärke ändert, wenn man immer mehr Geräte einschaltet.
Nur bei einer Parallelschaltung kann man die Geräte einzeln ein- und ausschalten. Außerdem benötigen die meisten Haushaltsgeräte eine Spannung von 230 V. Durch die Parallelschaltung erreicht man, dass an jedem Gerät dieselbe Spannung von 230 V anliegt.
Wenn man immer mehr Geräte einschaltet, dann steigt die Gesamtstromstärke immer mehr an. Dabei kann es passieren, dass die Gesamtstromstärke die maximal erlaubte Stromstärke (meistens 16 A) überschreitet. Damit die Leitungen nicht durchbrennen, unterbricht in diesem Fall die Sicherung den Stromkreis. Bevor man die Sicherung wieder einschaltet, muss man die zuviel angeschlossenen Geräte ausschalten.

Seite 261

2 Eine Lichterkette besteht aus 16 Glühlampen. Sie wird an der Steckdose betrieben. Jede Lampe hat einen Widerstand von 70 Ω. Berechne die Spannung an jeder Lampe und die Stromstärke.
Die 16 Glühlampen sind in Reihe geschaltet. Also liegt an jeder Lampe dieselbe Spannung an:

$$\frac{230\,\text{V}}{16} = 14\,\text{V}.$$

Für jede Lampe beträgt die Stromstärke mit $I = U/R$:

$$I = \frac{U}{R} = \frac{14\,\text{V}}{70\,\Omega} \approx 0{,}2\,\text{A}.$$

Wegen der Reihenschaltung beträgt die Stromstärke in der ganzen Lichterkette 0,2 A.

Seite 263 (Material)

Versuche – Schaltungen mit Leuchtdioden

V1 Diebstahlsicherung

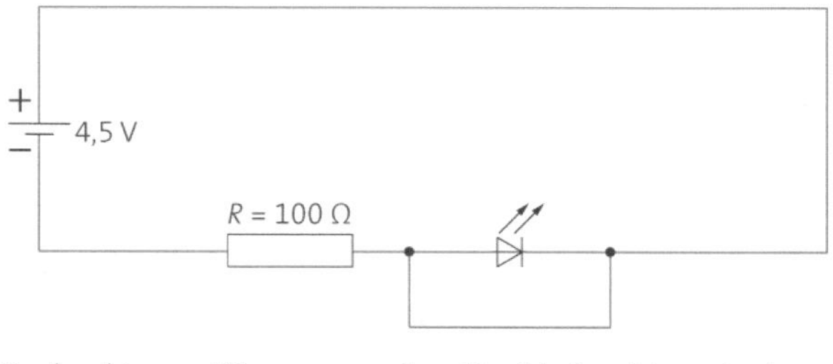

Beobachtung: Wenn man den Draht durchtrennt, dann leuchtet die LED.

Erklärung: Der Draht verbindet die Anschlüsse der LED. Da sich das Potenzial entlang des Drahtes praktisch nicht ändert, beträgt die Spannung (Potenzialdifferenz) zwischen den Anschlüssen der LED 0 V. Daher fließt keine Ladung durch die LED und die LED leuchtet nicht.
Wenn der Draht durchtrennt wird, dann teilt sich die Batteriespannung auf den Vorwiderstand und die LED auf. Die Spannung an der LED bewirkt einen Strom und die LED leuchtet.

V2 Hell-Dunkel-Schaltung
Beobachtung: Bei Beleuchtung des LDRs nimmt die Helligkeit der LED zu, bei Verdunklung des LDRs nimmt ihre Helligkeit ab.
Erklärung: Der LDR wirkt wie ein veränderlicher Vorwiderstand. Wenn der LDR beleuchtet wird, dann nimmt sein Widerstand ab. Damit steigt die Stromstärke im Stromkreis und die LED leuchtet heller. Wenn der LDR abgedunkelt wird, dann steigt sein Widerstand. Die Stromstärke sinkt und die Helligkeit der LED nimmt ab.
Anwendung: Eine solche Schaltung kann als Alarmanlage bei Einbruch dienen: Wenn das Lichtbündel einer Taschenlampe auf den LDR trifft, wird an anderer Stelle ein Lichtsignal ausgelöst.

V3 Dämmerungsschaltung
Beobachtung: Bei Beleuchtung des LDRs nimmt die Helligkeit der LED ab, bei Verdunklung nimmt sie zu. Die Schaltung verhält sich also umgekehrt wie die Schaltung in V2.
Erklärung: Der Widerstand R_1 und der LDR (Widerstand R_2) sind in Reihe geschaltet. Die Batteriespannung U_Q teilt sich auf die Spannung U_1 am Widerstand R_1 und die Spannung U_2 am LDR auf. Wenn genügend Licht auf den LDR trifft, dann ist sein Widerstand R_2 viel kleiner als der Widerstand R_1. Dann ist aber auch die Spannung U_2 viel kleiner als die Spannung U_1. Die Spannung U_2 liegt auch zwischen den Anschlüssen der LED an. Wenn U_2 kleiner als ca. 1,8 V ist, dann leuchtet die LED nicht. Je weniger Licht auf den LDR trifft, desto größer ist sein Widerstand R_2 und desto größer ist auch die Spannung U_2. Wenn U_2 genügend groß ist, dann leuchtet die LED. (Die vereinfachte Erklärung berücksichtigt nicht den sich verändernden Widerstand der LED.)

Material A – Schaltungen

A1 Eine Lampe (6 V/0,4 A) soll mit einer 9-V-Batterie betrieben werden. Entwirf eine Schaltung, sodass die Lampe korrekt leuchtet. Berechne die erforderlichen Daten.

Um die Lampe mit einer 9-V-Batterie betreiben zu können, muss man einen passenden Vorwiderstand in Reihe zur Lampe einbauen. Die Spannung U_1 am Widerstand und die Spannung U_2 an der Lampe ergeben zusammen die Batteriespannung U_Q. Da die Spannung U_2 an der Lampe 6 V betragen soll, erhält man:
$U_1 = U_Q - U_2 = 9\,V - 6\,V = 3\,V$.
Da die Stromstärke im gesamten Stromkreis 0,4 A betragen soll, erhält man mit $R = U/I$ für den Vorwiderstand:

$$R_V = \frac{U}{I} = \frac{3\,V}{0{,}4\,A} = 7{,}5\,\Omega.$$

A2 Drei LEDs (rot, gelb, blau) sollen mit einer 4,5-V-Batterie betrieben werden. Die LEDs können einzeln ein- und ausgeschaltet werden. Zeichne einen Schaltplan. Berechne die erforderlichen Vorwiderstände (siehe S. 262).

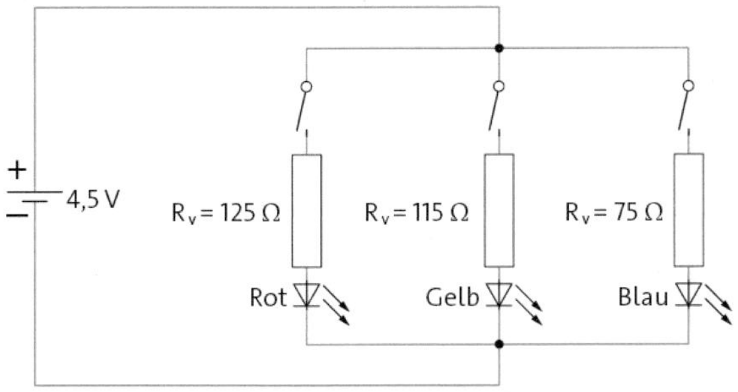

Die Nennstromstärke für die drei LEDs ist jeweils 20 mA. Tabelle 03 auf S. 262 entnimmt man die zugehörigen Spannungen:
Rote LED: 2,0 V, gelbe LED: 2,2 V, blaue LED: 3,0 V.
Für die Vorwiderstände ergeben sich folgende Werte:
Rote LED: $U_V = 4{,}5\,V - 2{,}0\,V = 2{,}5\,V$, d. h. der Vorwiderstand R_V muss den Wert

$$R_V = \frac{2{,}5\,V}{0{,}02\,A} = 125\,\Omega \text{ haben.}$$

Gelbe LED: $U_V = 4{,}5\,V - 2{,}2\,V = 2{,}3\,V$, d. h. der Vorwiderstand R_V muss den Wert

$$R_V = \frac{2{,}3\,V}{0{,}02\,A} = 115\,\Omega \text{ haben.}$$

Blaue LED: $U_V = 4{,}5\,V - 3{,}0\,V = 1{,}5\,V$, d. h. der Vorwiderstand R_V muss den Wert

$$R_V = \frac{1{,}5\,V}{0{,}02\,A} = 75\,\Omega \text{ haben.}$$

A3 Elena und Sascha experimentieren mit blauen Lampen (6 V/0,1 A), roten Lampen (3 V/0,1 A) und einem 12-V-Akku.
a) Sie wollen eine Schaltung mit vier blauen Lampen aufbauen. Zeichne dazu einen Schaltplan. Zeichne ein Stromstärkemessgerät zur Messung der Gesamtstromstärke ein. Was zeigt das Gerät an?
b) Nun wollen sie eine Schaltung mit blauen und roten Lampen aufbauen. Zeichne dazu drei verschiedene Schaltpläne.

a)

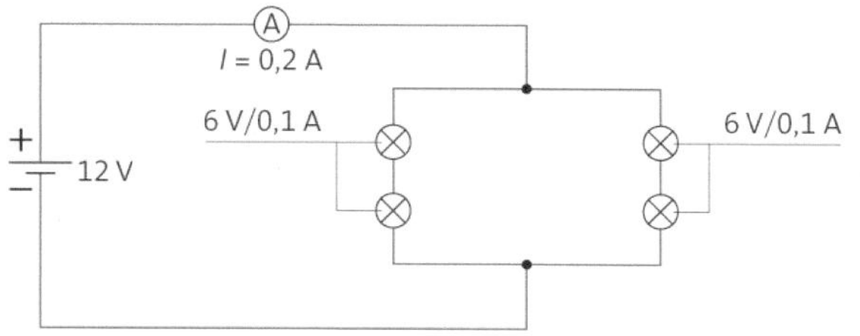

In jedem Zweig der Parallelschaltung beträgt die Stromstärke 0,1 A. Also zeigt das Messgerät die Gesamtstromstärke von 0,2 A an.

b)

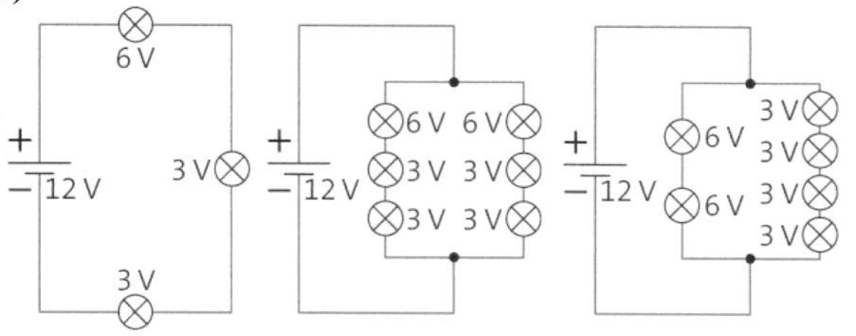

A4 Die Lampen in der Schaltung oben sind alle gleich. Wie ändert sich die Helligkeit der Lampen L_1 bis L_3, wenn man den Schalter S_1 oder den Schalter S_2 oder beide Schalter schließt? Zeichne jeweils einen Schaltplan und löse durch Färben der Leitungen. Begründe deine Antwort.

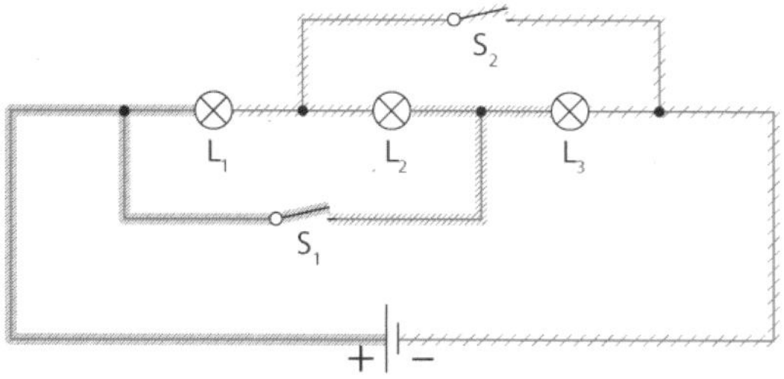

Alle Schalter geöffnet: Die drei Lampen sind in Reihe geschaltet. Die Spannung an jeder Lampe ist gleich einem Drittel der Batteriespannung.

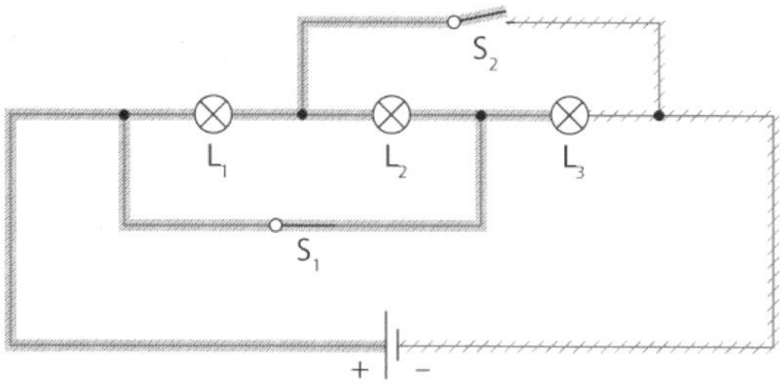

Nur S_1 geschlossen: Der linke Anschluss von L_1 und der rechte Anschluss von L_2 sind leitend verbunden. Da sich das Potenzial entlang einer Leitung nicht ändert, beträgt die Spannung (Potenzialunterschied) an den Lampen L_1 und L_2 jeweils 0 V. Daher leuchten die Lampen L_1 und L_2 nicht. Dafür ist der Potenzialunterschied zwischen den Anschlüssen von L_3 nun gleich der Batteriespannung. Die Lampe L_3 leuchtet also viel heller.

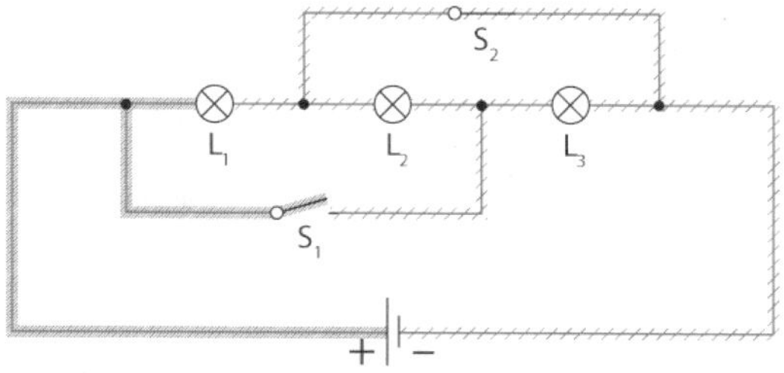

Nur S_2 geschlossen: Nun leuchten L_2 und L_3 nicht und L_1 wird viel heller. Die Erklärung lautet wie oben.

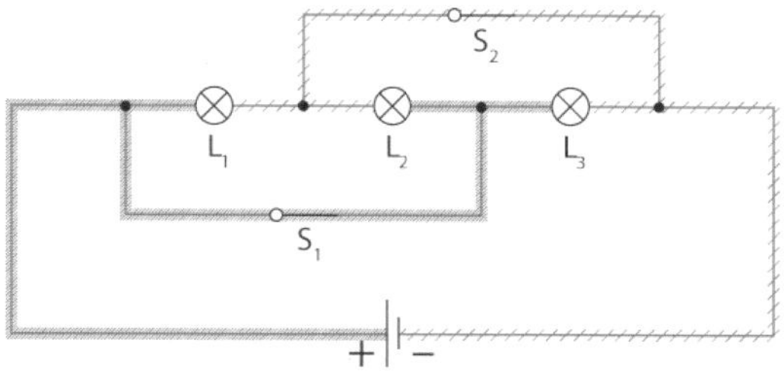

S_1 und S_2 geschlossen: Jede Lampe ist mit einem Anschluss am Pluspol der Batterie angeschlossen und mit dem anderen Anschluss am Minuspol. Die Lampen sind also parallel geschaltet. Die Spannung ist an jeder Lampe gleich der Batteriespannung. Alle Lampen leuchten gleich hell und deutlich heller, als wenn alle Schalter geöffnet sind.

A5 Die Lampen im Bild unten sind alle gleich: 4 V/0,3 A. Bestimme jeweils die Spannung der Batterie. Löse durch Färben der Leitungen. Gibt es auch Schaltungen, bei denen das nicht geht? Finde für diese Schaltungen passende Lampen.

a) zwei Lampen parallel geschaltet. $U_{Batt} = 4\,V$.

b) drei Lampen in Reihe geschaltet. $U_{Batt} = 12\,V$.

c) Eine Lampe ist zu zwei weiteren in Reihe geschalteten Lampen parallel geschaltet. Geht nicht.
Mögliche Lampen: z. B. einmal 12 V/0,1 A und zweimal 6 V/0,4 A bei einer Batteriespannung von 12 V. Entscheidend ist, dass die Nennspannungen der Lampen zueinander passen.

d) Eine Lampe ist in Reihe zu zwei parallel geschalteten Lampen geschaltet. Geht nicht.
Mögliche Lampen: z. B. einmal 4 V/0,2 A und zweimal 6 V/0,1 A bei einer Batteriespannung von 10 V.
Entscheidend ist, dass die Nennstromstärken der Lampen zueinander passen.

Seite 264

1 Eine Lampe mit einer Nennspannung von 9 V wird zuerst an einen 6-V-Akku und dann an einen 12-V-Akku angeschlossen.
a) Beschreibe, was dabei passiert.
b) Begründe, dass das Säulenmodell in diesen Fällen versagt.

a) Beim 6-V-Akku leuchtet die Lampe nur schwach, beim 12-V-Akku sehr hell oder sie geht sogar kaputt.
b) In beiden Fällen sind die Säulen für Akku und Lampe unterschiedlich hoch. Die Höhe der Verbindung ist somit nicht überall gleich. Das würde bedeuten, entlang der Leitung ändert sich das Potenzial erheblich. Das ist aber nicht der Fall.

4 Elektrischer Stromkreis und Energie

Elektrische Energieübertragung

Seite 269

1 Sechs Lampen (2,5 V/1,0 A) sollen korrekt an einer Quelle betrieben werden. Zeichne alle möglichen Schaltpläne. Gib jeweils I, U und P_{el} an.
Alle Lampen in Reihe:
$U = 6 \cdot 2{,}5\,V = 15\,V$,
$I = 1\,A$,
$P_{el} = U \cdot I = 15\,V \cdot 1\,A = 15\,W$.
Drei Lampen in Reihe parallel zu drei Lampen in Reihe:
$U = 3 \cdot 2{,}5\,V = 7{,}5\,V$,
$I = 2 \cdot 1\,A = 2\,A$,
$P_{el} = U \cdot I = 7{,}5\,V \cdot 2\,A = 15\,W$.
Zwei Lampen in Reihe parallel zu zwei Lampen in Reihe parallel zu zwei Lampen in Reihe:
$U = 2 \cdot 2{,}5\,V = 5\,V$,
$I = 3 \cdot 1\,A = 3\,A$,
$P_{el} = U \cdot I = 5\,V \cdot 3\,A = 15\,W$.
Alle Lampen parallel geschaltet:
$U = 2{,}5\,V$,
$I = 6 \cdot 1\,A = 6\,A$,
$P_{el} = U \cdot I = 2{,}5\,V \cdot 6\,A = 15\,W$.

Seite 270

1a) Eine Spielekonsole hat eine Leistung von 150 W. Berechne die benötigte Energiemenge für zehn Stunden Betrieb. Gib das Ergebnis in kJ und in kWh an.
b) Im Stand-by-Betrieb beträgt die Leistung der Konsole 1 W. Berechne die jährlich benötigte Energiemenge für den Stand-by-Betrieb.
a) Gegeben: $P_{el} = 150\,W = 150\,J/s$,
$\Delta t = 10\,h = 10 \cdot 60 \cdot 60\,s = 36\,000\,s$.
Gesucht: ΔE in kJ und kWh.
$\Delta E = P_{el} \cdot \Delta t = 150\,J/s \cdot 36\,000\,s = 5\,400\,000\,J = 5400\,kJ$.
$\Delta E = P_{el} \cdot \Delta t = 150\,W \cdot 10\,h = 1500\,Wh = 1{,}5\,kWh$.
b) Gegeben:
$P_{el} = 1\,W = 1\,J/s$, $\Delta t = 1\,a = 365 \cdot 24\,h = 8760\,h$.
Gesucht: ΔE für ein Jahr
$\Delta E = P_{el} \cdot \Delta t = 1\,W \cdot 8760\,h = 8760\,Wh = 8{,}8\,kWh$.

2a) Bestimme die Leistung der LED-Lampe von ▹Bild 03.
b) Eine Halogen-Glühlampe mit 40 W und eine LED-Lampe mit 6 W sind etwa gleich hell. Berechne die jeweils benötigte Energie bei einer angenommenen jährlichen Leuchtdauer von 1500 Stunden.
a) Die LED-Lampe hat einen Energiebedarf von 6 kWh in 1000 h. Die Leistung ist dann

$$P_{el} = \frac{\Delta E}{\Delta t} = \frac{6000\text{ Wh}}{1000\text{ h}} = 6\text{ W}.$$

b) Halogen-Glühlampe: $P_{el} = 40$ W
Gesucht: Energiebedarf für 1500 h
$\Delta E = P_{el} \cdot \Delta t = 40\text{ W} \cdot 1500\text{ h} = 60\,000\text{ Wh} = 60\text{ kWh}$.
LED-Lampe: $P_{el} = 6$ W
$\Delta E = P_{el} \cdot \Delta t = 6\text{ W} \cdot 1500\text{ h} = 9\,000\text{ Wh} = 9\text{ kWh}$.

Seite 271 (Material)

Versuche – Elektrische Leistung einer Heizwendel

V1 Leistungsbestimmung
a) Schüleraktivität
b) Bei einer Spannung von $U = 5{,}0$ V misst man für die Stromstärke etwa $I = 0{,}62$ A. Daraus berechnet sich die Leistung zu $P = U \cdot I = 5{,}0\text{ V} \cdot 0{,}62\text{ A} = 3{,}1$ W.
c) *Vermutung:* Bei der doppelten Spannung verdoppelt sich auch die Stromstärke. Damit sollte sich die Leistung vervierfachen.
Messung: Bei der doppelten Spannung von $U = 10{,}0$ V misst man eine Stromstärke von etwa $I = 1{,}25$ A. Die Leistung beträgt damit $P = U \cdot I = 10{,}0\text{ V} \cdot 1{,}25\text{ A} = 12{,}5$ W, also tatsächlich etwa das Vierfache der Leistung von b).

V2 Erwärmen von Wasser
a) Bei einer Ausgangstempertur von z. B. 12 °C misst man nach 60 s eine Temperatur von ca. 15.5 °C. Die Temperaturerhöhung beträgt also etwa 3,5 K.
b) Nach weiteren 60 s misst man etwa 19 °C. Pro Minute nimmt die Tempertur wieder um etwa 3,5 K zu.

c) Diagramm:

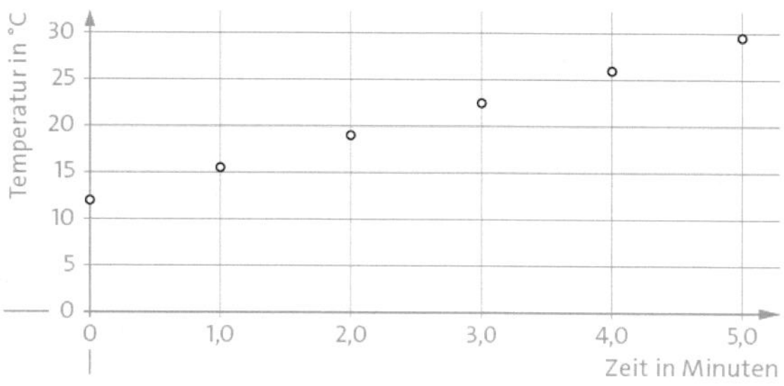

Die Temperatur steigt gleichmäßig mit der Zeit an.

Material A – Leistung und Energie bei Elektrogeräten

A1 Ein Toaster hat eine Leistung von 900 W und wird an einer Steckdose (230 V) betrieben. Berechne die Stromstärke und den Widerstand des Toasters.

Gegeben: Leistung: $P_{el} = 900$ W, Spannung: $U = 230$ V

Gesucht: Stromstärke I und Widerstand R

$$I = \frac{P_{el}}{U} = \frac{900\text{ W}}{230\text{ V}} = 3{,}9\text{ A}.$$

$$R = \frac{U}{I} = \frac{230\text{ V}}{3{,}9\text{ A}} \approx 59\,\Omega.$$

A2 Herr Brauns Wasserkocher hat eine Leistung von 2200 W. Um einen Liter kaltes Wasser zum Kochen zu bringen, dauert es 2 min 45 s.

a) Berechne die benötigte Energie in kJ und in kWh.

b) Herr Braun möchte Energie „sparen" und überlegt sich, seinen Kocher durch einen mit einer Leistung von 1800 W zu ersetzen. Nimm Stellung.

a) Gegeben: Leistung: $P_{el} = 2200\text{ W} = 2200\text{ J/s}$, Zeitspanne: $\Delta t = 2\text{ min } 45\text{ s} = 165\text{ s}$

Gesucht: Energie: ΔE in J und kWh

$\Delta E = P_{el} \cdot \Delta t = 2200\text{ J/s} \cdot 165\text{ s} = 363\,000\text{ J} = 363\text{ kJ}.$

1 kJ = 1/3600 kWh, also gilt:

$\Delta E = 363\text{ kJ} = 363 \cdot 1/3600\text{ kWh} = 0{,}10\text{ kWh}.$

b) Die „Sparmaßnahme" wird nichts bringen. Um einen Liter kaltes Wasser zum Kochen zu bringen ist eine bestimmte Energiemenge nötig. Bei geringerer Leistungsaufnahme dauert es entsprechend länger, das Wasser zu erhitzen.

Material B – LED-Taschenlampe

B1a) Berechne die Leistungsaufnahme der LED und die Leistungsabgabe des Akkus.

b) Erkläre den Unterschied.

a) Gegeben: Spannung an der LED: $U_{LED} = 2{,}9$ V, $I = 0{,}35$ A, Akkuspannung: $U_{Akku} = 3{,}7$ V

Gesucht: Leistungsaufnahme der LED und Leistungsabgabe des Akkus

$P_{el} = U_{LED} \cdot I = 2{,}9\text{ V} \cdot 0{,}35\text{ A} = 1{,}0\text{ W}$

Leistungsabgabe des Akkus:

$P_{el} = U_{Akku} \cdot I = 3{,}7\text{ V} \cdot 0{,}35\text{ A} = 1{,}3\text{ W}$

b) Der Akku gibt mehr Leistung ab als die LED aufnimmt. Einen Teil der Akku-Leistung nimmt der Schutzwiderstand auf. Er erwärmt sich beim Betrieb der Taschenlampe.

B2a) Berechne, wie viel Prozent der vom Akku abgegebenen Energie von der LED und wie viel vom Widerstand aufgenommen wird.

b) Gib an, wodurch der Widerstand und die LED die Energie wieder abgeben.

a) Wir können die Prozente mithilfe der Leistungsangaben berechnen. Für die LED gilt:

1,0 W/1,3 W = 0,77, d. h. die LED nimmt etwa 77% der vom Akku abgegebenen Energie auf. Den Rest, also 23%, nimmt der Schutzwiderstand auf.

b) Die LED gibt die Energie vor allem in Form von Licht ab, einen Teil aber auch als thermische Energie. Der Schutzwiderstand gibt die Energie vollständig als thermische Energie an die Umgebung ab.

B3 Der Akku trägt die Aufschrift 3,7 V/2,9 Ah. Berechne, wie lange man die Lampe damit betreiben kann sowie die im Akku gespeicherte Energie.

Die Aufschrift 2,9 Ah bedeutet, dass man ein Gerät, das eine Stromstärke von 1,0 A benötigt, 2,9 Stunden lang betreiben kann. Da die Stromstärke nur 0,35 A betragen darf, kann man die Lampe entsprechend länger betreiben:

2,9 Ah/0,35 A ≈ 8,3 h.

Die Leistungsabgabe des Akkus wurde in B1a) zu 1,3 W berechnet. Wenn er diese Leistung 8,3 h lang abgeben kann, dann beträgt die im Akku gespeicherte Energie:

$\Delta E = P_{el} \cdot \Delta t = 1{,}3\text{ W} \cdot 8{,}3\text{ h} = 1{,}3\text{ W} \cdot 29\,880\text{ s}$

$\approx 39\,000\text{ Ws} = 39\text{ kJ}$

Elektrische Energiequellen

Seite 274

1 Welche Spannungen kann man durch Kombination einer 4,5-V- und einer 1,5-V-Batterie erhalten? Zeichne die Schaltpläne. Gibt es auch unsinnige Kombinationen?

Wenn man eine 4,5-V-Batterie und eine 1,5-V-Batterie so in Reihe schaltet, dass der Minuspol der 1,5-V-Batterie mit dem Pluspol der 4,5-V-Batterie verbunden ist, dann erhält man eine Spannung von insgesamt 6 V.Wenn man die beiden Batterien so in Reihe schaltet, dass der Pluspol der 1,5-V-Batterie mit dem Pluspol der 4,5-V-Batterie verbunden ist, dann erhält man eine Spannung von insgesamt 3 V. Schließt man nun ein elektrisches Gerät an, dann fließt die Ladung durch die 1,5-V-Batterie in umgekehrter Richtung. Die 1,5-V-Batterie wird dabei durch die 4,5-V-Batterie mit Energie aufgeladen.

Eine Parallelschaltung dieser beiden Batterien ist nicht sinnvoll, da die Spannungen unterschiedlich sind. Schließt man die 4,5-V-Batterie und die 1,5-V-Batterie so parallel, dass die gleichnamigen Pole miteinander verbunden sind, dann bewirkt der Potenzialunterschied zwischen dem Pluspol der 4,5-V-Batterie und dem Pluspol der 1,5-V-Batterie eine große Stromstärke. Die Batterien werden heiß und können zerstört werden. Wenn bei der Parallelschaltung die ungleichnamigen Pole miteinander verbunden sind, dann kommt dies einem Kurzschluss beider Batterien gleich. Die Batterien werden sehr schnell entladen und können sehr heiß werden.

Seite 275 (Material)

Versuche – Elektrische Energiequellen erzeugen eine Spannung …

V1 … durch Bewegung

a) Wenn man den Magneten in die Spule hinein bewegt, dann schlägt der Zeiger des Spannungsmessgeräts in die eine Richtung aus. Wenn man den Magneten aus der Spule herauszieht, dann schlägt der Zeiger in die andere Richtung aus.

b) Der gleiche Effekt tritt auf, wenn man statt des Magneten die Spule bewegt.

V2 … durch Licht

a) Die Spannung beträgt etwa 0,5 V bis 0,6 V.

b) Wenn die Solarzelle von der Lampe entfernt wird, dann ändert sich die Spannung zuerst kaum. Erst bei großen Entfernungen nimmt die Spannung der Solarzelle deutlich ab. Daraus folgt: Solange die Lichtintensität genügend groß ist, ist die Spannung in etwa konstant.

c) *Beobachtung:* Bei der Reihenschaltung ist die Spannung dreimal, bei der Parallelschaltung genauso groß, wie bei einer einzelnen Solarzelle.

Erklärung: Bei der Reihenschaltung von elektrischen Energiequellen addieren sich die Spannungen, bei der Parallelschaltung bleibt die Spannung gleich.

Beobachtung: Wenn man bei der Reihenschaltung eine Solarzelle komplett zudeckt, dann nimmt die Spannung um 0,5 V bis 0,6 V ab. Bei der Parallelschaltung stellt man praktisch keine Änderung der Spannung fest.

Erklärung: Die zugedeckte Solarzelle kann die Ladung nicht antreiben. Sie kann keinen Potenzialunterschied erzeugen. Deshalb nimmt die Spannung bei der Reihenschaltung um 0,5 V bis 0,6 V ab. Bei der Parallelschaltung wirkt sich das kaum aus, da die beiden anderen Solarzellen den Potenzialunterschied aufrecht erhalten.

V3 … durch Stoffumwandlung

a) Man misst eine Spannung von etwa 1 V.

b) Die Oberfläche der Bleche verändert sich (Farbe und/oder Rauhigkeit). Dies ist ein Hinweis darauf, dass sich die beteiligten Stoffe chemisch umwandeln.

Material A – Schaltung von elektrischen Energiequellen

A1 Die Spannung der Batterien beträgt jeweils 1,5 V. Gib an, ob die Lampe (3 V/0,1 A) normal, schwach oder gar nicht leuchtet.

Schaltung oben links: Die Lampe leuchtet normal, da die Batterien hintereinander in Reihe geschaltet sind. Die Spannung an der Lampe beträgt also $2 \cdot 1{,}5\,V = 3\,V$.

Schaltung oben rechts: Die Lampe leuchtet schwach, da die Batterien parallel geschaltet sind. Die Spannung an der Lampe beträgt nur 1,5 V.

Schaltung unten links: Die Lampe leuchtet nicht, da die Batterien gegeneinander in Reihe geschaltet sind. Die Spannung an der Lampe beträgt deshalb 0 V.

Schaltung unten rechts: Die Lampe leuchtet normal, da die Batterien wie in der Schaltung oben links hintereinander in Reihe geschaltet sind. Die Spannung an der Lampe beträgt daher 3 V.

A2 Fünf Zink-Kohle-Batterien sind in Reihe geschaltet. Zwischen welchen Anschlüssen kann man eine Lampe mit der Nennspannung von 4,5 V anschließen?

Eine einzelne Batterie erzeugt die Spannung 1,5 V. Man muss also drei Batterien in Reihe schalten, um eine Spannung von 4,5 V zu erhalten. 4,5 V erhält man zwischen den Anschlüssen: A und D, B und E sowie C und F.

A3 Ein Bleiakku mit einer Spannung von 12 V soll mithilfe von Solarzellen geladen werden. Es stehen Solarzellen mit jeweils einer Spannung von 0,5 V dafür zur Verfügung. Überlege dir, wie viele Solarzellen man mindestens benötigt und wie man sie schalten muss. Fertige dazu eine Skizze an.

Man benötigt mindestens 24 dieser Solarzellen. Wenn man sie in Reihe schaltet, dann erhält man insgesamt eine Spannung von $24 \cdot 0{,}5\,V = 12\,V$. Man kann aber auch mehrere solcher Solarzellenreihen parallel schalten. Dadurch lässt sich die Stromstärke des Ladestroms für den Bleiakku erhöhen, während die Spannung insgesamt bei 12 V bleibt.

Elektrische Energieversorgung

Seite 277

1 Beschreibe den Verlauf des täglichen Energie-bedarfs. Gib mögliche Gründe an.

Beschreibung: Von 0 Uhr bis etwa 6 Uhr ist der Energiebedarf konstant niedrig. Um kurz vor 6 Uhr steigt er bis etwa 8 Uhr stark an. Danach fällt er bis etwa 14 Uhr ab, um dann bis 17 Uhr wieder anzusteigen. Um ca. 11 Uhr gibt es eine Verbrauchsspitze. Nach 17 Uhr nimmt der Energiebedarf kontinuierlich bis 24 Uhr ab.

Begründung: In der Nacht schlafen die meisten Menschen, dann ist der Energiebedarf gering. Früh morgens stehen die Menschen auf, schalten das Licht und die Heizung ein, waschen sich und machen Frühstück, weil sie zur Arbeit oder zur Schule gehen müssen. In dieser Zeit ist der Energiebedarf sehr groß. Danach nimmt der Energiebedarf etwas ab, weil die fast gleichzeitig stattfindenden Morgenaktivitäten vorübergegangen sind. Das Tageslicht macht künstliche Beleuchtung überflüssig. Die 11 Uhr-Spitze könnte daher rühren, dass die Leute das Mittagessen zubereiten müssen (Essen kochen auf dem Elektroherd) oder weil es plötzlich so dunkel wurde, dass man wieder Licht einschalten musste. Nach 16 Uhr kommen die Menschen wieder nach Hause, es wird allmählich dunkel, es wird das Abendessen zubereitet, Fernseher und andere Geräte werden zunehmend genutzt.

2 Windkraftanlagen und Pumpspeicherkraftwerke ergänzen sich gut. Begründe.
Windkraftanlagen laufen ständig, so lange es genügend Wind gibt, auch dann, wenn der Energiebedarf gering ist. Die bereitgestellte Energie kann man nutzen, um die Stauseen von Pumpspeicherkraftwerken mit Wasser zu füllen. Wenn der Energiebedarf später steigt, deckt die gespeicherte Energie den zusätzlichen Bedarf.

Seite 278

1 Erstelle eine tabellarische Zusammenfassung aller Kraftwerkstypen mit den wesentlichen Energiewandlern, den eventuell nötigen Energierohstoffen, Vorteilen und Nachteilen.

Kraftwerkstyp	Energiewandler	Rohstoffe	Vorteile	Nachteile
Kohlekraftwerk	Kessel, Dampfturbine, Generator	Steinkohle, Braunkohle	große Leistung, regelbar	großer Wirkungsgrad, CO_2-Ausstoß
Kernkraftwerk	Brennkammer, Dampfturbine, Generator	Uran	große Leistung, regelbar, kein CO_2-Ausstoß	geringer Wirkungsgrad, radioaktiver Abfall, große Gefahr im Schadensfall
Laufwasserkraftwerk	Turbine, Generator	keine	hoher Wirkungsgrad, keine Schadstoffe	braucht Fluss mit Gefälle, Eingriff in Umwelt
Pumpspeicherkraftwerk	Turbine, Generator	keine	sehr flexibel, keine Schadstoffe	braucht zwei Wasserspeicher, Eingriff in Umwelt
Windkraftanlage	Rotor, Generator	keine	keine Schadstoffe	Wind nicht immer verfügbar
Fotovoltaikanlage	Solarzelle	keine	keine Schadstoffe direkteste Art der Stromerzeugung“	geringer Wirkungsgrad, Sonne nicht immer verfügbar, großer Flächenbedarf

Seite 279 (Material)

Material A – „Energieverbrauch“ im Stand-by-Betrieb

A1a) Übertrage die Tabelle in dein Heft. Ergänze eventuell fehlende Geräte.
b) Bestimme mit einem Energie- bzw. Leistungsmessgerät die Leistung der Geräte im Stand-by-Betrieb. Falls du kein Messgerät hast, findest du die Angaben vielleicht in den Bedienungsanleitungen der Geräte. Wenn du nichts findest, dann übernimmst du die Werte aus der Tabelle.
c) Trage die Stunden ein, die das jeweilige Gerät täglich im Stand-by-Betrieb läuft.
d) Berechne für jedes Gerät den täglichen Energiebedarf im Stand-by-Betrieb in Wh. Berechne den Energiebedarf aller Geräte.
e) In Deutschland gibt es etwa 40 Mio. Haushalte. Schätze den „Stand-by-Verbrauch“ aller Haushalte in Deutschland. Nimm an, dass alle Haushalte denselben „Stand-by-Verbrauch“ haben wie bei dir zuhause.
f) Das Kohlekraftwerk Heilbronn hat eine Leistung von 1130 MW. Berechne die tägliche Energieabgabe des Kraftwerks. Vergleiche mit dem Ergebnis aus e).
g) Bewerte die Aussage im Einführungstext. Welche Folgerungen ziehst du daraus für dein Verhalten?
a) – c) Zum Beispiel könnte die Tabelle so aussehen:

Gerät	Leistung in W	Laufzeit in h	Energie in Wh
Fernsehgerät, LCD, 80–94 cm	1	8	8
Fernsehgerät, alt	6	0	0
DVB-T ohne Festplatte	10	8	80
DVD-Recorder mit Festplatte	8	1	8
HiFi-Anlage	10	10	100
Radio	1	0	0
PC mit Bildschirm und Drucker	10	12	120
DSL-Modem + Router	7	12	84
Telefon, schnurlos (Ladeschale)	2	24	48
Spielekonsole	3	2	6
Espressovollautomat	3	24	72

d) Der Energiebedarf aller Geräte beträgt nach obiger Tabelle 526 Wh am Tag.
e) Wenn 40 Millionen Haushalte etwa denselben „Stand-by-Verbrauch" haben, dann ergibt sich in Deutschland pro Tag ein Wert von insgesamt
$40\,000\,000 \cdot 526\,\text{Wh} = 21\,040\,000\,000\,\text{Wh} \approx 21\,\text{GWh}$.
f) Für das Mittellastkraftwerk nehmen wir eine tägliche Laufzeit von etwa 16 h an.
Gegeben: Leistung: $P = 1130\,\text{MW}$, Zeitspanne: $\Delta t = 16\,\text{h}$
Gesucht: Energieabgabe ΔE pro Tag
$\Delta E = P \cdot \Delta t = 1130\,\text{MW} \cdot 16\,\text{h} = 18080\,\text{MWh} \approx 18\,\text{GWh}$.
Die Energieabgabe des Kraftwerks ist ungefähr so groß, wie der „Stand-by-Verbrauch" aller Haushalte in Deutschland.
g) Die Aussage im Einstiegstext ist prinzipiell richtig. Die Abschätzungen zeigen, dass der Energiebedarf durch den Stand-by-Betrieb etwa der Energieabgabe eines Großkraftwerks entspricht. Die Folgerung sollte sein: Geräte nur dann im Stand-by-Betrieb laufen lassen, wenn es unbedingt erforderlich ist (z. B. bei einem Router). Ansonsten Geräte ganz ausschalten oder den Stecker ziehen. Ladegeräte für Handys etc. von der Steckdose nehmen. Bei Neukauf von Geräten auf Ausschalter und/oder geringen „Stand-by-Verbrauch" achten.

Material B – Laufwasserkraftwerk Rheinfelden

B1a) Deute die Gleichung für die Leistung eines Wasserkraftwerks. Welche Anforderungen ergeben sich daraus für den Standort?
b) Berechne die theoretische Höchstleistung des Kraftwerks.
a) Die Leistung hängt vom Wirkungsgrad, der Wasserstromstärke, der Dichte von Wasser, dem Ortsfaktor und der Höhe ab. Dichte und Ortsfaktor sind vorgegeben. Der Wirkungsgrad kann kaum verbessert werden. Deshalb kommt es auf die Wasserstromstärke und die Höhe an.
Daraus ergeben sich folgende Standortanforderungen: Der Fluss sollte möglichst viel Wasser führen und das Wasser muss sich möglichst hoch stauen lassen. Geeignet sind also Flüsse mit viel Gefälle. Wenn der Fluss zusätzlich in einem tief eingeschnittenen Tal verläuft, dann ist das Aufstauen möglich, ohne dass es zur Überflutung großer Flächen kommt.
b) Man entnimmt dem Text die wesentlichen Größen:
$\eta = 90\,\%$, $I_W = 1\,500\,000\,\ell/\text{s}$, $\rho = 1{,}0\,\text{g/m}\ell = 1{,}0\,\text{kg}/\ell$,
$g = 9{,}8\,\text{N/kg}$, $h = 9\,\text{m}$.
Daraus erhält man mit der gegebenen Gleichung:
$P = 0{,}9 \cdot 1\,500\,000\,\ell/\text{s} \cdot 1{,}0\,\text{kg}/\ell \cdot 9{,}8\,\text{N/kg} \cdot 9\,\text{m}$
$\approx 120\,000\,000\,\text{Nm/s} = 120\,000\,000\,\text{J/s} = 120\,000\,000\,\text{W}$
$= 120\,\text{MW}$.
Die theoretische Höchstleistung beträgt etwa 120 MW.

B2 Im Durchschnitt beträgt die Leistung des Kraftwerks Rheinfelden 60 MW und damit deutlich weniger als die Höchstleistung.
a) Gib mögliche Gründe an, warum die durchschnittliche Leistung deutlich geringer ist als die theoretische Höchstleistung.
b) Berechne die vom Kraftwerk Rheinfelden jährlich bereitgestellte Energiemenge in J und in kWh.
c) Der durchschnittliche Bedarf an elektrisch übertragener Energie beträgt ca. 1400 kWh pro Person und Jahr. Berechne, wie viele Personen mit dem Kraftwerk Rheinfelden versorgt werden können.
a) Sowohl die Wasserstromstärke als auch der Höhenunterschied vor und nach dem Stauwehr sind Schwankungen unterworfen. Wenn der Fluss wenig Wasser führt, z. B. nach einer längeren Trockenperiode im Sommer, dann nimmt die Wasserstromstärke und damit auch die Leistung ab. Wenn der Fluss umgekehrt sehr viel Wasser führt, z. B. bei der Schneeschmelze im Frühjahr, dann fließt das Wasser hinter dem Wehr nicht schnell genug ab. Dadurch steigt der Wasserstand hinter dem Wehr und der Höhenunterschied ist geringer als normal. Die Leistung nimmt dadurch ebenfalls ab.
b) Gegeben: durchschnittliche Leistung: $P = 60\,\text{MW}$,
Zeitspanne: $\Delta t = 1\,\text{a} = 365 \cdot 24\,\text{h} = 8760\,\text{h} = 31\,536\,000\,\text{s}$
Gesucht: Energie ΔE in J und kWh
$\Delta E = P \cdot \Delta t = 60\,000\,\text{kW} \cdot 8760\,\text{h} \approx 530\,000\,000\,\text{kWh}$,
$\Delta E = 60\,000\,000\,\text{W} \cdot 31\,536\,000\,\text{s}$
$\approx 1\,900\,000\,000\,000\,000\,\text{J} = 1900\,\text{GJ}$.
c) Gegeben: Energiebedarf pro Person und Jahr:
$\Delta E = 1400\,\text{kWh}$, Energie vom Kraftwerk pro Jahr:
$\Delta E_{KW} = 530\,000\,000\,\text{kWh}$
Gesucht: Zahl n der zu versorgenden Personen
$n = \Delta E_{KW} : \Delta E = 530\,000\,000\,\text{kWh} : 1400\,\text{kWh}$
$\approx 380\,000$.
Mit dem Kraftwerk Rheinfelden können im Jahr etwa 380 000 Personen versorgt werden.

Bildquellenverzeichnis

Titelbild: D. Roberts/Science Photo Library/
Agentur Focus
S. 2, Gitarre: istockphoto/Ina Peters
S. 2, Prisma: Schott AG, Mainz
S. 2, Sonne: F1online
S. 3, Mountainbiker: istockphoto/David Crockett
S. 3, Leuchtband: Shutterstock/demarcomedia

Universum Physik

Band 7/8 Gymnasium Baden-Württemberg, Lösungen

Herausgegeben von:
Dr. Reiner Kienle, Heilbronn; Carl-Julian Pardall, Heidelberg

Autorinnen und Autoren:
Ruben Brand, Ladenburg; Prof. Dr. Lutz Kasper, Schwäbisch Gmünd;
Dr. Reiner Kienle, Heilbronn; Carl-Julian Pardall, Heidelberg; Prof. Bruno Rager, Esslingen;
Stefan Ronellenfitsch, Mannheim; Dr. Ursula Wienbruch, Rottweil

Mit Beiträgen von: Stefan Schweitzer, München; Thorsten Mitschke, Oldenburg

Redaktion: Dr. Andreas Hagedorn

Layoutkonzept, Umschlaggestaltung: SOFAROBOTNIK GbR, Augsburg & München

Layout und technische Umsetzung: zweiband.media, Berlin

Grafik: Atelier tigercolor Tom Menzel, Scharbeutz/Klingberg;
new VISION! GmbH Bernhard A. Peter, Pattensen; ww-visuell Wildermuth, Würzburg.

www.cornelsen.de

1. Auflage, 6. Druck 2021

Alle Drucke dieser Auflage sind inhaltlich unverändert
und können im Unterricht nebeneinander verwendet werden.

Druck: H. Heenemann, Berlin

ISBN 978-3-06-012075-8

PEFC/04-31-1156

PEFC zertifiziert
Dieses Produkt stammt aus nachhaltig bewirtschafteten Wäldern und kontrollierten Quellen.

www.pefc.de